JN233821

J.D. フィナーティ 著
浦谷　規 訳

プロジェクト・ファイナンス

ベンチャーのための金融工学

PROJECT FINANCING
ASSET-BASED
FINANCIAL ENGINEERING

朝倉書店

PROJECT FINANCING
Asset-Based Financial Engineering

John D. Finnerty, Ph.D.

Copyright ©1996 by John D. Finnerty.
Published by John Wiley & Sons, Inc.
All Rights Reserved.
Authorized translatiom from the English language edition published by John Wiley & Sons, Inc.

訳者まえがき

21世紀の資本主義社会では，Lester C. Thurowが『資本主義の未来』（TBSブリタニカ，1996）の中で主張するグローバル経済が進行している．生産要素の自由な移動と製品規格の国際標準化とそれをコントロールする情報がいわゆるIT技術によってグローバル経済を加速した．

グローバル経済では事業のアイデアさえあれば，世界最先端の最高の設備を，調達費用の最も安い国際的資金で，費用の安い優秀な人材の存在する地域に建設可能である．つまり，財サービスを産出するための3要素である「人・物・金」を，インターネットなどのIT技術によって，世界中から望むだけの質と量をきわめて簡単に取り出すことが可能である．このグローバル化によって，わが国ばかりか先進国のほとんどの製造業が，中国を中心とした，きわめて安価で良質の労働力が存在する途上国に移転したのである．国際規格標準品を生産するなら，日本で使っていた生産ラインの新鋭機種を中国に建設し，その原料は日本から供給し，製品の日本への輸出は迅速かつ安価に行われる．しかも，これらの製品の生産過程はマニュアル化しており，熟練工を必要としない．したがって，わが国の30分の1の賃金で製造可能となり，輸出入の費用などその他のリスク要因を勘案しても，歴然たるコスト優位にある．さらに，わが国の最終の需要に合わせたラインごとの生産は，そのロットごとに数日以内に届けられる．つまり，世界中の最も低価格な製造業者に生産発注するのも，日本国内に出すのも手続きおよび時間的にはほとんど変わりなくなりつつある．

これらの国際標準化，輸送システムの完備，IT技術などによる世界規模による生産分業化とその競争は，まさしく国民国家の存在意義を問い直す「グローバル経済世界」への進展を示唆しているようでもある．しかし，この経済の影の部分は先進国における雇用問題と治安の悪化であろう．最近のわが国においては，中高年齢層のリストラ，若年層のフリーター化などの雇用不安が社会問題化し始めている．グローバル経済においては勤労者個人も世界的競争にさ

らされる．まったく同じ作業を同様な設備下で行う労働者には，国際競争の結果ほぼ等しい賃金が支払われることになる．低賃金の労働者から雇用されるので，グローバル経済の進展に伴い，先進国の単純マニュアル労働賃金は途上国の労働者の賃金に収束しようとする．先進国には法的に最低賃金が存在するから，単純労働者は国際競争に負けて失業する．失業者の発生は，不法入国者の増加とあいまって治安を悪化させる．不法入国も自由な資源人材の移動の影の部分である．自由な移動は害悪のあるものの移動も自由化してしまう．見方を変えれば，グローバル経済は世界全体を米国型の競争社会にすると非難する立場もある．しかし，世界規模での途上国労働力に生産設備を供給することは地球トータルの純生産の飛躍的拡大であり，途上国の人々の人権の解放につながる変えようのない歴史の趨勢である．「たまたま途上国に生まれた人は，先進国の人の数倍以上の努力をしても，十分の一以下の報酬にしか恵まれない」状況は情報がインターネットによって飛び交う社会では急速になくなっていくであろう．

　それならば，先進国の人々はいかにしてその雇用を確保できるであろうか？単純な解答は企業を起すことである．企業はそもそも，その定義からして雇用を発生する組織である．さらにきわめて運がよいときには，それを株式会社化し株式公開すると，アメリカン・ドリームが現実化し巨万の富を手にすることになる．現在のわが国政府，特に経済産業省の国内企業の設立に対する支援政策は雇用問題への解答の正しさを裏付けるようでもある．彼らは財政赤字にもかかわらず，国の予算で民間企業設立支援策を多岐にわたって立案施工している．

　一体どのようにして，そのようなベンチャーが起こせるのであろうか？　この問いに対する答えが本書に書かれている．ただし，最も大切なポイント「いかなる事業がビジネスの種になるか」以外である．何をして，企業を起こすかは読者自身で発見しなければならない．しかし，ビジネスの種は頻繁に見つかる．日常生活をしていて，「こんなサービスや製品があれば助かるだろうな」というのがスタート地点である．それがビジネスとして成立しうるかは，本書に書かれている内容を理解し，計画を立て行動することができるかどうかに依存する．本書のテーマはプロジェクト・ファイナンスであり，プロジェクトを設立するためにいかにして資金を集めるかについてである．言い換えれば，ベンチャーを起こすためにいかにして資金を調達するかである．

訳者まえがき iii

　プロジェクトのアイデアが生まれたら，需要を予測し，その販売計画に基づくキャッシュ・フローが事業期間に関して予測されなければならない．わが国の伝統的な商人はそろばんと暗算できわめて短時間に，これらの計算を行い世界企業に発展するまでの企業の基礎を作り上げたのであろう．現代のわれわれはそろばんも暗算も彼らほど巧みではないが，著しく発展したコンピュータ技術が利用可能である．現代は，そろばん時代と比較にならない管理社会であり，その会計および税制上の複雑な制約は，事業計画を立てるためにはコンピュータを必要とする．その計算過程は，本書の第6章から第8章にかけて詳述されているが，コンピュータの表計算機能を用いると簡単である．その概略は以下のとおりである．①販売計画から予測された需要予測と販売価格から売上を予測する．②そのために必要な設備費用および運営費用を予測する．③売上から，それに必要な費用を引いたフリー・キャッシュ・フローを事業期間について求める．④減価償却を計算し，法人税などを求める．⑤借入可能額を求め，投資が必要な株主資本額を計算する．⑥株主資本に対する収益率を求め，事業リスクに見合っていることを判定し，その実行可能性を判断する．あるいは，リスクから計算できる株主の必要収益率から求められるキャッシュ・フローの純現在価値が正であることを判定し，その事業の実行を決断する．

　プロジェクト計画が十分魅力的であれば，アイデアを出した事業主はプロジェクト・ファイナンスの最大の特徴であるリスク・シェアリングが可能となる．販売のリスクに対してはその長期購入者となる販売商社を見つけ，リスクを負担させる．原料供給リスクは原料供給企業と長期契約を結び，安定的で低価格の供給をさせる．事業の運営管理も，専門管理企業に競争的価格で実行させ，そのリスクも負担させる．リスクが低いと評価された事業には，融資機関，銀行生保などから低金利の資金が提供される．つまり，すべての参加企業に利益性の高い確実な事業と認められたなら，その事業はいわゆる "a piece of cake" である．高収益の事業のプロジェクトプランを作り，実施企業との下請契約だけでプロジェクト企業が起こせることになる．公的規制に保護されて，放漫な経営の公的企業が自由化によって消滅しようとしている近年には，この種の事業チャンスは少なくないと考えられる．

　計算された融資返済能力や株主資本の収益率が一般的である事業は，創設者が創業利潤を自らの経営手腕によって実現しなければならない．事業成功の重

大な要点はリスク管理である．発生しうるそれぞれのリスクに対してその処理を最も巧みにできる参加企業へ分配し，事業プロジェクト全体のリスクを最小化することによって得られる利益をそれぞれに分配する．重要な点は，キャッシュ・フローを安定的に確保することである．安定性が融資返済の信用になり，借入比率が高く設定できる．高い借入（ハイレバレッジ）は株式の収益率を高める．現在のわが国で，公企業とよばれ公的規制に保護されている企業の多くが，この安定的なキャッシュ・フローを得ている．安定的なキャッシュ・フローは消費者からの自動銀行引き落としとなっている事業がその代表である．これらの事業に対する規制の自由化の進展は，経済の活性化と雇用の拡大を進展させるであろう．

わが国の伝統的な商人がそろばんをはじいたように，読者のすべてが本書の紹介された企業設立のための簡単な財務計算をこなし，ベンチャー企業を起こせることを期待している．

本書の翻訳にあたって多くの方の協力を得た．第6章は法政大学大学院の石井亨範氏に，第8章は慶応大学理工学部管理科柳井 浩教授研究室の木村富也氏と西村友志氏にお手伝いいただいた．第8章の表計算のホームページ掲載は法政大学工学部金融工学研究室の大学院生にお願いした．また，訳者の研究室のOBで公認会計士の岡崎 弘氏に査読をお願いし貴重な意見をいただいた．さらに，朝倉書店編集部の思慮深い編集を経てようやく完成することができた．協力していただいた諸氏に謝意を表したい．

2002年8月

浦谷　規

まえがき

　プロジェクト・ファイナンスは Morgan Stanley 社で働いて以来，ずっと興味をそそられてきたテーマである．この著作は多くの経験と書物から学んだ結果である．
　現役のインベストメント・バンカーとしての Houlihan Lokey Howard & Zukin 社での経験と，Fordham 大学のファイナンス教授としての経験の両方が，プロジェクト・ファイナンスについてまとめることを可能にした．
　プロジェクト・ファイナンスは資本集約的なプロジェクトのための確立した技術である．その起源は，英国王室がデボン銀山開発のために，当時の主要マーチャント・バンクであった Frescobaldi 家からのローンを得た 13 世紀にさかのぼる．そのローン契約は，現在では生産支払ローンとよばれるものと同等であった．
　それ以来，プロジェクト・ファイナンスはパイプライン，精油所，発電所，水力発電，ドック設備，鉱山，鉱物精錬所などの種々のプロジェクトに使われてきた．1980 年代にコジェネレーションなどの電源開発によってプロジェクト・ファイナンスが再認識され，1990 年代には，途上国，特に新興国のインフラ開発のためのプロジェクト資金調達方法として脚光を浴びてきた．
　本書は実務家とファイナンスを学ぶ学生の双方を対象としている．実務家には，プロジェクト・ファイナンスが資金調達の費用に関して効率的な方法であることを，特にスポンサーにはプロジェクトが独立した財務主体になりうるかを判断して用いることを教える．本書ではプロジェクト・ファイナンスが適用できるプロジェクトのタイプと，そのための財務契約方法と管理方法を解説した．プロジェクト・ファイナンスは実務上有用であるので，ファイナンスの学生はそれを学び，スキルとして習得すべきである．
　読者として，つぎのような方々を考えている．
・企業の財務担当者
・政府のインフラ企画担当官

- 資本集約プロジェクトの資金調達をする投資銀行や商業銀行の担当者
- 企業財務を専門とする会計士，コンサルタント，法律家など
- 特定分野の投資や新興市場への投資をするファンドへの投資家
- 企業財務を学ぶ MBA またはエグゼクティブ MBA の学生
- 大規模プロジェクトのためのファイナンス技術を学ぼうとする学生

　第1章と第2章はプロジェクト・ファイナンスが最も有利となるプロジェクトの種類と環境を述べる．プロジェクト・ファイナンスは独立ベースで運営できるプロジェクトに対して有効であり，そのリスクと収益の分配を明確にする．第3章ではプロジェクトのリスクを明らかにし，第4章でプロジェクト関係者にリスクとリワードを分配するために契約をいかに構成するかを述べる．第5章ではプロジェクト企業の法的組織を決定するための税制上および民法上などの問題点を論じる．第6章から第9章までは財務上の問題点，つまり財務計画案の作成，割引キャッシュ・フロー分析，プロジェクトの収益性の評価法，そしてプロジェクトの資金調達法を解説する．第10章は民間企業がプロジェクトの資金調達をするときのホスト政府の役割をまとめた．これは調達資金量が地方政府の限度を超える新興市場のインフラ・プロジェクトに関係する事項である．第11章から第14章までは，4つの主要なプロジェクトについてそれまでに述べた考え方と方法の実例である．最後の第15章でプロジェクト・ファイナンスの今後の方向に関する見解をまとめる．

謝　辞

　本書の作成にご協力いただいたすべての方々に感謝をしています．特に，Morgan Stanley 社と Lazard Frères 社での同僚と，現在の職場である Houlihan Lokey Howard & Zukin 社の同僚に対して，プロジェクト・ファイナンスと「なにがプロジェクト・ファイナンスを本当に動かしているのか」についての有益な議論に感謝したい．また，現在 Thyssen Henschel America 社の社長で，Dow Chemical 社の前会長でかつ CEO であった Zoltan Merszei 氏とのインフラ・プロジェクト，たとえば高速鉄道プロジェクトに対するプロジェクト・ファイナンスの適用に関する討論からいろいろと学べたことに対しても感謝したい．

　執筆に励ましをいただいた John Wiley & Sons 社の Myles C. Thompson 編集長，編集していただいた Jacque Urinyi 副編集長，さらに最終校を書籍にし

た Mary Danuello 管理編集員および Publications Development 社の Nancy Marcus Land の諸氏に特に感謝している．

　さらに，Howard, Darby & Levin 社のパートナーである Lawrence A. Darby, III, Esq. と Stephen B. Land, Esq. の諸氏にも感謝している．Lawrence はプロジェクト・ファイナンスを熟知し，多くの有益な助言をいただいた．Stephen は税制の議論が正しかどうか検証してくれた．Fordham 経営大学院助手である Erza Y. Rosensaft 氏と Barie-Lynne Dolby 氏にも感謝したい．原稿をタイプし，校正をしてくれた Cecilia Rueda 氏にも感謝している．

　最後に，長期間にわたる執筆に理解を示し，忍耐をしてくれた妻 Louise に感謝し，彼女と息子 William が本書の完成を喜んでくれるものと信じる．

1996年8月ニューヨークにて

John D. Finnerty

目　次

1. はじめに …………………………………………………………………1
    1.1 プロジェクト・ファイナンスとは……………………………………2
    1.2 プロジェクト・ファイナンスの歴史…………………………………4
    1.3 プロジェクト・ファイナンスの条件…………………………………6
    1.4 プロジェクト・ファイナンスの妥当性………………………………8
    1.5 コジェネレーション・プロジェクトによる実例……………………9
    1.6 まとめ…………………………………………………………………12

2. プロジェクト・ファイナンスの理論…………………………………13
    2.1 既存研究………………………………………………………………13
    2.2 契約の必要性…………………………………………………………14
    2.3 過少投資の問題の対処………………………………………………16
    2.4 フリー・キャッシュ・フローの分配………………………………18
    2.5 情報の非対称性の削減と情報発信費用……………………………19
    2.6 債務契約の効率的な資金構成………………………………………21
    2.7 企業組織の効率化と経営者の利益配分……………………………21
    2.8 プロジェクト・ファイナンス対直接金融…………………………22
    2.9 プロジェクト・ファイナンスの長所………………………………22
    2.10 プロジェクト・ファイナンスの欠点………………………………27
    2.11 まとめ…………………………………………………………………28

3. プロジェクトの成立条件………………………………………………29
    3.1 技術的フィージビリティ……………………………………………29
    3.2 経済的成立条件………………………………………………………31
    3.3 信用力…………………………………………………………………32
    3.4 成立条件に関する結論………………………………………………33

目　次

　　3.5　リスク評価 …………………………………………………34
　　3.6　完工リスク …………………………………………………34
　　3.7　技術的リスク ………………………………………………35
　　3.8　資源供給リスク ……………………………………………36
　　3.9　経済リスク …………………………………………………36
　　3.10　財務リスク …………………………………………………37
　　3.11　通貨リスク …………………………………………………38
　　3.12　政治リスク …………………………………………………39
　　3.13　環境リスク …………………………………………………41
　　3.14　不可抗力リスク ……………………………………………41
　　3.15　ホスト政府のリスク対応 …………………………………42
　　3.16　コジェネレーション・プロジェクトのリスク分析 ……42
　　3.17　ま　と　め…………………………………………………43

4．契　約　設　定………………………………………………44
　　4.1　契約の目的 …………………………………………………45
　　4.2　プロジェクト施設の直接担保権 …………………………45
　　4.3　完工保証契約 ………………………………………………46
　　4.4　デット・サービスの保証契約 ……………………………47
　　4.5　購入契約と販売契約の種類 ………………………………48
　　4.6　原料供給契約 ………………………………………………51
　　4.7　追加的信用保証 ……………………………………………51
　　4.8　保　　　険 …………………………………………………53
　　4.9　コジェネレーション・プロジェクトの主契約 …………53
　　4.10　ま　と　め…………………………………………………55

5．商法上の組織……………………………………………………56
　　5.1　共同経営方式 ………………………………………………56
　　5.2　株式会社 ……………………………………………………61
　　5.3　パートナーシップ …………………………………………63
　　5.4　有限会社 ……………………………………………………67
　　5.5　コジェネレーション・プロジェクトの組織 ……………68

5.6 ま　と　め ··· 69

6. 資金調達計画の準備 ··· 70
6.1 一般的な検討事項 ·· 70
6.2 建設の資金調達 ··· 74
6.3 長期ファイナンス ·· 75
6.4 源 泉 課 税 ·· 77
6.5 借入限度額の推定 ·· 77
6.6 ローン返済のパラメータ ·· 78
6.7 借入限度額モデル ·· 78
6.8 借入限度額モデルの修正 ·· 81
6.9 高速鉄道プロジェクトへの応用 ·· 82
6.10 カバー比率テスト ··· 83
6.11 ま　と　め ·· 85

7. 割引キャッシュ・フロー分析 ·· 86
7.1 税引後キャッシュ・フロー ··· 87
7.2 投資のハードルとなる収益率 ··· 93
7.3 プロジェクトの資本コストの推定 ·· 96
7.4 現在価値分析 ··· 98
7.5 内部収益率分析 ··· 99
7.6 IRR法とNPV法の比較 ·· 100
7.7 ま　と　め ·· 103

8. ファイナンス・モデルとプロジェクト評価 ··························· 105
8.1 キャッシュ・フローの予測 ··· 105
8.2 プロジェクトの財務諸表の作成 ·· 112
8.3 期待収益の評価 ··· 115
8.4 感 度 分 析 ·· 122
8.5 ま　と　め ·· 124

9. 資金源 ……………………………………………………………125
9.1 株　　式 ………………………………………………………126
9.2 長期借入市場 …………………………………………………129
9.3 商業銀行ローン ………………………………………………130
9.4 固定金利借入市場 ……………………………………………134
9.5 国際資本市場 …………………………………………………141
9.6 サプライヤー企業からの借入 ………………………………143
9.7 政府援助 ………………………………………………………143
9.8 世界銀行ローン ………………………………………………146
9.9 米州開発銀行 …………………………………………………147
9.10 地域の資本 ……………………………………………………147
9.11 まとめ …………………………………………………………148

10. ホスト政府の役割 …………………………………………149
10.1 ホスト国の経済開発援助 ……………………………………149
10.2 ホスト政府の期待経済収益 …………………………………150
10.3 外貨準備への影響 ……………………………………………151
10.4 プロジェクト債務に対するホスト政府のリスク …………152
10.5 先行事業の成功例 ……………………………………………152
10.6 ヒベルニア油田プロジェクト ………………………………153
10.7 官民インフラ協力 ……………………………………………154
10.8 官民ファイナンス構造 ………………………………………155
10.9 官民協調に影響する政府規制 ………………………………158
10.10 まとめ …………………………………………………………161

11. ケーススタディ——インディアンタウン・コジェネレーション・プロジェクト ………………………………………………………………162
11.1 プロジェクトの内容 …………………………………………162
11.2 プロジェクトのパートナーとスポンサー …………………165
11.3 プロジェクトの主契約 ………………………………………168
11.4 プロジェクト・オペレーション予測結果 …………………173
11.5 プロジェクト・ファイナンス ………………………………178

11.6 ま と め …………………………………………………………182

12. ケース・スタディ——トリバサ有料道路プロジェクト………183
12.1 メキシコ政府の有料道路プログラム …………………………183
12.2 インフラ・プロジェクトの資金 ………………………………184
12.3 トリバサ有料道路トラスト1の資金調達 ……………………187
12.4 信 用 分 析 ……………………………………………………191
12.5 リスク最小化の手法 ……………………………………………195
12.6 ま と め ……………………………………………………199

13. ケーススタディ——ユーロ・ディズニーランド・プロジェクト………200
13.1 は じ め に ……………………………………………………200
13.2 プロジェクトの概要 ……………………………………………201
13.3 ディズニー社 ……………………………………………………202
13.4 プロジェクトの出資構造 ………………………………………202
13.5 フランス政府とのマスター契約 ………………………………205
13.6 プロジェクト・ファイナンス …………………………………207
13.7 プロジェクト参加企業の利益 …………………………………211
13.8 財 務 予 想 ……………………………………………………214
13.9 コーポレート・ガバナンス問題 ………………………………221
13.10 運 営 業 績 ……………………………………………………221
13.11 その後の展開 ……………………………………………………222
13.12 ま と め ……………………………………………………223

14. ケース・スタディ——ユーロトンネル・プロジェクト………225
14.1 歴史的背景 ………………………………………………………226
14.2 ユーロトンネルシステム ………………………………………227
14.3 プロジェクトの出資構造 ………………………………………227
14.4 建   設 ………………………………………………………228
14.5 プロジェクト・ファイナンス …………………………………230
14.6 経済リスク ………………………………………………………231
14.7 財務予測結果 ……………………………………………………235

14.8　負債資金計画 …………………………………………237
　14.9　プロジェクトの株式資金調達 ………………………241
　14.10　感度分析 ……………………………………………244
　14.11　その後の展開 ………………………………………244
　14.12　ま　と　め…………………………………………245

15.　結　　論 ……………………………………………247
　15.1　プロジェクト・ファイナンスの便益 ………………247
　15.2　プロジェクト・ファイナンスの条件 ………………249
　15.3　将来の新しい適用 …………………………………249
　15.4　組織の変革 …………………………………………250
　15.5　金融工学 ……………………………………………250

注　　　釈 …………………………………………………252
参　考　文　献 ……………………………………………263
訳者あとがき ………………………………………………269
索　　　引 …………………………………………………273

1 はじめに

　プロジェクト・ファイナンス手法は，設備とその関連資産が独立な経済主体として利益を上げられるならば，実行可能である．スポンサーは新しい法人を作り，所有し，プロジェクトを経営するメリットを見出す．十分な利益が予想されるならば，プロジェクト会社はプロジェクト・ベースのもとに，プロジェクト建設に資金供給（ファイナンス）する．プロジェクト・ベースとは発行する株式とプロジェクトの経営から得られる収入で返済する負債で資本を構成することである．本書ではプロジェクト建設のために供給する資金計画のことをプロジェクト・ファイナンスとよぶ．

　プロジェクト・ファイナンスの一般的な形式というのも存在はするが，プロジェクト・ベースに対応するファイナンスはプロジェクト特有の状況によってそのファイナンシャル・パッケージを作り換える必要がある．このための金融工学の専門的技術は，伝統的な建設に要するエンジニアリング技術と同等に大規模プロジェクトの成功に必要不可欠である．

　プロジェクト・ファイナンスは資金調達のための確立したテクニックである．Chen, Kensinger and Martin(1989) は1987年の第1四半期から1989年の第3四半期までの合計230億ドル以上にもなるプロジェクト・ファイナンスの資料を提供している．かれらは102件のコジェネレーション発電施設を含む168件のプロジェクト・ベースに基づく調査をしている．将来的にも，合衆国を含むその他の多くの国々が巨大なインフラ・プロジェクト需要を抱えている．("*Financing the Future*", 1993 ; Chrisney, 1995 参照.) プロジェクト・ファイナンスはこれらの多くのプロジェクトに応用できる技術である．(Forrster, Kravitt and Rosenberg, 1994 参照.)

1.1 プロジェクト・ファイナンスとは

プロジェクト・ファイナンスとは，経済的に独立した資本投資プロジェクトに資金調達をするための方法である．しかも，プロジェクトから発生するキャッシュ・フローを基本として，負債に対するデット・サービス（元利返済）とプロジェクトへの資本投資収益率の分析を出資者に提供する方法である[1]．負債と株式の条件はプロジェクトのキャッシュ・フローの特徴に合わせて調整される．安全性の保証ために，負債額は少なくともプロジェクトの収益性およびプロジェクト資産担保価値に依存する．このようなプロジェクト・ベースによって資金調達された実物資産には，パイプライン，石油精製，火力発電，水力発電，ドック設備，鉱山，鉱石精錬などがある．

プロジェクト・ファイナンスは，つぎのような基本的特徴をもつ諸契約の集まりである．

1) プロジェクト契約者はプロジェクトの完成に必要なすべての資金を調達する責任がある．
2) プロジェクト契約者は，プロジェクトの完成操業開始後に，不可抗力などによってプロジェクトが失敗した場合にも，すべてのオペレーション費用およびデット・サービスの支払が可能であるようなキャッシュ・フローの計画を作る．一般的にはプロジェクトから得られる生産物サービスなどの売上に関する契約でこれを実行する．
3) プロジェクト契約者は，オペレーションの中断となる事態が起こったときに，運営を継続するために必要となる資金を，保険や先物契約などの方法で保証する．

プロジェクト・ファイナンスは，企業の信用に対する融資条件を何に置くかという点で通常の直接投資とは大きく異なる．すなわち通常の直接投資では，融資家はローン返済に必要なキャッシュ・フローを生む企業全体の資産に信用の基準を置く．投資資産とその調達資金は，企業の財務データ貸借対照表（バランス・シート）に組み込まれる．しかも，この融資ローンが担保で保証されていないことも少なくない．

これに対してプロジェクト・ファイナンスが通常の直接投資と決定的に異なる点は，プロジェクト自体が独立した法人であるところである．したがって，

プロジェクトの資産，契約，キャッシュ・フローはスポンサー（投資企業，事業主）本体からは分離されている．ファイナンスの構造は，通常の直接投資に比べて収益とリスクの分配がはるかに効率的になっている．プロジェクト・ファイナンスにおいては，スポンサーはプロジェクトの構成部分でない資産からの弁済義務がなく（ノンリコース（nonrecourse）），あったとしてもその一部（リミティド・リコース（limited recourse））である．したがって，プロジェクトの資産は担保になるが，スポンサー企業の他の資産は，プロジェクト・ローンの担保にはならない．

プロジェクト・ファイナンスという言葉自体を多くの人が誤解しており，間違って使われることが少なくない．プロジェクト・ファイナンスは，経済的にも劣り，収益率も悪く，返済の可能性も低いプロジェクトに資金供給する方法ではない．言い換えれば，通常の方法で資金調達できないプロジェクトをファイナンスする方法ではない．

プロジェクト・ファイナンスは，プロジェクト参加者間で互いに了解できるようにリスクと収益を分配する金融工学手法を必要とする．図1.1には，あるプロジェクト・ベースの資本投資のための基本的要因を示した．

図1.1の中心には，特定の目的のための独立した資産設備が置かれている．その目的は一般的には，原料の調達，生産，加工，配送などで，近年の具体例では発電設備，有料道路などのインフラである．繰返しになるが，設備は他の資産から独立しうるものでなければならない．さらに，種々の契約で支えられたプロジェクトの運営は，負債返済に十分なキャッシュ・フローを間違いなく生成できるものでなければならない．

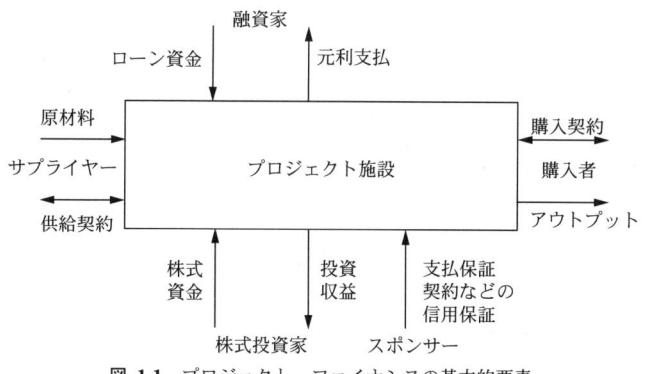

図 1.1 プロジェクト・ファイナンスの基本的要素

プロジェクトは，それが独立に発展するためのすべての設備を含んでいなければならない．たとえば，プロジェクトが他の設備の不可欠な部分であってはならない．プロジェクトが運営段階において，他社の施設に依存する場合には，プロジェクト側からのこの施設へのアクセスがいつでも無条件で保証されなければならない．

プロジェクト・ファイナンスの利用が，企画した企業に利益をもたらすためには，①プロジェクトのアウトプットに対する購買者の需要が，長期購入契約の可能なほど強いものであること．②銀行が建設資金の前貸を契約し，そこに有利な条項があること，の2点が必要である．また，プロジェクト・ファイナンスが発展途上国にとって有利になりうるのは，たとえば，貴重な資源があるのに，当事国政府にはその開発するための資金がなく，第三者がその資源開発を計画している場合などである．

1.2　プロジェクト・ファイナンスの歴史

プロジェクト・ファイナンスは，新しい資金調達テクニックではない．案件別の一定期間資金借入というファイナンスには長い歴史がある．実際，17世紀までは，これが一般的商取引慣行であった．たとえば，およそ700年前の1299年に英国王室はデボン銀鉱山開発のために，Flescobaldi家（当時の主要なイタリアの商業銀行）からのローン交渉をしている[2]．この契約では，銀行に1年間の鉱山経営権を与え，その間は可能な限りの鉱石の採掘を許すものとした．しかし金利はゼロであり[3]，銀鉱山の質や量に関して英国王室側は保証は一切しなかった．このローン契約は，生産支払ローン（production payment loan）と現在よばれているものの原型である[4]．

1.2.1　最近のプロジェクト・ファイナンス

プロジェクト・ファイナンスは，大規模資源開発の資金調達に頻繁に使われるようになってきた．注目すべきプロジェクトは，アラスカ横断パイプライン・プロジェクト（Trans Alaska Pipeline System; TAPS）である．1969年から1977年までを要したこのプロジェクトは，世界の主要8大石油資本のジョイント・ベンチャーであった．TAPSは800マイルのパイプラインを77億ドルかけて建設し，アラスカのノーススロープから南アラスカのヴァルデス

港まで原油と液化天然ガスを輸送するものだった．TAPS だけで，それまでに米国国内に建設されたすべてのパイプラインに要した費用を上回る金額が必要になった．Phillips, Groth and Richards (1979) は，TAPS の資本調達の Sohio 社における経験を紹介している．

1988 年には，5 つの大石油資本がニューファンドランド沖の原油開発に Hibernia Oil Field Partners を組織した．計画された資本費用は 41 億ドルである．1995 年から日産 11 万バーレルの産出が計画されたが，1996 年には 1997 年からの操業開始が期待されている．16 年から 20 年間の原油採掘が可能とされる．ヒベルニア・プロジェクトは巨大プロジェクトの官民協力の成功例とされている．（10.6 節参照．）

1.2.2 PURPA の影響

合衆国におけるプロジェクト・ファイナンスには，1978 年の Public Utility Regulatory Policy Act（PURPA）（公益事業規制法）の成立による影響がある．PURPA では，地域の電力会社は独立電力供給会社が発電する電力を長期契約のもとに購入しなければならない．その購入価格は電力会社の電力生産の限界コスト（avoided cost とよばれた）でなければならない．この PURPA の規定が，建設費用をファイナンスするノンリコース契約を強力に支える長期契約返済義務の基礎を確立した．米国の独立電力開発産業は，PURPA の成立なしではありえなかったであろう．ちなみに，1990 年に稼働した電力供給の半分が PURPA の規制のもとに開発されたプロジェクトからである．

1.2.3 プロジェクト・ファイナンスの新展開

製造設備のプロジェクト・ファイナンスはその新しい領域である．1988 年 General Electric Capital 社（GECC）は，プロジェクト・ファイナンス・グループを産業設備建設と運営に特化するために組織拡張をした．インディアナ州モンティセロに飲料用容器製造プラント会社 Bev-Pak 社を設立した[5]．その資本費用は 1 億 500 万ドルでリミティド・リコース（GECC に弁済義務が部分的にある契約）でファイナンスされた．工場は飲料製造会社からは独立で，どの会社にも所有権がない．工場は最新鋭の 1 分間に 3200 缶を生産する設備を 2 ライン保有している．さらに，1989 年 10 月に拡張された第 3 ラインを加えると，年間 20 億缶の製造能力を有する．これは全米のスチール缶生産量の

およそ40%に当たる．Bev-Pak社はCoca-Cola社とPepsi Co社の消費カンの20%の受注を受け，さらにMiller Brewing社とも契約を締結している．Bev-Pak社の最新鋭の設備が生産するスチール缶はアルミ缶より低価格なので，その競争力を十分享受している[6]．さらに，アルミニウム価格が下落した場合には，生産をアルミ缶に変更できるラインによって，経済リスクを回避している．大型で自動化された工場をファイナンスするときには，プラントがフル稼働するかどうかの不確実性がある．飲料水企業から独立した缶生産企業は，競争市場で対等な契約をとることができる．このように特定のブランドだけに依存しないので，営業リスクも回避することが可能になる．そのうえ，規模の経済性から，大規模プラントによる生産品の長期契約が可能となるから，さらに低コストとなる．さらに，信用度の高い企業との長期契約は，このプロジェクトの信用度も高め，資金調達にプラスとなる．インフラの開発はプロジェクト・ファイナンスの成功したもう1つの領域である．第10章に発電施設，交通施設などのインフラ開発の官民協調プロジェクトについて詳しく論じる．多くの政府や国際機関が，インフラ・プロジェクトには民間投資を引き出すことが必要との認識にいたっている．(Chrisney, 1995；Ferreira, 1995.) 第12章では，メキシコのトリバサ有料道路プロジェクトに関して官民協調方式がいかに設定されたかが紹介されている．以前は，この種のインフラ・プロジェクトは政府部門の資金で行われてきたものである．

1.3 プロジェクト・ファイナンスの条件

プロジェクトの借入金契約を結ぶ以前に，オペレーションの実績がまったくない場合には，その信用度は予想される利益性と種々の契約によって第三者が間接的に行う保証に依存する．その結果，融資家は ① プロジェクトは実行されるのか，② オペレーションが開始されたときの経済性が十分かの2点に関する保証を必要とする．プロジェクトに対する資金調達は，スポンサーの技術力とプロジェクトの経済的採算性に対する融資家の信用度に依存する．

1.3.1 技術的フィージビリティ

融資家は，プロジェクトで採用される技術が商業ベースで実行可能かどうか（技術的フィージビリティー）の保証を要求する．つまり，資金提供者の要求

は，プロジェクトが設計能力どおり生産できることの保証である．それゆえ，たとえばパイプライン，発電設備などの既存技術によるプロジェクトは容易に承認されるが，たとえば北極圏パイプラインや大規模天然ガス液化プラントとその輸送システム，石炭ガス化プラントなどでは技術的フィージビリティが融資の決定要因になる．そこで，独立エンジニアリング・コンサルタントによる実行可能性の証明，特別な環境条件下の稼働性，巨大規模の設備などに対する所見などが融資家の判断材料になる．

1.3.2 経済的成立条件

融資家にとっての最大関心事は，何といっても，プロジェクトが正常に稼働しキャッシュ・フローを生み出すことである．プロジェクトが，負債をスケジュールどおり返済するばかりでなく，株式投資家にも適切な収益率が確保されることが求められる．いうまでもなく，プロジェクトが提供する製品やサービスは市場で長期間利益を上げられるものでなければならない．言い換えれば，このプロジェクトによる製品やサービスの市場価格はすべての運営費用とデット・サービスを支払い，さらに，株式投資家にも適切な収益率が確保できるような値でなければならない．さらに，プロジェクトの経済性は，たとえば建設費用の高騰，完工あるいはオペレーション遅れ，金利上昇，生産水準，価格，オペレーション費用の変動などの悪い条件に対しても耐えうる頑健な利益構造もっていなければならない．

1.3.3 資源と経営能力

オペレーションに必要な天然資源や原材料，その他の生産要素は，プロジェクトの期間にわたって，設計能力に応じた必要量が確保されなければならない．融資家が納得するためにはつぎのような条件が満たされていなければならない．①原材料の供給量は，プロジェクトが生産販売し，デット・サービスが予定どおり行えることを保証する量なければならない．②原材料をプロジェクト企業が保有していない場合には，供給者との長期契約によって原材料の供給が保証されていなければならない．③この契約はプロジェクトの契約より短くてはいけない．

また，プロジェクト期間は，天然資源の供給量可能性による制約を受けることが少なくない．たとえば，単一の油田からのパイプラインに関するプロジェ

クトの場合には，その期間は，パイプラインの物理的耐用年数ではなく，油田の経済的寿命に依存するものである．プロジェクトに実際に携わる企業には，有能で経験豊富な経営陣がいることが求められる．それゆえ，一般的に，スポンサーは，経験豊富な人材を擁するエンジニアリング会社にオペレーションを委託することが普通である．第11章で述べるインディアンタウン・コジェネレーション・プロジェクトの場合にも，電力会社の経験豊富な人材と契約を結んで経営を委託している．

1.4 プロジェクト・ファイナンスの妥当性

プロジェクト・ファイナンスの理想的な候補はつぎのようなプロジェクトに対する投資である．① 独立した経営主体として活動できる．② 過度のリスクがない．③ 完成時には投資額以上の市場価値がある．

プロジェクトの資金調達に際して，プロジェクト・ファイナンスが適切かどうか決定するには，少なくとも，つぎの5条件を考慮しなければならない．

1) プロジェクトの期待収益率と，第三者による間接的信用保証があって，融資家の信用条件が満たされること．
2) プロジェクト参加者に税制上のメリットがあること．
3) スポンサーの既存の債務契約の条項に抵触しないこと．
4) 法的および制度的条件を満たしていること．
5) プロジェクトの債務と契約に関する会計処理．

これらについては，後の章で詳しく論ずることにする．

1.4.1 リスク・シェアリング

プロジェクトに伴うリスクが大きく，単一の企業では負担しきれないことが少なくない．プロジェクト・ファイナンスではオペレーション・リスクおよび金融リスクを参加経済主体間で分散して受け持つことによって，スポンサー企業の信用に融資する直接金融より柔軟な資金調達が可能になる．一般的に，規模が大きく，経済的問題，技術的問題，環境の影響，法規制などのリスクを単一の企業で背負いこむのが困難な場合，リスク・シェアリングが有効な方法となる．複数の所有者によるリスク分散を可能にするファイナンスの方法は，電力発電設備のように規模の経済性が明らかで，それを参加主体に分配すること

が可能なプロジェクトの場合には特に有効である．プロジェクト・ファイナンスにまつわるリスクについては第3章で，プロジェクト参加者へのリスク分散に関する契約については第4章で論ずる．

1.4.2　スポンサーの借入能力の拡大

プロジェクト・ベースでの資金調達をすれば，スポンサー企業の借入能力が拡大される．第1にプロジェクトの債務はスポンサー企業の貸借対照表に現れず，スポンサーの直接的な負債とはみなされない構造をとる．（ただし，プロジェクトの債務も，全体の財務状態を重要視される場合には，財務諸表の注記公表が義務づけられる．）第2に，プロジェクトの借入に対する信用力を維持する契約があるために，プロジェクト会社はスポンサー企業よりも高い借入金比率（レバレッジ（leverage））を達成できる．高い借入金比率はプロジェクトの収益率の高さ，リスクの特徴と大きさ，プロジェクトの安全対策，資本参加者の信用力などに依存して決定する．

1.5　コジェネレーション・プロジェクトによる実例

仮想的なコジェネレーション・プロジェクトの例題（以下ではコジェネレーション・プロジェクトとよぶ）によって，プロジェクト・ファイナンスの基本的要因を説明しよう．実際，近年，コジェネレーション・プロジェクトにはプロジェクト・ファイナンスの方法が用いられてきている．Chen, Kensinger and Martin(1989) の推定によれば，1987年1月1日から1989年10月13日までにプロジェクト・ファイナンスで行われたコジェネレーション・プロジェクトは90億ドル以上にのぼり，この期間に行われたプロジェクト・ファイナンスの中で群を抜いて多い．Boise Cascade 社，Du Pont 社，Exxon 社，Southern California Edison 社などの会社が，これらのコジェネレーション・プロジェクトに参加している．コジェネレーション・プラントとは水蒸気を発生させ，それをまず発電に用い，さらに熱源として供給するプラントである．結果として，電力と蒸気熱の2種類のエネルギー同時に生成されることからコジェネレーション（共生産）の名前がついている．コジェネレーション・プラントの電力はこれを共有する企業の自家用に消費してもよいし，さらに残りを，地域エネルギー会社に売却してもよい．発電後に排出される蒸気の熱は化

学プラント,油田の回収率アップのための蒸気注入用,あるいはビルの暖房用などとして商品価値がある.第11章のインディアンタウン・コジェネレーション・プロジェクトでは,残余蒸気をオレンジジュース生産企業に大口売却している.前にも述べたとおり,PURPAの条例がコジェネレーションのブームをもたらした.PURPAは地域エネルギー会社がコジェネレーション・プラントなど一定の資格を有する独立発電設備の電力を購入する義務を規定した.それと同時にエネルギー会社には,たとえば,コジェネレーション設備の保守点検期間中にも他の期間と差別のない料金で電力供給するなど,コジェネレーション会社に対する電力供給をバックアップをする義務を負わせた.(Chen, Kensinger and Martin, 1989参照.)PURPAは一定の資格を有する独立発電企業には,「公企業」として課せられる収益率の規制から免除している[7].したがって,コジェネレーションが達成するコスト削減をスポンサー企業が享受することができる仕組になっている.プロジェクトの利益性と信用度が,地域エネルギー会社との契約によって保証されるので,スポンサー企業自身の信用度とは独立にプロジェクト資金が調達可能になる.

1.5.1 プロジェクト

この例では,あるエンジニアリング会社がニュージャージー州の化学プラント工場にコジェネレーション・プロジェクトの設計建設を提案しているものとする.

1.5.2 スポンサー

このエンジニアリング会社は発電所建設の設計管理に関するかなりの程度の経験をもっている.この市場は非常に競争的であり,エンジニアリング会社は競って出資し,建設後のオペレーションを引き受けて,プロジェクト設計建設の落札の確率を高めて資金調達の設定を支援する.しかしながら,エンジニアリング会社の本務は所詮エンジニアリングであり,その資金力は限られている.したがって投資額をおさえ,資金リスクを回避しようとする.しかし,固定価格,ターンキー契約のもとでの設備建設は,規定に従って完成を保証するパーフォマンス・ボンドによって保証する.

1.5.3 工業的用途

化学会社のプラントは1954年から稼働している．2つの旧式のガス燃焼ボイラーは，プラント内で蒸気を供給していた．地域エネルギー会社はプラント用の電力を供給していた．エンジニアリング会社は2つのボイラーの代わりに，コジェネレーション・プロジェクトを提案した．新設備は新鋭のガスボイラーと発電用のガスタービンである．プロジェクトでは発電後の蒸気を利用する目的である．プラントが必要としない電力を地域エネルギー会社に販売する．発電後の蒸気を化学プラント用にするので，現在の価格より十分低い蒸気価格が設定できる．化学会社は蒸気購入契約には積極的であったが，15年以上にもなる長期契約と設備に対するファイナンス契約をしようとはしなかった．化学会社は蒸気の購入だけの契約にこだわった[8]．

1.5.4 地域エネルギー会社

地域エネルギー会社は株式会社で，ガスと電力を化学会社も含めた顧客に供給していた．地域エネルギー会社は一定の資格のあるコジェネレーション会社に対し，電力の長期購入と発電のためのガスの長期供給の契約を結びたいと希望を公表していた．また，PURPA認定の独立電力会社設立のために資本投資持株会社を設立している一方，政府は，地域エネルギー会社のプロジェクト出資比率が50％を超えないことを条件に参加を承認した．

地域エネルギー会社はコジェネレーション・プロジェクトに参加する準備があることをエンジニアリング会社に知らせた．15年間のガス供給と同期間の電力購入の契約を喜んで締結しようとした．地域エネルギー会社は電力価格と連動した価格でガスを供給する契約を受け入れた．その結果，ガスの価格はコジェネレーション企業に支払う電力価格と年単位で完全に比例することになった．この地域エネルギー会社は，資本の50％を負担し，施設のオペレーションを担当するが，プロジェクトの負債返済に対するいかなる直接的な責任も負担したくない意向であった．しかし，コジェネレーション会社からの電力を自社の電力供給のベース・ロードとしたがった．15年間のインフレ連動オペレーション契約というのはエネルギー会社にとっても受容できる条件であった．契約は稼動初年度の1年間のオペレーション費用を規定しているが，それ以降については，生産者物価指数（PPI）に連動して増加する．この費用がプロジェクト全体に占める割合は比較的小さい．装置のオペレーションは簡単で，コ

ジェネレーション・プラント全体の維持管理に要するフルタイムの従業員は十数人に過ぎないからである．

1.5.5 外部資金

株主資本と他人資本構成比率は，機関投資家を主とする受動的投資家と金融機関の出資割合によって定まる．株主資本は，長期債務の設定に先立って出資されていなければならない．しかし，受動的な一般的投資家は，当然のことながら，自分達の投資以前に地域エネルギー会社が出資するものと考えている．電力購入とガス供給に関する契約がコジェネレーション・プロジェクトの借入による資金調達力に威力を発揮する．税制上の便益のみならず，プロジェクトの予想される収益性が外部の株主から資本を調達する決め手となる．

以下の章では，プロジェクト・ファイナンスの基本的概念を紹介していくが，その過程で，コジェネレーション・プロジェクトをその実例として繰り返し検討することになる．

1.6 まとめ

プロジェクト・ファイナンスとは，経済的に独立可能な資本投資プロジェクトに債券発行あるいは銀行ローンの設定によって，資金調達をすることである．返済はそこから発生するキャッシュ・フローだけによるものとし，借入期間や株主配当率などはプロジェクトの性質に応じて設定する．安全性のため，債務はプロジェクトの収益性と担保価値に依存して定まる．プロジェクトの収益性と借入金の割合設定に応じて追加的な信用が必要になる．この追加信用ついては，以降の章で述べる．プロジェクト・ファイナンスは，プロジェクトにかかわる種々の企業がリスクと収益を互いに分担して受け持つための金融工学技術を必要とする．

2

プロジェクト・ファイナンスの理論

プロジェクト・ファイナンスの合理性に関する既存研究を紹介しよう[1]．一般的につぎにあげる諸項目に関して分析をしている．企業が資本投資を検討するとき，互いに相関する以下の問題を考える．

1) 企業はプロジェクトを実施する独立した法人を作るべきか？　つまり，企業はプロジェクトを企業全体の資産に組み込んだ事業とすべきか，さらに企業の一般会計で処理すべきか？[2]
2) 独立した企業とした場合，負債として発生する額はどのくらいか？
3) 構造化債務はどうすべきか？　つまり，資金の貸し手（lender）はプロジェクト・スポンサーにどの程度の遡及（recourse）を求めるか？

2.1 既存研究

プロジェクト・ファイナンスは財務研究において，いまだ発展中である．プロジェクト・ファイナンスの便益の詳細な分析は始まったばかりである．Shar and Thakor(1987) はプロジェクト・ファイナンスの合理性を詳細に研究した最初の論文である．そこでは，「なぜプロジェクト・ファイナンスが，非常に大規模でハイリスクなプロジェクトに最も適しているか」についての論理を展開している．残念なことに，分析は2つの実例にとどまっている[3]．Chen, Kensinger and Martin(1989) はプロジェクト・ファイナンスが電力のコジェネレーション・プラントのような中規模で低リスクなプロジェクトに頻繁に利用されていることを指摘している．そこでは，プロジェクト・ファイナンスが独立電力供給社（IPP），特に Fortune 誌のランク500位以上の企業が経営するコジェネレーション電力事業に対する主要な資金調達法であるとさ

れている．したがって，Shar and Thakor(1987) の理論は不完全であるといえよう．

　Mao(1982) では，プロジェクトが独立した企業として資金調達をするためにはプロジェクト参加者間における権利義務関係が詳細な契約書にすべて網羅されなければならないと指摘している[4]．Worenklein(1981) はプロジェクトからの産出物を購入し，産出に必要な資源投入をコントロール可能な費用で実現できるような契約形態になる「信用援助の源泉(source of credit support)」の必要性を強調している．プロジェクトのスポンサーは，一般的にはプロジェクトの債務の返済を保証しないので，信用できるプロジェクト参加者が信用援助を契約締結の形態で確立しなければならない．

2.2　契約の必要性

　プロジェクト・ファイナンスは多くの参加者の詳細な契約関係を不可避とする．契約関係を許容可能な費用で確立できるプロジェクトだけが実施可能となる．契約を締結するためには，プロジェクトの参加者全員が共有できる「コミュニティ・オブ・インタレスト（利益の共通認識）」がなければならない．すなわち，参加者の最大の関心事であるプロジェクトの成功に向けて，各パーティーがそれぞれの最善を尽くすことにあることである．経験ある実務家にとって，提案されたプロジェクト・ファイナンスの健全性の厳しいテストは，計画案のファイナンスのもとですべての参加者が相応の利益に浴するかどうかで判定するものである．したがって，プロジェクト・ファイナンスを成功させるためには，ファイナンシャル・エンジニア（金融工学専門家）は構造的資金調達を設計しなければならない．構造化は，契約書に実装化され，すべての参加者が契約からゲイン（利得）が得られるように設定されなければならない．

　ただ1つの理論だけでプロジェクト・ファイナンスの合理性をすべて説明し尽くすことは不可能であろう．しかしながら，その合理性の解説を手短にレヴューすることによって貴重な見識を得ることができる．以下に紹介する見解はプロジェクト・ファイナンスの理論的背景である．

2.2.1　独立企業の有利性

　Chemmanur and John(1992) は企業コントロールの便益からプロジェク

ト・ファイナンスの合理性の理論を展開した．彼らの分析では，企業の経営者は企業をコントロールする観点から，他の株主をコントロールの便益から遠避けるために利用しているとする．企業が複数のプロジェクトを進行中であるとき，企業組織と企業内資金は経営者のコントロールの影響下にある．コントロールの便益は，自分が選択したプロジェクトのフリー・キャッシュ・フローを再投資する裁量権，給与と役得を自分で決定する権利，および債務者や株主の資金で自己の好都合な意思決定をする自由も含まれる．企業の株主構成，組織構成，および資本構成の関係に関する Chemmanur and John(1992) のモデルからつぎの興味深い結論が導かれる．①プロジェクトを独立企業とするのに最適な条件，②プロジェクトの最適借入額といかに借入契約を構造化すべきか（普通の借入と遡及権のない借入の構成比率の決定），③遡及権のないファイナンスが最適となるための条件．

2.2.2 企業の形態

伝統的な直接金融に代わってプロジェクト・ファイナンスを選択することは，企業を伝統的な会社形態と異なるつぎのような特徴のある形態とする．

1) プロジェクト期間は限られた期間である．したがって，その株主が所有する法人組織も有限期間である．一方，伝統的企業の存在期間は有限ではない．
2) プロジェクト企業はその収益のキャッシュ・フローを直接プロジェクトの貸し手と株式投資家に分配する．伝統的な企業形態では収益からのフリー・キャッシュ・フローが内部留保でき，経営者が選択した他のプロジェクトに再投資できる．プロジェクト・ファイナンスの純粋な形態では，株式投資者はフリー・キャッシュ・フローを手に入れ，再投資の意思決定を自分でできる．

2.2.3 プロジェクト・ファイナンスの合理性

Chemmanur and John(1992) は以下のように要約できる．第1に，経営者がすべてのプロジェクトをコントロールできるなら，100%株主資本が検討に値する．これは経営のモニターや干渉をする貸し手を排除できる．経営者がすべてのプロジェクト運営にライバルと匹敵する能力があれば，すべてのプロジェクトを単一の企業で所有することが有効な戦略である．一方，プロジェク

ごとに経営の相対的能力が異なるとき，少なくともあるプロジェクトは独立させ，別個の経営者を雇用すべきである．

第2に，すべてのプロジェクトが100%株主資本であるとき，内部資金不足によって経営者はすべてのプロジェクトのコントロールはできないのであれば，株式と債券で資金調達をする．プロジェクト経営に必要とされる能力が等しく，コントロールの便益も類似しているのであれば，単独の会社がプロジェクトを経営し，資金の一部は社債でも資金調達する．一方，コントロール便益がプロジェクトごとに異なる場合には，リミティド・リコース方式が最適である．経営者はすべてのプロジェクトを運営するが，リミティド・リコースの資金調達は債務に対して限定された責任となる．

第3に，社債を発行し種々のプロジェクトごとに必要な経営資源が異なるとき，1つ以上の独立企業がスピンオフするのが最適である[5]．いままでよりも優れた経営者によって，スピンオフ企業の経営がなされるので，株主に利益となる．

第4に，プロジェクトに対するリミティド・リコース債務の最適配分は経営者への利益配分に依存する．一般的に，プロジェクト価値1ドルあたりの経営者の利益が小さいプロジェクトは，債務比率が大きくなる．債務比率が大きいと事業に対する制約が強くなるので，経営者のリスクは小さい．

第5に，スピンオフ企業の最適資本構成は経営の能力に依存する．経営がよくない企業ほど，借入の能力は小さくなる．

2.3 過少投資の問題への対処

過少投資の問題は，資本構成が借入中心になっているときに発生する．危険な債務を保有する企業は，企業価値を増加するための資本投資プロジェクトを躊躇する傾向がある．これが過小投資問題とよばれている．ビジネスリスクが変わらないとき，株主は債務者の資金で企業価値を増加しようとする．過小投資問題は低リスク・プロジェクトに偏ることになる．（Emery and Finnerty, 1991, pp. 229-230 を参照．）

2.3.1 過少投資の要因

John and John(1991)は債務がいかに過少投資の原因になるかについての

モデルを構築した．彼らは，プロジェクト・ファイナンスが過少投資を減少させること，さらにそれが最適資本構成を形成する条件を示した．そのモデルはMyers(1977)の債務が企業の資本投資決定をゆがめるというモデルを基礎にしている．債務の存在は，正のネット現在価値（純現在価値）のあるプロジェクト，それが債権者には有利でも，株主に不利なときには，経営者は不採用にしてしまう．その例を考えてみよう．独立したプロジェクトを利用しなければ，企業はすべての債務を完済できないとしよう．しかし，プロジェクト事業は十分収益性があり，債権者はそれが実行されれば債務の完済を確信している．したがって，債権者には有利である．一方，経営者は株主のプロジェクト投資の現在価値が正の場合だけ，プロジェクト実施の決定をする．かくして，プロジェクトは事業全体としては正の現在価値があっても，株主のだけの現在価値判断では負となりえる．この場合，企業経営者はプロジェクト投資を実行しない．

正の現在価値のプロジェクトを見送れば，株主もただではすまない．見通しのよい貸し手はこの投資行動に対抗して，いままで以上の金利を要求してくる．金利上昇はいわゆるエージェンシー費用である．エージェンシー費用は企業の資産とキャッシュ・フローに対する株主と債券者の対抗しあう力関係から生まれる．株主は大企業では分散され，モニター（業務監視）するためには費用がかかり不完全でもあるので，エージェンシー費用が発生する．たとえば，債権者は企業全体の投資レベルは観察可能だが，個々の資本投資のすべての情報を把握できない．プロジェクト・ファイナンスはプロジェクトごとの融資決定を可能にしエージェンシー費用問題の状況を変化させる．

2.3.2 プロジェクト・ファイナンスの対処法

John and John(1991)のモデルでは，プロジェクトはそれぞれ独立にファイナンスされる．すべての債務はノンリコースと仮定されるが，結論的にはリミティド・リコースでも有効とされる．債権者と株主の経済的関心はプロジェクト・ベースで調整される．債務はスポンサーと他の機関との間で企業価値を最大化するように配分される．John and John(1991)はスポンサーの貸借対照表を用いてプロジェクト・ファイナンスと通常の融資とを比較した．その結果，プロジェクト・ファイナンスは①エージェンシー費用の減少，②利子に対する税控除の増加，によって企業価値を増やすとした．融資されるプロジェ

クトが増え，借入が増加するにつれ，利子控除がさらに増えるためである．以上の2要因が株主価値を高めることになる．

2.4 フリー・キャッシュ・フローの分配

　伝統的な企業組織では取締役会がフリー・キャッシュ・フローを株主配当と再投資とにどう配分するかを決定する．「フリー・キャッシュ・フロー」とは，営業に必要な生産費用，デット・サービスなどを支払った後の可処分キャッシュ・フローである．一般的に，企業が新しいプロジェクトに投資を決定するとき，既存のプロジェクトからのキャッシュ・フローがつぎ込まれる．経営者は現存するキャッシュ・フローを新しいプロジェクトに投入する決定を資本市場の要請にかかわらず温存できる[6]．この裁量権は企業の経営方針の決定につながる．この裁量権の誤用問題が株主の権利に関する大きな論争点となっている[7]．

2.4.1 フリー・キャッシュ・フローとプロジェクト・ファイナンス

　プロジェクト・ファイナンスはフリー・キャッシュ・フローを投資家のコントロールのもとに置く．基本的には，フリー・キャッシュ・フローのすべてが株主に分配される．プロジェクト・ファイナンスは特定な資産に対して行われ，その所有および営業は一定期間で終わる．さらに，株式出資に関する契約書は，プロジェクトの運営期間の配当政策に対して十分な記述がある．

2.4.2 プロジェクト・ファイナンスの有効性

　Jensen(1986 a)はフリー・キャッシュ・フローにおけるエージェンシー費用の概念を確立した．外部資金のプロジェクトに比べ，内部資金の場合は経営能力はそれほど必要とされない．経営者にフリー・キャッシュ・フローの再投資決裁権を与えることは，株主の損失となる．フリー・キャッシュ・フローの経営を資本市場の論理にさらすことは，使われるべき事業に投資させることになる．このような経営から投資家への力の移動は株主に帰属する企業価値を高める[8]．

　プロジェクト・ファイナンスが有効なのは，再投資の意思決定時期に投資家が資産の所有権を直接コントロールしているからである．投資家にコントロー

ルがあることは，再投資決定時に経営者との間で起こる軋轢を解決することになる．プロジェクト・ファイナンスでは，資金調達は外部投資家との交渉からである．プロジェクトの進行に従って，投資家に資金は戻され，その再投資は投資家自身が決定する．

2.5 情報の非対称性の減少と情報発信費用

資金調達のために発行される証券の種類は重要なシグナル効果をもつ．(Smith, 1986.) たとえば，発行が株式ではなく債券であったとしよう．債務には金利および元金返済に固定的費用がかかる．これらの支払は契約上の義務である．株式ではなく債券を発行することは「企業が債務を返済する十分なキャッシュ・フローがある」というシグナルを発する．

Shar and Thakor(1987) は，大規模でハイリスクのプロジェクトにおける情報の非対称性があるとき，資金調達に関連するシグナル費用をプロジェクト・ファイナンスが減少させると指摘した．「情報の非対称性」とは，経営が新しいプロジェクトの価値ある情報を資本市場に正しく伝えられない状況をさす．ある会社が新しいプロジェクトを発表し，資金調達を仕掛けたとき，最良の投資家でも発表が真に意味するところ，たとえばその会社の意図する収益性などを直接知ることはできない．もしも，この情報が技術的で複雑なものであれば，市場とのやりとりは大変高くつく．この情報の理解は優良な投資家にとっても高価となる[9]．

さらに，もう1つの情報の壁が存在する．潜在的に収益性の高い事業についての貴重な情報は，比較優位のために競争相手には知られないようにする．経営者が公開されない情報を手にしたとき，この情報が公開される前に資金調達をすることは困難である[10]．

2.5.1 コミュニケーション問題の処理

プロジェクト・ファイナンスには，コミュニケーションの問題に対する解決法がある．経営者はプロジェクトについて投資家の小グループに十分な情報を公開し，プロジェクトの発行する証券の適正価格交渉する．この方法では経営者は重要な情報を公開することなしに，資金調達を可能とできる．情報リークの危険性は投資家がその信頼性を維持するために少ない．

Shar and Thakor(1987)によれば，プロジェクト・ファイナンスは情報の非対称性費用が大きいプロジェクトに有効である．たとえば大規模な鉱山開発などがその典型である．しかし，Chen, Kensinger and Martin (1989)は，Shar and Thakor(1987)の理論は独占的情報をスポンサーがもっていない低リスクのプロジェクトに使われる事実を説明できないと指摘する．

2.5.2 資金調達の柔軟性の確保

Chen, Kensinger and Martin(1989)は情報の非対称性の小さい，いわゆる外から見えるプロジェクトに経営者はプロジェクト・ファイナンスを用いると指摘した．競走企業に情報をもらさず外部資金調達はできない[11]．企業に①外部から見えるプロジェクトに投資する機会，②競争相手や一般に公開したくない重要な情報を経営が保有しているプロジェクト投資する機会，の2つの機会があるとしよう．企業にとっては，内部資金を②の投資機会に向けるべきとMyera and Majluf(1984)は述べている．外部資金調達は情報の非対称性にさらされることから，資本構成選択の階層理論を展開している．この理論に従えば，内部で調達された資金は情報に敏感なプロジェクトに投資するのが好ましい．資金の情報機密性の好ましい順序は，有担保債券，無担保債券，証券，最後に普通株の順である．

企業の内部留保と借入枠の未使用部分（これは原則的に，優先債の格付に影響するので，未使用のまま維持される）が資金源を表している．この資金には情報の非対称性から生じる費用を回避できる優位性がある．プロジェクトの証券に適正な価格がつけられたときには，企業は外部から見えるプロジェクトを売却することで非対称性の費用を減少させることができる．情報の非対称性費用が少ない事業でプロジェクト・ファイナンスを選択することにより，非対称性費用の大きいプロジェクトのために内部資金を温存する．これによって財務的柔軟性が獲得される．企業にとっての原則は，「情報の非対称性費用の少ないプロジェクトを売り，非対称性費用の大きいプロジェクトのために内部資金を温存せよ」となる．

2.5.3 株主利益の増大

プロジェクト・ファイナンスの上記の財務的柔軟性は，企業の利益追求機会を増やし，株主の利益を増大する．さらに近い将来に，プロジェクトの価値を

最大化する独占的情報を利用することで，大きく成長する機会を与える．このために，情報に敏感で最も魅力的なプロジェクトをもつ企業は，外部から見えるプロジェクトの資金調達にプロジェクト・ファイナンスを利用する．プロジェクト・ファイナンスの利用は独占的プロジェクトの保有をほのめかすシグナルとして解釈される．

2.6 債務契約の効率的な資金構成

株主と債権者との利益に関する内在的衝突は種々のエージェント費用を発生する．(Jensen and Mecking, 1976 参照．) 貸し手はローン契約の条件の中にエージェント費用を含める．その条項は借り手の財務パフォーマンスをモニターするものである．さらに，たとえば減債基金 (sinking fund) のように元金返済以外の目的にキャッシュ・フローを使うことに制限を設けた返済条件もつける．

プロジェクト・ファイナンスではこれらのエージェント費用を削減できる．プロジェクトは限られた期間しか存在しない．株式出資者がフリー・キャッシュ・フローの分配を要求しようとしても，経営がそれを再投資しようとしても，すべて契約で制限されている．貸し手はネット・フリー・キャッシュ・フローに対して優先権を保有する．したがって企業全体より，特定のプロジェクトに債務契約を設定するほうが一般的には容易である．この要因が貸し手を「資産代替問題」から保護する[12]．たとえば，債務契約がプロジェクトの期待収益性とキャッシュ・フローに合うように設計できる．もしもその目標に合わなければ，条件違反は契約再交渉の引き金にもできる．また，減債基金はプロジェクト・キャッシュ・フローの条件に依存するように設定可能である．プロジェクトが予想以上に好成績を上げたとき，他のプロジェクトに無駄に使われる前に貸し手はより早く回収が可能となる．

2.7 企業組織の効率化と経営者の利益配分

プロジェクト・ファイナンスは管理する資産の効率性を高める．Brickley, Lease and Smith(1988)と Schipper and Smith(1986) の論文は企業の所有関係と企業価値を研究した．彼らは企業の株式利益を経営者に与えることによる

便益を論じた．このような利益供与の目的は経営者と株式投資家の目的を連携することにある．

プロジェクト・ファイナンスは経営者にインセンティブを与えるものである．経営者への利益供与はプロジェクトの成果と直接つながっている．利益シェアリング・プログラムはその1つに過ぎない．経営者がプロジェクトの利益を直接シェアできるとき，彼らの利益に対する動機は強められる．

2.8 プロジェクト・ファイナンス対直接金融

プロジェクト・ファイナンスはスポンサーの信用力に対して実施される直接金融と比較してみよう．プロジェクト・ファイナンスに適した特徴をもつプロジェクトを発見するために，表2.1にいろいろな規準から直接金融とプロジェクト・ファイナンスを比較した．プロジェクト・ファイナンスが可能であることは必ずしも資金調達がそうでなければならないわけではない．プロジェクト・スポンサーの利益になるように資金調達方法を選択しなければならない．

2.9 プロジェクト・ファイナンスの長所

プロジェクト・ファイナンスを用いたときに伝統的資金調達よりも税引後資本コストが低い場合にそれは実施されるべきである．極端な場合スポンサーの信用力が低くて自社だけでは通常の資本コストで資金調達できないときには，プロジェクト・ファイナンスが資金調達の現実的手段となる．

2.9.1 経済的レント

天然資源は，供給が十分でないとき，たとえば低硫黄石炭の需要が環境基準の厳格化によって急増したとき希少価値をもつが，たとえば鉱石の埋蔵が集中しているときは低価格で採掘されうる．そのような天然資源管理する法人はプロジェクト・ファイナンスによって投資が超高収益率を生む長期契約を締結できる．経済学者はこの超過収益率を「経済的レント」とよんできた．プロジェクト・スポンサーは長期購入契約によって経済的レントを利益に変える．正式な契約によって鉱石開発に資金供給する借入が確定する．また契約は借入元利返済と株主に収益分配を行うキャッシュ・フローを生み出す．

表 2.1 伝統的直接融資とプロジェクト・ファイナンス

基　準	直　接　融　資	プロジェクト・ファイナンス
組　織	大企業は通常株式会社． 種々の資産とビジネスの複合からのキャッシュ・フロー．	プロジェクトはパートナーをリミティド・パートナーとすることで税制上のメリットを利用． プロジェクトの資産とそのキャッシュ・フローはスポンサーから独立．
モニタリングと管理	経営者に対する管理． 株主に代わり取締役会がモニターする． 株主は制限付きの直接モニタリング．	通常の企業より強い監督による経営者に対する管理． 資産のキャッシュ・フローの独立化はより大きな監督能力を付ける． 負債と資本金に関する契約がモニタリング条件を含む．
リスク分配	貸し手はスポンサーに完全遡及権を有する． リスクはスポンサーの資産ポートフォリオで分散化． あるリスクは保険やヘッジ手法で回避．	貸し手はスポンサーに対しリミティド・リコースまたはノンリコース． 貸し手のリスクはプロジェクトに限定され，種々の保証契約で回避される． プロジェクト・リスクは契約によって分散化．リスクは最も巧みに対処できる参加者に分配．
融資の柔軟性	迅速に調達可能． 内部留保が他のプロジェクトに用いられ，資本市場より効率が悪くなる．	情報収集料，契約料，手数料がかかる． 融資契約が複雑で時間がかかる． 内部留保はプロジェクト内に蓄えられる．
フリー・キャッシュ・フロー	経営者はフリー・キャッシュ・フローを配当か再投資するかの決定に裁量権がある． キャッシュ・フローはまとめられて会社の方針で分配される．	経営者の裁量権は限定される． 契約によってフリー・キャッシュ・フローは株主に配当されなければならない
エージェンシー費用	株主はフリー・キャッシュ・フローのエージェンシー費用を負担． 経営者のプロジェクト単位のインセンティブは困難． エージェンシー費用はプロジェクト・ファイナンスより大きい．	フリー・キャッシュ・フローのエージェンシー費用は減少． 経営者のインセンティブはプロジェクトに直結する． 過少投資問題は緩和される． エージェンシー費用は相対的に小さい．
借入契約	貸し手はスポンサー企業全体の資産ポートフォリオから返済能力を判断． 大企業の借入は無担保．	貸し手はプロジェクトの資産の返済能力を評価． 借入は担保が必要． 契約はプロジェクトごとに調整される．
借入能力	借入能力はスポンサーの能力に依存する．	長期購入計画などが借入能力を保証する． スポンサーの借入能力は拡大． 税控除がある借入はスポンサーに有利．
倒　産	高額で時間がかかる財務危機は回避できる． 貸し手はスポンサーの資産から回収できる． 主要ビジネスのただ１つの失敗が他の優良ビジネスに悪影響を与える．	解散整理費用は低い． スポンサーの資産からプロジェクトは隔離されている． 貸し手の元本回収は制限され，負債は他のプロジェクトから支払われない．

2.9.2 規模の経済

2つ以上の企業が共同で施設を建設すると生産の規模の経済のメリットを享受できる．ボーキサイト供給基地のそばに2社のアルミメーカーが1つの工場を作る，あるいは，高度に工業化された地帯の企業が共同でコジェネレーション施設を作り，熱加工用に蒸気を買い余剰電力を地域エネルギー会社に売却するなどの例がある．

2.9.3 リスク・シェアリング

ジョイント・ベンチャーはプロジェクトのリスクをスポンサー間で共有化できる．プロジェクトの資本費用がスポンサーの資金量に比べて大きいとき，プロジェクトを単独で実施することはスポンサーの命取りになりかねない．同様に，プロジェクトが当該国政府の予算規模から見て大きすぎるときにも，リスクを減少するためには，2つ以上のジョイント・ベンチャーのパートナーをリストアップすべきである．

2.9.4 借入能力の拡大

プロジェクト・ファイナンスは自社以外の信用力に依存した資金調達を可能にする．製品の購入者の信用力での調達であることも多い．プロジェクトはつぎの契約を基礎としたうえで資金調達できる．① 購入会社が製品の長期契約をする，② 契約でプロジェクトに十分なキャッシュ・フローの保証をする．このとき予測可能な状況のもとでは元利の返済が可能となる．キャッシュ・フローが不十分である状況が生まれたとき，さらに信用力を付加する契約が必要である．しかしながら，購入契約はプロジェクト・ファイナンスを成り立たせる重要な条件である．

プロジェクト会社はスポンサーの資金力よりはるかに大きいレバレッジで資金調達可能となる．資金の70％以上が債務であったプロジェクトが広範囲の分野で見られる．しかしプロジェクトが可能とするレバレッジは契約内容の強さ，信用力ある参加者のリスク・テイク，さらにプロジェクトの種類と利益性に依存する．

2.9.5 資本コストの減少

製品購入をする会社の信用力がプロジェクト・スポンサーより高い場合，プ

ロジェクトはスポンサー自身よりも安く借り入れられる．また，プロジェクト企業はスポンサー企業よりも高いレバレッジで借入できる．その結果，プロジェクト全体の資本コストは株式資本を安い価格の借入が代替するために低くなる．

2.9.6 フリー・キャッシュ・フロー

プロジェクトは有限の存続期間をもち，配当政策は契約で決定されている．運営費用と元利返済を引いた後の収益は，いわゆるフリー・キャッシュ・フローとよばれ，通常株主に分配される．かくして，経営者ではなく株式投資家が，プロジェクトのフリー・キャッシュ・フローを再投資するかを決定する．

プロジェクトが会社の信用力で資金調達すると，プロジェクトの資産は企業の資産の一部となる．その営業キャッシュ・フローは会社の内部資金を増加する．これを内部留保にするか配当として株主に還元するかは取締役会で決まる．

プロジェクト・ファイナンスはこの取締役会の裁量権を排除する．投資家はフリー・キャッシュ・フローの分配を受け自らの判断で再投資先を決めたがる．フリー・キャッシュ・フローを株主の承認なしに内部留保されるリスクの減少がプロジェクトの株式の資本コストを減少する[13]．

以上はスポンサーにとって不利になることばかりではない．もしもスポンサーが有利なプロジェクトをさらに計画するならば，株主以外の投資家とも交渉可能となる．この投資家が既存のプロジェクト会社内への投資を認めるならば，配当の配分は出資比率に応じて分配される．

2.9.7 財務危機対策費用の削減

プロジェクトの負債の構成は，スポンサー会社のものより複雑ではない．プロジェクト会社の典型的な資本構成は１種類の債務と多くの小規模の借掛金である．

一般的なルールとして，財務危機の処理費用は借掛契約の数と債務構造の複雑さに比例して増加する．時間の経過に従い，企業は借掛金の数が増える．たとえば年金積立金などであり，倒産時には処理が困難になる．主要な１つの債務をもつ独立法人は，その債務は数多くの投資家に細分化されているのだが，財務危機に対してずっと簡単に対処できる．

プロジェクト・ファイナンスは財務危機の際の元金回収に制限を設けている．スポンサーに対する直接の貸付はスポンサーの資産が担保になっており，事業の失敗のときは，貸し手はスポンサーの他の事業のキャッシュ・フローから回収可能である．プロジェクト・ファイナンスではプロジェクトの資産はスポンサーの他の資産から切り離されている．他の資産とそのキャッシュ・フローからの支払は，ローン契約で設定した遡及権条項に依存する．一方，他の資産からの分離は，スポンサーの倒産によってその貸し手がプロジェクト会社の資産に遡及するリスクを排除する[14]．

2.9.8 規制および行政費用削減

コジェネレーション・プロジェクトのようなある種のタイプの事業は，経験のあるスポンサーならば法的費用および規制に対する費用を安くできる[15]．たとえば，化学メーカーや石油会社がコジェネレーション事業を実施するなら，不慣れな諸規制を処理しなければならない．コジェネレーションを専門とする商社（general contracting firm）はその技術的側面も法的側面も熟知している．法的規制には供給余力電力を電力会社に販売する条件などがある．この種の企業は，コジェネレーション事業を日常的業務とし，蓄積されたノウハウを利用する．

経営が有能であれば，プロジェクト・ファイナンスは規制に関しても規模の経済が働く．プロジェクトの成立条件は電力会社などの外部の企業にも依存する．同時に，法的規制に対しては契約によって補完しておく必要がある．同様なプロジェクトを成功したデベロッパーはこれらの費用と運営費を削減する．デベロッパーの長期的収益性への工夫とプロジェクトの独立性はコジェネレーションを内部資金で起業したときに起こるリスクを軽減する．

2.9.9 疑わしい長所

プロジェクト・ファイナンスがスポンサーの貸借対照表からその債務が独立であること，オフバランスであることから実務家は有効性を主張する．バランス・シートに記載されなくても財務リスクが消滅しないことを認識することは重要である．少なくとも米国会計では注記公開（ディスクロジャー）の要請が厳しくなっている．効率的市場仮説（投資家は財務情報を合理的に用いるという仮説）のもとではオフバランスのメリットは存在しない．投資家と格付機関

がプロジェクト・ファイナンスにかかわりあるスポンサーの信用リスクの注記情報を配信しているはずである．債券格付の格付機関と投資家はスポンサーの借入資産の価格を正確に評価できるはずである．

2.10 プロジェクト・ファイナンスの欠点

プロジェクト・ファイナンスはすべての状況で資本コストを減少させるとは限らない．プロジェクト・ファイナンスの契約はここまでに列挙してきた長所以上に契約費用が高いこともある．

2.10.1 プロジェクト・ファイナンスの複雑さ

プロジェクト・ファイナンスはすべての参加者によって合意された契約書のもとで成立する．通常は伝統的資金調達より契約に時間がかかる．さらに，投資決定に経営判断ための時間がかかる．

2.10.2 間接的信用供与

信用供与が間接的であるために，最終的債務者がいかなる資本構成であっても，プロジェクト・ファイナンスの債務費用は伝統的ファイナンス方法より割高である．その信用供与は直接的な支払約束ではなく，契約上の支援である．貸し手は，契約上の取り決めが予期せぬ資金不足で破綻することを考慮に入れている．その結果，貸し手はこのリスクを補償するプレミアムを要求する．プレミアムは一般的に50から100ベーシス・ポイントであり，産出の購入契約に依存する．第4章に紹介する万難排除（hell-or-high-water）契約は最大限の信用供与をあたえ，プレミアムを最低レベルに抑える．

2.10.3 取引費用

複雑な仕組のため，プロジェクト・ファイナンスは伝統的資金調達より高い取引費用を要する．取引費用はプロジェクトの構造を規定するための法的費用，関係する税制上，規制上の調査費用，株主，ローンの契約などのための費用が影響している．

2.11 ま　と　め

　プロジェクト・ファイナンスは伝統的直接金融の代替的手法である．プロジェクト・ファイナンスを選択することは，伝統的企業と組織的に異なる以下の2つの基本的側面を選択したこととなる．①プロジェクト企業は有限期間の存在である．②プロジェクトからのキャッシュ・フローはスポンサーによって再投資されず，投資家に直接支払われる．

　プロジェクト・ファイナンスは
・プロジェクト・キャッシュ・フローの再投資の権限を投資家にもたらすのでフリー・キャッシュ・フローに関するエージェンシー費用を軽減する．
・企業がリスキーな負債を保有しているときの過少投資問題を緩和する．
・独占的利益の発生しうるプロジェクトを秘密裏に起業するときに必要な内部資金を生み出す財務的自由度を高める．
・プロジェクトのキャッシュ・フローを相対的に安上がりにデザインできる．

　プロジェクト・ファイナンスと伝統的直接金融の両方が可能なとき，必要とされる取引費用や割増金利はかなりのものになるが，プロジェクト・ファイナンスの直接金融に比較した有効性が対費用効果分析に基づいてつぎのように説明できる．①スポンサーが自己で可能なレバレッジより大きな借入がプロジェクト・ファイナンスで可能となる．②高い借入はそのコストを打ち消すタックス・シールドの増加をもたらし，その結果プロジェクトの全体の資本費用を低減する．

3

プロジェクトの成立条件

　プロジェクト建設費用の調達に必要なファイナンスには，プロジェクトの技術的フィージビリティ，経済的成立条件，および信用力について，長期貸し手と株式投資家の条件を満たさなくてはならない．投資家はプロジェクトのリスクとそれに見あう収益があるかに関心がある．スポンサーとその財務アドバイザーはプロジェクトの技術的側面とそのリスクを熟知し，プロジェクトの経済性と元利返済能力を独立に評価する．この章では評価に関する要因の検討をする．

3.1 技術的フィージビリティ

　建設開始前にプロジェクト・スポンサーは技術的プロセス評価と提案された設備の設計についての広範なエンジニアリング調査を実施しなければならない．プロジェクトが新しく未実証の技術を要するならば，テスト施設，パイロット・プラントがフィージビリティ・テストをし，フルスケールの設備の設計を最適化するために建設されなければならない．たとえ実証済みの技術でも，プロジェクトで実現する規模が既存施設より大きければ同様のテストが必要である．うまく設計された設備は将来の拡張性がよく，初期能力の拡張は当初から計画されることが多い．オペレーション効率上から，プロジェクトの拡張に伴う資本コストなどの影響は初期設計仕様と財務計画に反映する．

　プロジェクトの設計と技術的フィージビリティは環境要因から制約を受ける．北極海パイプラインと北海油田は環境条件が建設オペレーションに影響のあった例である．大規模パイプラインやとオフショアー採掘は歴史的に成功してきた事業であったが，アラスカ沖北極海と北海の環境は設計変更を要した．

プロジェクト・スポンサーは，技術的側面の中立的な意見をもち，設計の協力をする外部エンジニアリング・コンサルタントを雇用する．長期的資金の貸し手が中立的専門家に以下の点についての意見を要請することも少なくない．① スケジュールどおり設備は完成するか，② 完工後，設備は予定どおりの能力を出せるか，③ 建設費用とその他の付随費用はプロジェクトを完成するのに十分か．財務アドバイザーは技術的確実性とそのために必要な資金，オペレーション，利益性について十分知らされていなければならない．

3.1.1 プロジェクト建設費用

プロジェクト建設費用の推定は詳細なエンジニアリングと設計から計算できる．建設費用見積りには独立した法人として運営に必要なすべての設備を含んでいなければならない．プロジェクトの立地が悪く追加的インフラ投資，たとえば道路，電力，学校，住宅などが必要であれば，スポンサーはそのインフラはプロジェクトが出すか，ホスト政府が国際援助協力のもとに負担するかを決定しなければならない．プロジェクトがこの費用を負担するなら，建設費用を増加する．しかも長期の建設期間の場合はなおさらである．したがって，適切な比例評価を関係する費用項目に対して適用しなければならない．建設費用の推定は設計ミスや予期できない費用を含めなければならない．この要因は建設に影響する不確実性に依存するが，多くのプロジェクトでは設備の設計ができた状態で直接費用の 10% としている．臨時支出は設計段階では多く必要である．設計が初期段階であれば，偶発的要因は増加する．最後に，資本コストの総計には，建設期間中の金利と運転資金を含めなければならない．

スポンサーやそのアドバイザーは建設期間以前および期間中の詳細なスケジュールを用意する．資本支出の四半期ごとの執行はスケジュールに組み込まれる．スケジュールはつぎの事項を設定する．① 環境などの規制に対する承認および建設許可を得るための必要時間，② 主要機材を調達するためのリード・タイム，③ 建設前の準備，たとえば詳細設計，設備原材料の発注，用地確保，労働力の確保の時間．スポンサーは遅れのリスクが最大になる建設のクリティカル・パスを調べ，遅れによる財務的影響を最小限に調整する．

3.2 経済的成立条件

プロジェクトの採択は期待純現在価値が正かどうかで決まる．将来のフリー・キャッシュ・フローの現在価値がプロジェクト建設費用の現在価値を上回るときのみ選択される．キャッシュ・フローに影響のある要因を分析しよう．

プロジェクトは予定どおり予算内で完成するなら，その成立条件はそのアウトプットの市場性に依存する．市場性を評価するために，スポンサーはプロジェクト期間の製品需給を調査する．そのマーケティング調査は適切な仮定のもとで，生産および元利返済し，さらに株主に許容される収益率を上げる価格設定で需要がプロジェクトの製品を吸収できることを確認する．マーケティング調査は一般的に ① 競合する商品とその製造費用，② プロジェクトのアウトプットの寿命，予想販売量，予想価格の分析，③ 技術的陳腐化の影響分析についてである．調査は独立会社の専門家によって実施される．プロジェクトが規制下にある産業であれば，生産レベルと価格への規制の，究極的には収益性への影響を検討しなければならない．

生産費用は製品価格に影響を与える．プロジェクトの設計が終わった後に，運営費用予測がなされる．すべての要素，原材料，労働力，間接費用，税，ロイヤルティ，維持費などが特定化され計測されなければならない．この推定は費用を固定と変動部分とに分割し，カテゴリーごとに見積もられる．運営費用の各項目は予測インフレーション率での上昇が見込まれる．財務的見地からは，費用見積りと価格設定が予測されるインフレーション率に合理的に対応していることが重要である．

運営費用のつぎは資本コストが決定される．これは財務アドバイザーの責任となる．アドバイザーはスポンサーのビジネス目的に最適な資金調達となる資金計画を開発し，検査する．目的とはスポンサーの株式投資の収益率を最高にするための競争的価格製品の生産である．

プロジェクト・ファイナンスのアドバイザーは，第6章に詳述するような，資金調達計画のベース・ケースを作り，スポンサーの投資収益率に対する種々の不確定要素の感度分析を行う．そのためには，コンピュータ・モデリングを必要とし，アドバイザーは集中的に感度分析を行う．コンピュータ・モデルはコストの割高，完工遅延，運営中断，製品価格変動などの影響を分析する．生

産量によって損益の分かれる損益平衡価格（breakeven price）の生産レベルに対する関係がプロジェクトの安全性を測る指標となる．

3.2.1 資源の供給

融資家は少なくとも，設計どおりの運営ができるように，その貸付期間における原材料の十分な供給が確保されていることを要求する．資源開発プロジェクトにおいては，融資家はスポンサーが独立地質研究者かエンジニアリング・コンサルタントに埋蔵量，品質，月間採掘量を評価させることを要求する．その推定には誤差も見込まれるが，その誤差範囲はエンジニアの経験に依存する．この不確実性は，確定埋蔵量，推定埋蔵量，予想埋蔵量として分類される．融資家はスポンサーが独立専門家に採掘生産の技術の調査とそのサイトでの最適な技術の選択の依頼することを要請する．資源の賦存の公開のつぎに，スポンサーはそのリザーブに対する採掘権を確立しなければならない．採掘権を確立するためには，その所有権，リース，購入契約などの融資期間の一定量の資源の無条件の利用権が少なくとも必要である．

3.3　信　用　力

プロジェクトの初期の借入時点では営業実績はない．建設が株主資本で行われ債務が建設に使われていないときはこの限りではない．したがって，プロジェクトが調達できる債務の額は，キャッシュ・フローから債務返済にまわせる予想量，つまり信用強度（credit strength）の関数である．信用強度は ① プロジェクト資産の内在的価値，② プロジェクトの収益性，③ 債務決定後に，スポンサーの株主資本負担額，④ 信用力のある第三者かあるいはスポンサーの担保力から生まれる．

3.3.1　プロジェクト資産の内在的価値

資源開発に多く見られる生産支払ローンは確認埋蔵量を担保に借り入れ，生産した資源販売で返済する．このタイプの借入は確認埋蔵量の所有者がノンリコースで可能である．製品支払は一定期間に採掘可能なリザーブの生産収入のパーセンテージに当たる．このような資金調達は，原油と天然ガス開発に見られ，他の鉱物資源開発にも使われる．このタイプの資金調達には，つぎの点が

必要とされる．① 十分な確認埋蔵量，② 資源採掘の確立した技術，③ 製品の確実な市場．

3.3.2 プロジェクトの期待収益性

プロジェクトの期待収益性はデット・サービスの資金および株主に十分な収益率となる主要な資金源を表す．融資家はローン返済のつぎの2点に注目している．第1は資金を借り入れる法人の信用強度，第2はローンの担保の市場価値である．プロジェクト・ファイナンスでは，第3となる信用援助のソースがある．それは第三者の担保を間接的に信用保証に当てることである．

3.3.3 スポンサーの株主資本負担額

債権者は株主より先取権がある．ビジネスが失敗したとき，債権者は資産を先取りできる．一定のプロジェクト資産において，株式資本が多ければ，債務比率は低くなる．すると，貸し手がさらされる倒産のリスクは小さくなる．

3.3.4 第三者の担保力による信用力

融資家は原則的にはプロジェクトの成立条件や信用力を決定した収入に注目するが，プロジェクトの追加的信用は利益を受けるスポンサーや信用ある参加者から供与されなければならない．オペレーター，スポンサー，他の参加者，融資家に対する契約は元利返済の保証を確保するために，プロジェクト・ファイナンスのための十分な準備が必要である．

3.4 成立条件に関する結論

単独のプロジェクトのファイナンスには，プロジェクトは技術的にフィージブルで経済的成立条件を満たし，スポンサーの提案する資金計画で十分に信用力があることを，融資家や一般投資家が確信できなければならない．技術的フィージビリティは，建設がスケジュールどおり，予算内で終了し，設計どおりの能力で稼働できることを融資家に示し，満足されなければならない．経済的成立条件は，プロジェクトが資本コスト全体をカバーできるキャッシュ・フローを生み出すことを証明する．信用力の確立には，悲観的な環境でもプロジェクトは運営費用と元利返済をスケジュールどおり執行できる十分な収入がある

ことを示さなくてはならない．債務の返済条件は，調達資金額と信用力に特に重要な要因である．

3.5 リスク評価

一般的に融資家はプロジェクトが成立条件を満たすと確信しないと資金提供はしない．プロジェクトの完成前に営業成績は存在しない．事実上の成立条件を満たしているという確信が得られるには長期間の営業の成功が必要である．したがって，融資家は基本的なリスクからの保護契約を要求する．建設前にプロジェクト融資はビジネス・リスクも財務リスクからも保護されていないので株主と同等なリスクにさらされる．融資家の中でも，信託受託者は特に技術的，商業的，その他のビジネス・リスクを負うことは軽はずみと判断する．したがって，彼らは信用力のある参加企業に偶発事故に対して全額補償を要求する．

法的投資規制もプロジェクト融資に機関投資家が拡大する制約となる．主要な生命保険会社は伝統的に代表的プロジェクトに対する固定金利の資金提供者であった．しかし，積立金投資に許される法的規制が契約設計上での制約となった．生保会社の制約は，主要な会社が立地するニューヨーク州が最も厳しい．したがって，彼らがプロジェクト・ファイナンス契約の構造化のガイドラインとなる．

融資家はプロジェクトのビジネスおよび財務リスクを移転する契約の締結を要求する．以下に詳説するリスクは，完工リスク，技術的リスク，原料供給リスク，経済リスク，財務リスク，通貨リスク，政治リスク，環境リスクそして不可抗力である．

3.6 完工リスク

完工リスクとはプロジェクト建設が完成しないリスクである．融資家は「役立たずの投資家（dead horse）」と悪評されるのに特に敏感である．したがって，完成できないときには資金を引き上げる．

完工リスクは金銭的側面と技術的側面がある．金銭的側面は，第1は建設スケジュールを遅らせるような予想以上に高いインフレ率，原材料の不足，予期

せぬ事態，さらに建設費の単純な見込み違いなどで，プロジェクトが収益性を失わずに運営できるよう資本支出の増加を必要とさせる．第2はスポンサーがプロジェクトの収益性を見失うほどの製品価格の下落や原材料の高騰がある．主要なプロジェクトにおいて，25％のコスト・オーバーラン（費用超過）は近年では比較的穏やかな超過とされるが，スポンサーの株式出資以上の額になる．

　他の完工リスクはプロジェクトの技術に関するものである．資金調達前のすべての専門家の保証にもかかわらず，プロジェクトが技術的に不可能となったり，環境的に反対されるものになりうる．また，技術的に可能なものにするには莫大な費用がかかったり，プロジェクトを完成することが経済的でなくなることもある．たとえば，大規模石油化学プロジェクトが，生産過程が正常に稼働しないために野ざらしになる例がある．小規模のパイロット・プラントがうまく稼働できても，規模を拡大したプロジェクトでは，多量の化学物質の反応が進行せずに，設計どおりの収量が上がらないことがある．

3.6.1 実　　例

　完工リスクは，プロジェクトが新技術を採用する場合や，既存設備の標準を超えた規模で実施されるときには，重大な問題である．たとえば，カナダの主要な鉛と亜鉛メーカーは1993年4月に生産上の理由で3年間閉鎖してきた新しい鉛洗練所を再開する見込みがないと発表した[1]．また，見込みのある精錬プロセスに変更を検討し，そのために1億カナダドルを要するとした．これは精錬業者からの保証を求めるとした．

3.7　技術的リスク

　プロジェクトが提案するスケールで技術が規準どおり稼働しなかったり，すでに時代遅れになったりするリスクを技術的リスクとよぶ．技術の欠陥でプロジェクト建設が完了しないとき，リスク要素は完工リスクに分類される．プロジェクトが，完工条件を満たしても，技術的規準どおり稼働しない場合がある．このような失敗は株式収益率を損なう．

　完工後の技術的陳腐化のリスクは，技術の進展が急速な産業で最先端の技術を要する場合には重要である．通常，そのような技術リスクはプロジェクト・

ファイナンスを妨げない．しかし，貸し手は信用ある参加者（たとえば，長期契約購入者）が，このリスクから貸し手を保護するのなら，リスクにもかかわらず資金供給をする．

3.8 資源供給リスク

資源開発プロジェクトにおいて，天然資源や，原材料などの運営に必要な生産要素がプロジェクト期間中に枯渇したり，利用できなくなったときのリスクを資源供給リスクとよぶ．概算では，ローン返済期間は採掘可能量の少なくとも2倍の可採資源があるものとされる．健全な貸し手はプロジェクトには，独立専門機関の調査によって十分な確認埋蔵量があることを常に要求する．

3.9 経済リスク

プロジェクトが技術的に問題なく完工し，ほぼ能力どおりの稼働ができても，製品に対する需要が運営費とデット・サービスと投資家への正当な配当に十分な収入を生み出さないリスクがある．この事態は，たとえば製品価格の下落や，主要原材料の高騰などによる．プロジェクトによっては，価格変化に対する余裕がほとんどないものもある．鉱山開発では，収入がコストを下回るとき，直ちに閉山し，元金返済を繰り延べる．正のキャッシュ・フローが出る状況になると元金返済を再開する．

経済リスクの重要な要因は，設備の稼働効率である．融資家は優良な管理運営会社との契約を要請する．

プロジェクトは稼働が始まるまで，プロジェクト自体の信用力はない．過去にそのプロジェクトの経験のない融資家は，経済リスクについて元利返済ができるかの調査を信用力ある参加者に要請しなければならない．これは，次章に詳述する保証契約の形をとる．

3.9.1 先渡し契約先物契約によるヘッジ

先渡し契約とは，契約の売り手側が①一定量の，②特定の商品や通貨などを，③将来の決められた日に，④契約時に決めた価格で契約の買い手側に引き渡すことである．先物契約は，つぎの2点以外は先渡し契約と同じである．

① 先物契約は公開市場で行われるが，先渡し契約は相対で店頭市場であり，
② 先物契約は標準化され，取引項目，引渡し日が決まっている．

　先物や先渡し契約は将来の製品引渡し契約を現在締結する．少なくともこの契約の価格と数量は保証される．先物と先渡し契約は，ほとんどの商品と主要通貨に対して存在する．天然ガスの先物市場は最近5年でできつつある．電力の先物市場は開発中であり，先物需要があるものには市場ができつつある[2]．

3.9.2 ゴールド・ローン

　金融市場を通してリスク分散を計る方法[3]の中で注目に値するのがゴールド・ローンである．金鉱山のプロジェクト・スポンサーは金塊を借りて，金塊の売却によって，建設の資金調達をする．金塊での借入は鉱山の生産で返却する．たとえば，Inmet 金鉱社は18万オンスの金塊の8年半のローンでトロイラス金鉱プロジェクトの資金の一部を調達した．金鉱の年間生産は15万オンスでありカナダのケベック州で操業している．

3.10 財 務 リ ス ク

　プロジェクト資金のかなりの部分を変動金利で調達することは，金利高騰がデット・サービスを危険にさらす．しかし，1980年代に，種々の金融商品が生まれ，金利リスクを除去可能にした．伝統的な金利リスク回避は固定金利を用いることである．しかし，変動金利の貸し手である商業銀行は，固定金利の貸し手である生命保険会社や年金基金などに比べリスクの高いビジネスも受ける．金利リスク・ヘッジ法の存在は，スポンサーに金利リスク回避を他のリスクとのトレード-オフなしで実施する．

3.10.1 金利キャップ契約

　金利キャップは市場金利が一定水準（キャップ・レートとよばれる）を超えたとき，その部分の金利を支払ってもらう契約である．たとえば，3か月LIBOR のキャップ契約は，6％をキャップ・レートとすると3か月 LIBOR が6％超えたときその金利差を受け取る．LIBOR とは London Interbank Offer Rate のことであり，ロンドンの資金市場の銀行の預金金利である．そしてドル建てローンの基準金利として用いられる．たとえば，ローン契約で

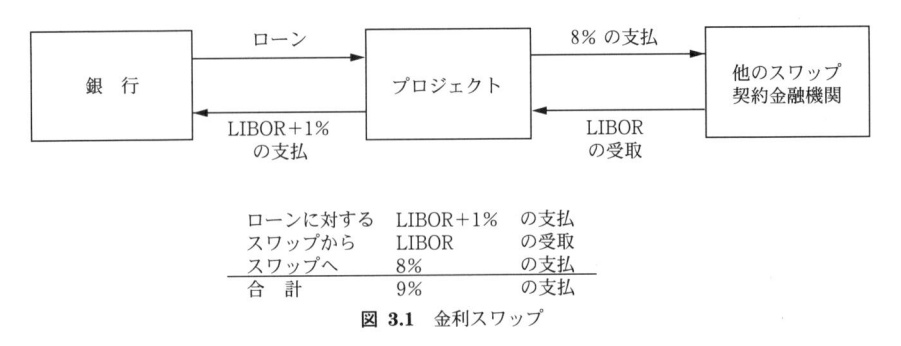

```
        ┌──────┐  ローン   ┌────────┐  8%の支払   ┌──────────┐
        │ 銀 行 │ ───────→ │プロジェクト│ ─────────→ │他のスワップ │
        │      │ ←─────── │         │ ←───────── │契約金融機関│
        └──────┘ LIBOR+1%  └────────┘   LIBOR    └──────────┘
                 の支払               の受取
```

ローンに対する	LIBOR+1%	の支払
スワップから	LIBOR	の受取
スワップへ	8%	の支払
合　計	9%	の支払

図 3.1 金利スワップ

は，「3か月ごとにLIBOR+1.25%に金利改定をする」というように契約される．したがって，改定日にLIBORが8%であると，3か月間に年率9.25%の金利を払うことになる．しかし，6%のキャップ契約があれば2%を契約先から受け取る．したがって，ローンの実際の金利は7.25%になる[4]．

3.10.2　金利スワップ契約

金利スワップ契約は想定元本に対する金利交換の契約である．商業銀行から変動金利で資金調達しているプロジェクト企業がスワップ契約を他の金融機関とし，変動金利を受け取り，固定金利を支払う契約をする．スワップ契約のもとで変動の受取額は銀行ローンの変動支払とキャンセルする．

図3.1に変動金利債務を固定金利債務と交換する仕組みを示した．プロジェクト会社が銀行からLIBOR+1%で借り入れているときに，スワップ契約金融機関からLIBOR金利を受け取り固定金利8%を支払う．この契約で結局プロジェクトは9%の固定金利で借り入れたことになる．

3.11　通貨リスク

通貨リスクは収入か費用が複数の通貨で行われるときに発生する．通貨間の交換比率が元利返済のキャッシュ・フローに影響する．たとえば，プロジェクトの収入がUSドルであり，費用がドル以外のケースにおける通貨リスクを考えてみよう．もしも，産出量当りのドル価格が変わらないでUSドルが下落すると，スケジュールどおり元利返済ができない危険性が発生する．

このリスクは，①USドル建ての借入資金を増やす，②通貨先物や為替予

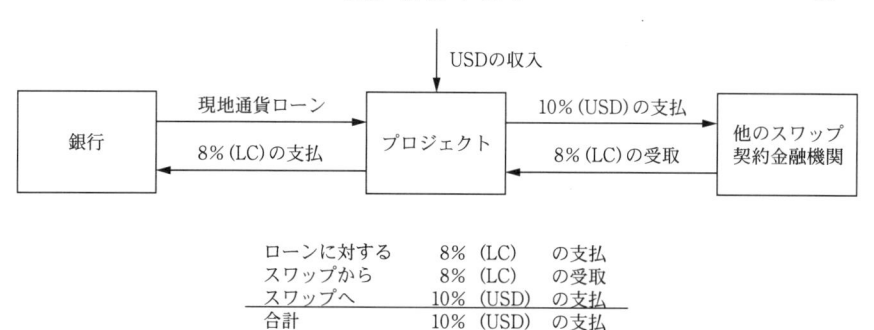

```
                    USDの収入
                      ↓
  ┌─────┐  現地通貨ローン  ┌──────────┐  10%(USD)の支払  ┌──────────┐
  │ 銀行 │ ←───────────→ │プロジェクト│ ←──────────────→ │ 他のスワップ │
  │     │  8%(LC)の支払  │          │  8%(LC)の受取    │ 契約金融機関 │
  └─────┘                └──────────┘                    └──────────┘
```

ローンに対する	8% (LC)	の支払
スワップから	8% (LC)	の受取
スワップへ	10% (USD)	の支払
合計	10% (USD)	の支払

図 3.2 通貨スワップ（LC：現地通貨，USD：USドル）

約を用いてヘッジする，③通貨スワップを組み込む方法によって管理可能である[5]．図3.2にはスワップ契約においてある通貨の債務を他の通貨の債務といかに交換するかを示した．ドル建てローンの交換が通貨リスクを減少させるのは，ドル収入をスワップの支払にマッチさせ，受け取る地元通貨をローン契約の返済に当てるからである[6]．

3.12 政治リスク

政治リスクはホスト政府が予定どおりのプロジェクト開発と長期的経済条件の予定どおりの進展を妨害する可能性をいう．たとえば，プロジェクト操業開始後にホスト国政府が税負担を増加したり，煩雑な規制を課すことがある．最悪な場合は，強制収用である．政治リスクは現地の銀行融資を受けることで改善する．地元の銀行は強制収用があると，債務返済の担保を失うからである．また，世界銀行，米州開発銀行など多国籍金融機関からの借入もリスクを減少させる．ホスト政府がこのような公的資金に依存しているなら，強制収用はこの公的資金を危険にさらすことになる．さらに，スポンサーは広範に及ぶ政治リスクをカバーする政治的保証を設定する．（第9章参照．）

しばしば，スポンサーはプロジェクトのための法的規制の承認に多大な時間と努力を要する．このハードルはスポンサーのプロジェクト・サイトの決定に影響を与える．ホスト国政府と協定を締結することによって，政治リスクの削減あるいは除去可能となる．

3.12.1 実　　例

　Enron 社による最近のインドのダボール電力プロジェクトは政治リスクの影響を例示している[7]．Bechtel 社と GECC の支援を受けて Enron 社はインドのマハラシトラ州に 28 億ドルの 2015 メガワット（MW）の発電所を建設した．インド政府はプロジェクトに賛成し，インドにおける外国投資のショーケースと褒め上げた．完成の暁には，インド最大の外国投資となるはずであった．3 千人がサイトで働き，予定された 3 台中の 2 台までの発電機が設置された．スポンサーはそのときまでに 6 億ドルを投資し，完成の 23% まで達していた．しかし，1995 年の夏に新しく選ばれた政府は，プロジェクトの第 2 段階をキャンセルし，第 1 段階の返済契約をつぎの理由で拒否した．①プロジェクトは競争入札で決定されなかった．②契約電力料金は高すぎる．③プロジェクトは環境に危険である．第 3 の理由に関しては，インドの裁判所によって退けられた．1995 年 3 月のマハラシトラ州選挙で与党が負けたときに，報道は「プロジェクトは政治的泥沼にはまってしまった」と報じた[8]．

3.12.2　米国の政治リスク

　政治リスクは新興市場，つまり途上国だけの問題と考えられがちだが実はそうではなくて，政治リスクは米国内でもある．米国において，連邦および州政府は法律がさかのぼって効力をもつ遡及条項で問題が発生しつつある．環境法がこの典型である．多くのプロジェクト・ファイナンスの専門家は，先進国の中で米国が最も政治リスクの高い国と考えている．

　ワシントン州タコマのテナスカ電力プロジェクトでは，米国政府の 1 機関の Bonneville 電力公社（BPA）が新規発電所の電力購入契約締結した．Chase Manhattan Bank 社は建設資金の 1 億ドル以上を融資したが，BPA は，契約を破棄した[9]．1995 年 10 月には，プラントは完成にはまだ半年を要した．しかし建設は中止になり，スポンサーと Chase Manhatton Bank 社は BPA を提訴した．

　テナスカ電力プロジェクトはその後の予兆であった．1990 年代に石油およびガス価格は下落したために，電力生産価格は下がった．電力事業の規制緩和の進行中は競争が激化した．これらの結果，電力会社は独立電力開発会社に電力料金の値下げ圧力をかけ，新規プロジェクトをキャンセルした．特に，規制緩和は政府の承認が必要であるので政治リスク化する．

3.12.3 リスクの政治化

他のリスク，経済リスクや通貨リスクは政治リスクへ転化する．たとえば，途上国の電力プロジェクトがUSドルの借入をしているとしよう．電力料金は現地通貨で徴収されるが，料金がUS為替レートに連動しているとすると，現地通貨の下落は電気料金の高騰になる．現地通貨が急速に下落しても，メキシコで1995年に起こったとおり，プロジェクト会社は電力料金を急速に値上げできない．政府が公共料金として管理するからである．

3.13 環境リスク

環境リスクは，プロジェクトの環境への影響が，プロジェクトの遅延となったり高価な再設計を必要とするときに存在する．たとえば，鉱山プロジェクトで選鉱くずが大変センシティブな環境問題を生み，オペレーション費用を増加する．興味あることには，米国連邦政府および州政府の環境規制の改変と環境グループによる強力なロビングによって米国内の環境に関係あるプロジェクトは環境リスクにさらされている．環境問題は政治化されて，政治リスクに転化する．

3.14 不可抗力リスク

このリスクは建設完工後，オペレーション時に発生する不規則事態によるリスクである．プロジェクト固有な事態，カタストロフィックな技術事故，ストライキ，火災などである．または，外因的事態，地震による設備の破壊，あるいはプロジェクトを妨害する暴動などである．

融資家は通常，不可抗力損失の補償を要求する[10]．火災や地震などの不可抗力事態は保険がかけられる．融資家は不可抗力事態においても元利返済が可能となる参加者の保証を要求する．もしもプロジェクト放棄の事態になったときには，融資家は債務の加速的返済を求める．保険に基づき融資家はローン担保の一部として保険金受取権を要求する．スポンサーはプロジェクトを再建するか，修復するか，さもなければ保険金から債務の返済をすることになる．

前述のほとんどのリスクは信用リスクではなくビジネス・リスクである．ビジネス・リスクは通常融資家には許容されない．しかし，保証や契約やその他

の信用供与協定によって，ビジネス・リスクはプロジェクト参加者である株主，製品購入者，原料供給者，さらに政府などに配分可能である．したがって，この間接的な信用供与によって，融資条件を魅力的にできる．

3.15 ホスト政府のリスク対応

ある種のプロジェクトのリスクはスポンサーやプロジェクトのアウトプット長期購入者の財務能力を超えている．その場合には融資家はこのリスクをカバーできる参加者の保証を求める．たとえば，厳しい環境規制のある公益法人は財務資金が限られている．したがって，プロジェクトのリスクを最終消費者に転化し，債務返済をカバーできる料金設定を規制当局に承認させる．また，ホスト国政府は金利補助によって，プロジェクトの信用力を支援する．さらにスポンサーが財務力によって防衛できない事態に対して，ホスト政府があらかじめ資金確保することである．しかし，ホスト政府は社会的便益が財務的支援以上に存在するときだけ，そのような財務支援をする．

3.16 コジェネレーション・プロジェクトのリスク分析

一般的なプロジェクト・ファイナンスに比べ比較的リスクの低いコジェネレーション・プロジェクトを例として見てみよう．（第8章，第11章参照．）プロジェクトの技術は実証済みであり，この技術を使うプロジェクトがすでに米国内において多数存在する．エンジニアリング会社はすでに多くのコジェネレーション設備を建設している．これら会社が一定費用でターンキー契約で建設し，設計仕様に従った運営を保証する．その実施保証はパフォーマンス債券で行われる．同規模で同様な設計の設備が成功裏に稼働していることから，稼働中の技術的リスクは最少になる．

エネルギー会社はコジェネレーション会社に対して，15年間のガス供給契約をしている．この契約は資源供給リスクをなくす．天然ガスが運営費用の最大の項目である．ガス価格が電力価格と連動しているので，ガス価格と電力価格の変動がプロジェクトの収益性を損なうことはない．

エネルギー会社は15年間の電力購入を契約した．化学工業会社は15年間の蒸気の購入契約をした．両企業とも強力な財務基盤がある．かれらはプロジェ

クト会社が産出するサービスを例外（たとえば，定期点検時）を除いて基本的に引き受ける義務がある．プロジェクトのオペレーション費用はPPIに比例するが，設備全体の運営費用のわずかの部分である．また，蒸気価格はPPIの変動に比例して決まる契約であるので，オペレーション費用に対するインフレーションの影響を取り除く．これらの契約関係はプロジェクトの経済リスクと資源供給リスクを最小化する．

　コジェネレーション・プロジェクトの財務リスクは選択された資本構造に依存する．第8章で詳述する財務予測はこのコジェネーションの例に対してである．

　このプロジェクトには通貨リスクは存在しない．PURPAの条項は政治リスクと規制リスクを最小化した．しかし，化学会社がPURPAの指導下に蒸気を購入することは重要である．蒸気購入契約はこの要請のもとに実施された．環境リスクは建設以前に建設許可を受けることで処理できた．

　不可抗力リスクは主要な2タイプに分かれる．①コジェネレーションの長期購入者が原料供給者が保証できるリスク，②天災のためリスクをカバーする保険を手に入れられないリスクがある．保険金はローン支払を助けるために融資家の担保になる．

3.17　ま　と　め

　融資家はそのローンがビジネスリスクや経済リスクにさらされるときには，融資をしない．一般的には融資家はリスクに対応した収益があるときに財務リスクを負担して投資する．巨大プロジェクトのための金融工学の最重要な側面は，プロジェクトのリスクを認知し，そのリスクを配分する契約関係を最小費用で構築することにある．近年の金融イノベーションは，為替先物，金利スワップ，キャップ，通貨スワップなどを提供しているので，プロジェクトのリスクを効率よく管理できるようになった．

4 契約設定

　一般投資家はプロジェクトに大量の資金を供給する．彼らおよび融資家は投資収益にのみ関心がある．融資家は信用リスク，つまり，債務の返済リスクには覚悟があるが，経営リスクをきわめて嫌がる．

　プロジェクト・ファイナンスにおいて，融資家はスポンサーや他の信用力のあるグループに契約証書によってつぎのような保証を求める．①費用が当初の見積りを超えてもプロジェクトを完成する．もしも完成しないなら，その債務を全額返済する．②完成後は元利返済をするのに十分なキャッシュ・フローが存在する．③不可抗力を含めていかなる理由でプロジェクトの操業が中断あるいは停止したときにも，債務をスケジュールどおり返済する．

　プロジェクト・ファイナンスの信用力は第1にプロジェクト自身である．その信用力はスポンサー・グループの契約書で補強される必要がある．貸し手に有益な契約は信用力のあるスポンサーが完工保証するために必要な資金融資を保証する．また完工後の元利返済のためのキャッシュ・フロー補塡の保証も契約に記載されうる．契約の詳細はプロジェクトの性質と予測される経済状態および政治的環境や資本市場状態に依存する．プロジェクトには種々の事業家が関連する．それはスポンサー，原材料のサプライヤー，製品の購入者，ホスト政府である．彼らの利益は多様である．あるグループは1つ以上の利害関係をもつことが多い．たとえば製品購入者が株主である場合もある．株主はプロジェクトのリスクに比例した収益率を要求する．製品購入者は最安値で長期的な安定供給を要求する．政府は製品価格の規制あるいは国家的利益，つまり雇用の促進などの観点からプロジェクトを支援する．プロジェクトのリスクは，多様な参加グループが受けるプロジェクトの便益とそれぞれの財務的強さ，営業目的，さらにプロジェクトのリスク許容度に依存する．

4.1 契約の目的

　プロジェクトの借入契約の前提条件は十分な信用供与契約である．貸し手は種々のリスクから自らを護る契約を要求する．契約はリスクをスポンサー，アウトプット購入者などのプロジェクト参加者に配分する．参加企業の信用力によってプロジェクトの借入が可能となる．

　これらの契約は，万難排除契約などの種々の形式で，信用保証料を支払ってプロジェクトに必要な資金供給保証をする．契約の性質と範囲は，プロジェクトのリスクの大きさ，リスクと利益に対する参加企業の資金力，プロジェクトの収益性に依存する．

　参加者の信用に法的に遡及できる契約は，プロジェクトの信用契約の中心となる．ほとんどの場合，これら債務は個別であり，その保証額は全体の一定割合に限定されている．契約の妥当性は，それぞれの債務の範囲と参加企業の信用力に依存する．融資家の評価は，プロジェクトの経済性に強く影響され，経済性が十分に強力で，通常のビジネス・リスクが低いときには，融資家は回避可能なリスクとみなす．以下のガス・パイプラインのプロジェクトはこの例となっている．

　プロジェクトの債務は，完工保証，購入契約，販売契約，信用保証などの諸契約のもとに直接融資家に支払われるキャッシュによって保証される．さらに，プロジェクトの債務契約は，その資産に対する第1抵当権を融資家に与える．またプロジェクト企業のつぎの行動を制約する．融資家が課す制約は，①投資の委任，②固定債務，③株主への配当，④追加担保あるいは抵当権，⑤プロジェクトの拡張，⑥プロジェクト資産の売却やリース・バックに関してである．ある状況では，融資家は，プロジェクト建設が完成するまで資金の散逸を防ぐためにスポンサーにこれらの契約を結ばせる．以上は融資家の契約パッケージの標準的な内容であるが，それはケースごとに異なる．たとえば，販売と購入契約による信用力は購入企業の信用力に依存するからである．

4.2 プロジェクト施設の直接担保権

　融資家はプロジェクト資産の直接担保を要求し，すべての資産に対して第1

抵当権を設定する．この担保権は建設完成前には価値はほとんどない．完成途中の石油化学プラントは，建設に要した費用以下の価値しかない．完成可能性が少ないときには特にそうである．極端な場合，プラントは建設されたが，完成試験に不合格であった場合には，スクラップの価値しかない．それゆえ融資家は完成試験に失敗したとき債務全額の即刻返還を要求する．

建設完成後は，第1抵当権はプロジェクト・ローンに与えられる．抵当権により，債務不履行になったときに，資産を売却処分するか，あるいは経営者を変更する権利を融資家が保有する．担保は第2のデット・サービスとみなせる．もちろん第1のデット・サービスはプロジェクト・キャッシュ・フローである．しかし，融資家にはデット・サービスのスケジュールどおりの返済が好ましい．したがって，担保価値は借入額の決定に影響するが，プロジェクトのキャッシュ・フローが融資の基本的条件である．

4.3 完工保証契約

建設完成保証は，完工しない場合には債務の全額を返却する契約である．融資家は設計どおりに建設が完成し，決められた日に営業を始めるための契約をスポンサーあるいはその信用力のある参加企業に要求する．決められた開始日は少しは遅れが許される．プロジェクト建設が決められた日までに完成しないか，何らかの理由で建設が放棄された場合には，完工契約ではスポンサーかあるいはあらかじめ指定された参加企業が債務の全額を返還するものとされる．完工保証は建設の完成後に終了する．

完工は通常，商業的完成と定義される．商業的完成とはすべてのプロジェクトの要素の建設が完了し，以下の事項に関するエンジニアの承認があるものとする．①スポンサーが建設契約の内容を了承し，契約上の支払をすることに同意する．②プロジェクトがある一定期間一定レベルの営業を継続する．

完工保証契約はスポンサーが要請した場合には，たとえコスト超過の事態でも，完工のために追加的資金を供与する．融資家が望むこの契約の執行可能性は多くの要因に依存する．スポンサーの出資額，未完成のリスクなどである．完工保証はいわゆるオープン-エンド（open-ended）債務である．プロジュクトの規模によっては，責務が大きすぎてスポンサーが保証できないため，融資家はスポンサーの背後に信用力のある企業が存在し，完工保証をすることを要

求する．すなわち融資家はスポンサーとその信用保証企業が資金をそれぞれに完成のために用意することを期待する．

4.4 デット・サービスの保証契約

プロジェクトの営業開始後に，製品の販売と購入の契約やサービスの利用契約が債務保証を構成する．この契約は運営費用とデット・サービスをスケジュールどおりに実行することを保証する．融資家は融資資金の引出前にこれらの契約がすべて有効となっていることを要求する．

プロジェクトの運営リスクと，融資家が保護される範囲は，融資家が購入契約を承認することによって決定する．債務返済に困難が生じる偶発事故をカバーできず，さらに融資家に悪影響のある偶発事故が発生したときには，他の補助的信用保証が必要になる．それはたとえば，キャッシュ保証契約である．それはデット・サービスのために常に十分なキャッシュを保証する．

4.4.1 実　　　例

1950年代と1960年代に，多くのいわゆる誘導パイプライン（promotional pipeline）がテイク-オア-ペイ（take-or-pay）契約で資金調達された．この契約では偶発事故のときに支払義務が発生するガス購入契約である．西テキサスとオクラホマに新しく発見されたガス田から，急速に拡大する消費地カリフォルニアにパイプラインが建設された．米国南西部のパイプライン建設は問題点もリスクもないと融資家は判断した．パイプラインの恩恵は，反対運動を一時的なものにするという経験もあった．これらのプロジェクトは経済性が十分であった．当面枯渇のない天然ガスに対する連邦電力委員会が設定した価格は，他の燃料より実質的に低く，この製品市場は急速に拡大した．全体的に見て，融資家はいったんパイプラインが敷設されれば，技術的および運営上の問題はないと判断した．経済性とリスクの少なさから融資家はローン契約の主要要素にテイク-オア-ペイ契約を設定した．

対照的に，カナダ沖北極海のガス・パイプラインではすべてのプロジェクト・リスクが契約で保証された．特別なリスクは①ただ1か所の石油埋蔵油田，②パイプの径と圧力に関する新技術，③極寒の環境，④スポンサーの資金に比較してプロジェクト資本コストの大きさ，⑤需要地でのガス価格はほ

んの少し安くなるだけの点であった．さらに，TAPSが経験した大幅な費用超過になった条件と類似点があったことは，完工リスクについて融資家を悩ませた．その結果，財務アドバイザーは信用力ある参加企業が完工させるかあるいは債務の返還をするかの契約を設定し，いかなる不可抗力事態であっても運営費用と元利返済すべきものとした．

4.5 購入契約と販売契約の種類

融資家は信用力のある参加企業の直接的な債務保証かプロジェクトの収入が元利返済を保証する契約を要求する．多くの場合，購入契約と販売契約は，財務報告にはスポンサーの債務として処理される必要はない．これらの契約は直接的財務的債務ではなく運営費用に関係する支払義務とみなされるので，貸借対照表に載らない，オフバランス扱いとなる．しかし，これらの契約からの支払は購入者の財務諸表の注記で公開されねばならない．この支払は固定費を構成し，スポンサーの固定費カバー比率の計算に算入される．

どのタイプの購入販売契約がプロジェクト・ファイナンスに最適かを決定する要素には，① 使用される設備，② 購入注文の性質，③ 契約する参加企業，④ プロジェクトに内在するリスクがある．表4.1に最もよく使われる購入・販売契約タイプとその信用供与の性質をまとめた．それぞれの契約は以下のとおりである．

4.5.1 テイク-イフ-オファー契約

テイク-イフ-オファー（take-if-offered）契約はプロジェクトから生産され配達可能になったときに購入者に支払義務の発生する契約である．契約は製品の配達が不可能になったときは支払う義務はない．したがって，この契約はプロジェクトが稼働し元利返済ができるレベルに達したときだけに，融資家を保護する．このために，プロジェクト中断のリスクがあるときには，融資家は通常，テイク-イフ-オファー契約に不可抗力の事象に備えた契約の追加を要求する．

4.5.2 テイク-オア-ペイ契約

テイク-オア-ペイ（take-or-pay）契約はテイク-イフ-オファー契約に似て

4.5 購入契約と販売契約の種類

表 4.1 購入契約と販売契約の種類

種　　類	保証のレベル
テイク-イフ-オファー契約	プロジェクトが産出できるものはすべ買い取る義務がある．しかし産出できないときは買い取る義務はない．
テイク-オア-ペイ契約	購入者が産出物を受け取るかどうかにかかわらず，産出物に対する支払義務がある．支払は通常，将来の受取に対する保証である．
万難排除契約	産出物の受取ができなくても購入者は支払義務がある．
スループット協定	一定期間において，石油や天然ガス生産者などがパイプラインのデット・サービスや運営費をまかなうのに十分な量を保証する契約．
コスト-オブ-サービス契約	プロジェクトの産出物の受取に比例して実際に発生した費用を購入者に支払わせる契約．
トーリング協定	スポンサーが所有し運送してくる原材料を加工処理するごとに料金を支払わせる契約．

いるが，この契約では製品サービスを買い取るか買い取らないにかかわらず，支払義務が発生する．購入者は配達を受けたくないときにも，現金支払する義務がある．現金支払は，将来の製品に対しても義務がある．テイク-イフ-オファー契約と同様に，中断のリスクがあるときには，融資家は通常，契約に不可抗力の事象に備えた追加を要求する．

4.5.3 万難排除契約

万難排除（hell-or-high-water）契約はテイク-オア-ペイ契約に類似している．悪い状況であっても購入者の購入責任に抜け道がない点が同じである．購入者は製品配達の有無にかかわらず支払わなければならない．この契約は，テイク-イフ-オファー契約やテイク-オア-ペイ契約より強力な信用保証である．したがって不可抗力に際しても保護されている．

4.5.4 スループット協定

スループット（throughput）協定は，石油化学製品のパイプライン資金調達に用いられてきたものであり，一定期間に製造元がパイプラインを通して送り出す製品の量に対して，パイプライン・プロジェクトの営業費用と元利返済をするのに十分な料金を支払う契約である．スループット協定は，いわゆるキ

ープ-ウェル（keep-well）協定によって収入不足を補う．これは，予定どおりの料金が何らかの理由で支払われないときのために，事前に支払をする契約である．この支払はスループット協定のもとの輸送サービスの前未払金として処理される．

4.5.5 コスト-オブ-サービス契約

コスト-オブ-サービス（cost-of-service）契約では実際にかかる費用を製品の契約受取量に比例して負担する．これは製品の配達のあるなしにかかわらず，支払を要求する．コスト-オブ-サービス契約の形態は，①プロジェクトのキャパシティに関する固定費用だけの場合，②財サービス供給のための変動費用だけの場合がある．全額コスト-オブ-サービス契約では，運営費，管理費，維持費減価償却と元金返済，利息，株主への配当，法人税と延滞税金などを含む．この場合はしたがって，万難排除契約になる．プロジェクト融資家を運営用の高騰，税制の変化などの要因から保護することになる．

全額コスト-オブ-サービスはガス・パイプラインやLNGプロジェクトの利用料のベースとして公益法人が始めた．運営費の高騰への対応は料金設定に時間的遅れがあるために特に重要である．この契約なしでは，プロジェクトの借入額は少なくなり，スポンサーの収益に悪影響を与える．

プロジェクト・アウトプットの購入者が公益法人であるとき，コスト-オブ-サービスの料金でアウトプットの消費者価格がプロジェクトのコストを負担できることをその直接購入者である監督官庁が保証することが必要である．公益法人は通常，その株主に対して最大利益率の規定が存在する．最大利益率は特定のリスクに対する対価であるが，公益法人はいかなるときにも，コスト-オブ-サービス費用の割当分に対する信用力も財務的インセンティブもない．監督官庁の保証は財サービスにかかる費用を回収することによって消費者にプロジェクト・リスクを振り分けるところにある．このような費用保証は，理論的には公益法人の購入力の信用不足を代償するものであるが，融資家は監督庁の長期保証に対して懐疑的である．残念なことに，監督庁は新規開発について後になってから方針転換を行うという悩ましい傾向があるからである．

4.5.6 トーリング協定

トーリング（tolling）協定では，プロジェクト企業はスポンサーが持ち込む

か，あるいは所有する原料を加工したときに，一定料金（tolling charge）を課すものである．支払われる料金は，全費用の比例にする割合である．最低でも，料金は運営費用，固定費，デット・サービスを含まなくてはならない．

4.5.7 ステップ-アップ条項

以上の種々の契約は，アウトプットの購入者を多元化する．ステップ-アップ（step-up）条項は，購入契約と販売契約に含められ，ある購入者が倒産したときには，それを補う購入を他の参加者が引き受けることを強制する．購入者は互いに購入義務を共同保証する．

4.6 原料供給契約

購入・販売契約はプロジェクトのアウトプットの購入者にプロジェクトの信用保証をさせる．原料供給契約は原料供給者に保証義務を負わせる．この契約は原料供給義務を果たす．契約は引渡しに問題が生じたときの対応策があり，多くの場合，購入契約と供給契約はプロジェクトの信用供与条件がある．

サプライ-オア-ペイ（supply-or-pay）契約は原料供給者に規定量の供給ができないときには，プロジェクト債務の元利返済をさせるものである．たとえば，コジェネレーション・プロジェクトのサプライ-オア-ペイ契約のもとでは，電力会社が必要な天然ガスを供給する．ガスが供給できない事態が発生したとき，電力会社はプロジェクトの全費用を負担しなければならない．この契約は通常の保守点検時には適応されない．また，サプライ-オア-ペイ義務の発動のない供給量の幅が存在する．

4.7 追加的信用保証

完工保証や購入・販売契約の構造に依存して，追加契約によって信用供与の追加が必要なときがある．追加契約は完工保証か購入・販売契約が失敗したときに発動する．この仕組は「究極の安全装置」とよばれ，財務支援契約，現金保証契約，資本保証契約，政府補填，第三者寄託金の形態がある．これらはすべては目的が同一であり，キャッシュ支払能力を強化することにある．キャッシュの支払方法が，安全装置によって異なる．

4.7.1 財務支援契約

財務支援契約は銀行の信用状かあるいはスポンサーの信用の保証である。信用状か保証からの支払は，プロジェクト会社の劣後ローンとして取り扱われる。ある場合には，金融機関，つまり銀行，保険会社，信用保証会社から保証を買ったほうが有利な場合もある。その信用保証には，免税の金融債か商業手形がよく使われる。

4.7.2 現金保証

この契約は名前のとおり，プロジェクト会社が元利返済に支障が生じたときに現金の不足を保証する契約である。保証会社は，プロジェクトの将来の製品に対する先渡し金として不足分を支払う。

4.7.3 資本寄付契約

この契約はキャッシュ不足をカバーするために，プロジェクト会社が発行する証券を1社以上の参加企業に購入させる契約である。この契約の支払は一般的には，普通株式や劣後債のような劣後証券として取り扱われる。

4.7.4 クローバック補填契約

クローバック（clawback）補填契約は，スポンサーが①プロジェクトの配当を受け取り，②投資勘定の税制上の便益を実現することを担保に現金を保証する契約である。スポンサーたちが税制上の便益を受けると，元利支払のためのキャッシュが減少するからである。スポンサーはクローバック補填契約における支払を，株式投資あるいは劣後ローンとして会計上処理できる。

4.7.5 エスクロー基金

たとえば，12か月から18か月の元利返済のためのエスクロー（escrow）基金の設立を融資家が要求することがある。基金の管理者が，元利返済にプロジェクトの収入が不充分と判断したときにこの基金から引き出すことが可能となる。

4.8 保　　険

　融資家は不可抗力リスクに対して保険をかけることを要求する．保険は不測の事態をプロジェクトが克服する資金を提供するので，プロジェクトは再開される．ローン契約において加速的返済をしているプロジェクトが返済能力を疑問視されるときに，保険によるプロテクションは特に重要である．利用可能であれば，スポンサーは自然災害の損失に対しては通常民間保険会社の保険を購入する．また，その他の事業中断事態に対してリスク保険をかける．さらに，融資家はオペレーションから十分な収益が上がらない事態に対する保険も要求する．

　すでに述べたとおり，プロジェクト・ファイナンスは独立電力開発の資金調達に広く用いられている．その1つが水力発電であるが，その主要リスクは立地するサイトにおける水量の不確実性である．融資家は低水位のリスクに対する保険を保険会社と契約する．債務返済ができないレベルに水位が下がったときには，保険会社は保険金を支払う．（Kensinger and Martin, 1988, p.73参照．）

4.9　コジェネレーション・プロジェクトの主契約

　プロジェクト参加者にその許容可能レベルに応じてリスクを分配する契約が存在する．多くの参加者が存在する複雑なプロジェクトでは，多くの契約が保

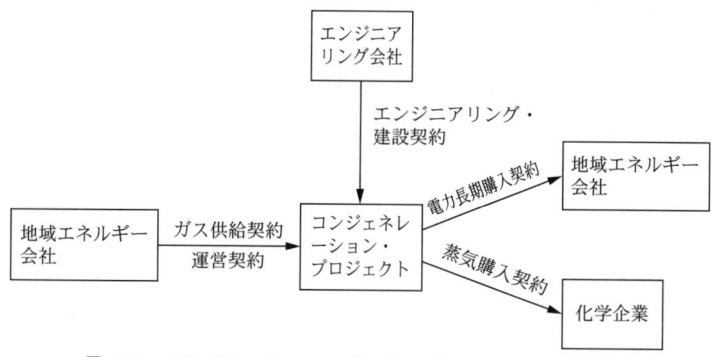

図 4.1　コジェネレーションのプロジェクト・ファイナンス諸契約

証契約として織り込まれる．図4.1には，コジェネレーション・プロジェクトの資金調達のための主要な契約を示した．契約の相互関係は，最終的にはリスクの分配に対応する経済的利益の配分で成立する．これらの契約条項によって，借入と一般株式資金に必要な信用関係作り上げる[1]．このプロジェクトの詳細は第8章で述べる．

4.9.1 建設とエンジニアリング契約

エンジニアリング会社は，コジェネレーション設備の設計と建設を固定価格でターンキー契約する．その価格は1億ドルである．設計，建設，試験稼働に2年要すると推定される．また，電力は250 MW，蒸気は15万ポンド（lb）/時を保証する．

エンジニアリング会社は下請企業と契約する．コジェネレーション技術のライセンス会社は稼働を保証しなければならない．この技術は米国の多くのプラントでまだ実証されていないので，ライセンス会社はその保証をしなければならない．

4.9.2 ガス供給契約

電力会社とコジェネレーション会社は15年間のガス供給契約を締結する．地域電力会社は天然ガスを毎時19.5億BTU（British thermal units）供給する．稼働初年度は，100万BTU当り3ドルとし，以後コジェネレーション会社の電力価格に対応して変動する．このガス長期契約は十分な燃料が得られないことによるプロジェクト中断のリスクを排除する．

4.9.3 オペレーション契約

コジェネレーション会社はオペレーションと修繕の全責任をとるオペレーション契約を電力会社と締結する．電力会社はこれを年間600万ドルで引き受ける．この価格はPPIに比例して変動する契約である．経験あるオペレータの確保と稼働に対するインセンティブがオペレーションミスで稼働停止になることはないと融資家に確信させる[2]．一括払のオペレーション費用をインフレ変動させることは経済リスク対策になる．

4.9.4 電力購入契約

地域エネルギー会社とコジェネレーション会社は15年間の購入契約を結ぶ。エネルギー会社はコジェネレーションの生産するすべての電力を引き受ける義務が発生する。初年度は100万W時当り40ドルとする。この価格はエネルギー会社が工業用電力として販売する価格と比較して設定される。コジェネレーション会社は年間6%の上昇率で価格上昇すると予測する。

電力購入契約はテイク-イフ-オファー契約であり，テイク-オア-ペイ契約ではない。エネルギー会社はコジェネレーション会社が販売するすべての電力を引き受け，契約上それを拒否できる量はきわめて少量とされる。エネルギー会社の支払は引き渡した時点で行われる。したがって，エンジニアリング会社が設備の管理維持をし能力の保証をすることは，電力の定常供給を可能とする。

4.9.5 蒸気購入契約

化学工業会社とコジェネレーション会社は15年間のテイク-イフ-オファー契約で蒸気の購入契約を締結する。コジェネレーション会社は能力の90%に当たる年間11.826億lb以上の蒸気を化学工業会社に供給する。蒸気に関しては契約上決められた品質を満たさなければならない。蒸気価格は初年度1000 lb当り4ドル，その後PPIに比例して変動するものとする。

これらの契約に加えて，プロジェクト会社は物的および人的損害，労働者への報酬，事業中断などに対して保障契約を結ぶ。

4.10 ま と め

契約関係はプロジェクトの信用力を強化するために設計されている。実際には建設コストを増加させることになる。契約はつぎの2種類に分類できる。①完工を保証する契約（完工できなければ債務は完済しなければならない），②完工後の元利返済を保証する契約である。契約関係はプロジェクトの経済的特徴とリスク-リターンの参加者間の関係に合わせて工夫されなければならない。それらはプロジェクトのリスクとリターンを分配する契約である。

5 商法上の組織

 プロジェクト・スポンサーの重大な決定問題の1つはプロジェクト・ファイナンスの法的組織である．いかなる組織を採用し，それをいかに構成するかについてである．法的組織は，ビジネス，商法，会計，税制，規制などに依存して決まる．それはつまり①プロジェクト参加者の数とそれぞれのビジネス上の目的，②プロジェクトの資本費用および予想される収益パターン，③規制による条件，④利用できる借入のための金融商品と参加者の税制上のメリット，⑤プロジェクトの稼働後の政治的監督官庁[1]に左右される．本章では共同経営方式（undivided joint interest），株式会社，パートナーシップ，有限会社のそれぞれの企業形態に関係する要因を分析する．表5.1にプロジェクトの組織形態を選択するための主要な要因をまとめた．

5.1 共同経営方式

 プロジェクトは参加者が共有するテナントとして所有される．共同経営の所有構造では，参加者は①プロジェクトを構成する実質上および人事上の分離不能な利益を共有し，②所有権の比率に比例してプロジェクトの便益とリスクを分担する．所有権の利益はプロジェクトの資産全体に関係し，参加者のだれも資産の持ち分を主張できない．
 プロジェクトが計画され，参加者が，プロジェクト経営者をランクづけして選択する．この方式は参加者の1人が同様の産業分野ですでに経営を行っているか，あるいは十分素質のある経営者が見つかる場合に特に適している．経営者の任務と参加者の義務はオペレーション契約に明記される．契約は参加者に起こりうるすべての状況に対応すべく作られている．経営者は資本支出と運営

5.1 共同経営方式

費用の記録とプロジェクトの利益を確保するための日々の経営決定についての責任がある.

スポンサーは株式出資比率に比例してプロジェクトから発生する債務を負担することに合意する. しかしながら, スポンサーが負担する潜在的債務の限度額は存在しない. 法律上, スポンサーは共同借入のすべての債務に返済義務を負う. これは事業上の理由などで, 倒産するスポンサーの利益を受け取る新しい共同所有者を承認しないことを望む場合である. この状況を避けるために, 倒産するスポンサーの債務を他のスポンサーが引き受ける. その場合, スポンサーの債務は, 現実的には連帯責任であり, 個別ではない. 付随するリスクを避けるために, プロジェクト・スポンサーは, 通常, ビジネス債務をカバーする広範な保険を購入する.

一般的にジョイント・ベンチャー契約は事業参加者がそれぞれに外部資金を調達する仮定のうえに成り立つ. スポンサーはそれぞれに最も相応しい方法で調達する. たとえば, あるスポンサーが25%を保有するためには, 自らの資金源からプロジェクト建設に必要な資金の25%を拠出しなければならない. プロジェクト企業自らが債券を発行することは, 債務返済のための契約締結の法人格をもたないので不可能である.

共同経営方式にも財務的メリットがある. プロジェクト・スポンサーが金融的機能を果たす. それぞれのスポンサーが収支記録をもち, 資本金基盤と債務基盤を有する. これは証券を発行するための実績となり, 銀行との関係を確立する. 共同経営方式はスポンサー間の信用力に大きな差があるときは特に魅力的である. 財務的に独立であるから, 格付の高いスポンサーが調達すると, プロジェクト参加者の平均的信用で借りるより安いコストで調達できる. 直接共同経営では, プロジェクトの所有権から発生する税制上の直接的便益を取り込むスポンサーの能力に応じて, スポンサーが株式投資に資金供給できる直接的キャッシュ・フローが得られる.

ある状況では, 経済的財務的理由からプロジェクトの資金調達に独立の法人の設立が望ましい. たとえば, プロジェクト建設費がスポンサーの資本金のどれよりも大きいとき, スポンサーのプロジェクト債務が他の事業との合算で借入能力を超えてしまうときである. 債務の追加はスポンサーの借入資本比率と利子カバー比率を悪化させる. これが重大なことには債券格付を低下させ, より高い金利を要求されるからである. 収入が得られない設備建設期間が長期の

表 5.1 プロジ

		共同経営方式
	プロジェクト資産の所有	すべて資産は参加者が共同で所有．所有権は共同．
運営上の特徴	経営	共同所有者がプロジェクト管理者を指名．共同所有者の多数決で承認．
	コストと便益の分配	コストと便益は所有権と同じ比率で分配．経営協定でその権利と義務を明記．
プロジェクト債務に対する参加者の義務	債務の性質	協定によっては，所有権に比例して債務に責任がある．
	リスク金額	無限責任．
資金調達	一般構成	共同所有者が自己の資金から比例して調達．
	ファイナンス企業	共同所有者の子会社．
参加者の株式投資の会計処理	20％未満の所有権/支配権なし	プロジェクト資産収支の比例的な連結決算．
	20％以上50％未満の所有権/支配権なし	プロジェクト資産収支の比例的な連結決算．
	50％の所有権	プロジェクト資産収支の比例的な連結決算．
法人税の処理	課税主体	共同所有者．
	課税方法の選択	共同所有者ごとに個別に選択．
	スポンサーへの減価償却，利息，投資の課税控除の可能性	共同所有者に個別に可能性．
	課税控除の制約	制限なし．
	プロジェクト収入の課税	共同所有者レベルだけで課税．

5.1 共同経営方式

ェクト企業の形態

株式会社	有限会社	パートナーシップ
資産は会社が所有.	資産は会社が所有.	資産はパートナーシップが所有.
プロジェクト会社の社員が経営し，株主は取締役会を代表する.	プロジェクト会社の社員が経営し，株主は取締役会を代表する.	パートナーシップが経営し，ジェネラル・パートナーが経営者となる．パートナーシップ契約で誰が経営権をもつか明記する.
株式会社と関連企業との契約で分配．契約は完工，長期購入，デット・サービスについて規定.	株式会社と関連企業との契約で分配．契約は完工，長期購入，デット・サービスについて規定.	パートナーは権利と義務を規定するパートナーシップ契約を結び，所有権に比例してコストと便益を分配.
契約に規定がない限り，株主に債務に対する義務はない.	契約に規定がない限り，株主に債務に対する義務はない.	ジェネラル・パートナーはパートナーシップ債務には連帯責任義務がある．リミティド・パートナーは一般にパートナーシップ債務には義務はない.
通常株主に責任なし.	通常株主に責任なし.	ジェネラル・パートナーは無限責任．リミティド・パートナーは有限責任.
株式はスポンサーから．抵当権のある債券発行と契約による受取.	株式はスポンサーから．抵当権のある債券発行と契約による受取.	スポンサーは株式出資．抵当権のある債券発行と契約による受取.
特別目的会社（SPC）.	特別目的会社（SPC）.	ジェネラル・パートナーのSPC子会社.
「コスト法」のもとで株式投資とみなされる．配当は収入とみなされる．プロジェクト資産と負債は株式保有者の貸借対照表には出ない.	「コスト法」のもとで株式投資とみなされる．配当は収入とみなされる．プロジェクト資産と負債は株式保有者の貸借対照表には出ない.	「コスト法」のもとで株式投資とみなされる．配当は収入とみなされる．プロジェクト資産と負債は株式保有者の貸借対照表には出ない.
「株式法」のもとで株式投資とみなされる．プロジェクトの収支はスポンサーの収支とみなされる．プロジェクトの資産と負債は貸借対照表に出ない．投資はスポンサーの財務諸表で脚注公開される．スポンサーは項目ごとの損益計算と貸借対照表合算を選択できる.	「株式法」のもとで株式投資とみなされる．プロジェクトの収支はスポンサーの収支とみなされる．プロジェクトの資産と負債は貸借対照表に出ない．投資はスポンサーの財務諸表で脚注公開される．スポンサーは項目ごとの損益計算と貸借対照表合算を選択できる.	「株式法」のもとで株式投資とみなされる．プロジェクトの収支はスポンサーの収支とみなされる．プロジェクトの資産と負債は貸借対照表に出ない．投資はスポンサーの財務諸表で脚注公開される．スポンサーは項目ごとの損益計算と貸借対照表合算を選択できる.
完全な連結決算.	完全な連結決算.	完全な連結決算.
プロジェクト会社.	連邦税でパートナーシップとされる株主.	パートナー.
プロジェクト会社として1つを選択.	会社が選択.	パートナーシップが選択.
プロジェクトは配当があるときにだけ株主の課税所得に影響する．株主が80％以上の株保有のときは連結となる.	税控除は持株比に従う.	税控除は持株比に従う.
連結のときだけ可能.	投資減税以外の控除は株主の課税対象に限られ，それにはノンリコース債務は含まれない.	投資減税以外の控除はパートナーの課税対象に限られ，それにはノンリコース債務は含まれない.
会社レベルで課税．株式配当も課税.	株主レベルだけで財課税.	パートナーレベルだけで課税.

プロジェクトでは，問題はさらに深刻である．経営の成立条件を維持する契約で規定された負債資本比率が，貸し手が新規プロジェクト投資に融資できる負債比率限界より大幅に低くなるという問題がある．

5.1.1 会　　計

共同経営方式は会計上独立した法人とはみなされない．参加企業がそれぞれ財務諸表にプロジェクトの資産，収入，運営費用などを投資比率に比例して記載する．建設費用のための負債は，出資に比例した額がそれぞれの企業の貸借対照表に記載される．

5.1.2 税　　制

国税庁（IRS）は，製造業またはプロセス産業が費用分担のために共同経営方式をとる場合は，税制上パートナーシップとみなす[2]．しかし，パートナーシップ課税に付随する規則に対しては選択権が租税法761条に規定されている．一般的に761条適用のためには，スポンサーが，①共同で資産を保有すること，②プロジェクトのアウトプットを出資比率に応じて引き受ける権利を保有すること，③プロジェクトの製品を共同では売り出さないことが条件である．スポンサー各自が合議によって，毎年販売数量の割当を決定する．パートナーシップ課税の採択はスポンサーが自分の課税状況に合わせて選べる．たとえば，スポンサーがすべて同じ減価償却法をとる必要はない．スポンサーが761条の選択権を行使するなら，共同所有者が主張できるプロジェクトからの税控除額は制限が弱くなる．もしもプロジェクトが税制上の目的でパートナーシップとみなされれば，パートナーは各自の課税ベース以上には控除できない．これは5.3.4項「税制」で詳述する．共同経営方式が共同保有あるいはパートナーとして課税されれば，金利，減価償却，投資減税などから生まれる税控除が直接共同保有者に供与され，いわゆるプロジェクト収入の「二重課税」を回避できる．

またあるケースでは，IRSは共同経営を課税上は株式会社と同等の連合体（association）とみなした．株式会社として課税される不利益のために，株式会社の特徴を避けるように定款を作ることが大切である．つぎの条件のうち少なくとも2つは満たさなければならない．①中央集中型経営ではなくスポンサーの合議制，②所有者の利益は他のスポンサーの了解なしに移転できない，

③少なくとも1人のスポンサーがプロジェクト債務の担保を提供する,④ジョイント・ベンチャーは倒産,スポンサーの放棄または追放によって終了する.プロジェクトに資金を提供する前に,貸し手はIRSの決定を要求するか,少なくとも課税ベースについて専門家に問合せをする.

5.2 株 式 会 社

プロジェクトのために最もよく選択される組織形態は株式会社である.新しい会社はプロジェクトを建設し,所有し,運営する.この会社は一般的にはスポンサーが経営権を保有し,会社が発行する株式および優先債によって資金を調達する.優先債は第1抵当権の債券かあるいは優先的権利を保護する負の質権を含む社債の形態をとる.負の質権は,社債の安全性に問題があるときに,プロジェクト会社がプロジェクト資産の先取権を他の貸し手に与えることを禁ずるものである.株式会社であれば,他の証券,たとえば劣後債(第2抵当権,無保証債),優先株,転換社債などでも資金調達可能である.

株式会社の組織は有限責任と債券発行能力を生み出す.しかし,株式会社の欠点も検討しなければならない.スポンサーは投資減税額(ITC)およびプロジェクト建設期間の損失からの直接の減税効果を享受しない.(5.2.2項「税制」を参照.)また,スポンサーのプロジェクト会社への投資能力はスポンサーの社債契約やローン契約に含まれる条件で制限される.特に,投資を額あるいはタイプで制限する条項がその制約となる.

5.2.1 会 計

Accounting Research Bulletin No. 51 (ARB51) と Accounting Principles Board Option No. 18 (APB18) には,財務報告目的の基礎となる一般的に認められている会計原理がまとめられている.ARB51は「他の企業を支配する企業は,支配下の企業の財務報告を自己の報告と1行ごとに統合して報告しなければならない」とする.支配とは通常,50%以上の所有権をさす.しかし,支配は他の方法でも可能である.たとえば投票権の分布に無関係に支配権を与える契約もある.APB18では株主のマジョリティでない場合にも,株式財務報告を要求している.

プロジェクトがスポンサーの財務諸表に与えるインパクトは,基本的にはプ

> 連邦エネルギー規制委員会(FERC)が認める最低月間料金で運送サービス契約をTrunkline社は結んだ．この契約での1990年から1992年までの支払は，それぞれ1720万，1630万，1360万ドルであった．1991年は530万ドル，1990年は1060ドルの関連会社支払も含んでいた．契約上の最低年間支払は1993年が1250万ドル，1994年が1160万ドル，1995年から1997年までが300万ドル，そして1998年に130万ドルである．

出典：Panhandle Eastern社, *Annual Report* (1992, p.47).

図 5.1 最小支払義務の注記公開

ロジェクト会社のスポンサーの出資パーセントによる．ただ1つのスポンサーが50％以上の株式を所有すれば，一般的には完全な連結会計が要請される．その場合，スポンサーはプロジェクトの財務諸表を項目ごとに連結し，他の株主に報告する．「持分法」は通常20％から50％を所有するスポンサーに用いられる．持分会計は，スポンサーは貸借対照表のうえで投資に対して持分数に比例した利益を加減することでプロジェクトの損益を報告する．このためプロジェクトの資産と負債はスポンサーの貸借対照表上には含まれない．

ところが，もしプロジェクトがスポンサーの主要な事業の1つとみなされれば，スポンサーはプロジェクトの持株に比例して財務内容を項目ごとに連結可能となる．一方，もしスポンサーの出資比率が20％以下であれば，いわゆる「原価法」のもとで投資として計上される．原価法では，プロジェクトへの出資は投資時費用を投資項目に計上し，スポンサーはプロジェクト会社からの分配だけを利益として計上する．プロジェクトの資産と負債はスポンサーの貸借対照表には記載されない．

プロジェクトへの株式投資がいかなる形式であっても，スポンサーは通常注記に以下の事項を公開しなければならない．①プロジェクトに関する条件付債務，②スポンサー企業のオペレーションの一環として投資が実施されたとき，プロジェクトの財務諸表の要約．条件付債務の注記公開は基本的にはつぎの2つの要因に依存する．①債務の潜在的に発生しうる総額，②この額とスポンサー企業のオペレーション全体との関連．図5.1にパイプライン関連の条件付債務支払の注記公開の例を示した．

5.2.2 税　　制

プロジェクト株式会社は独立した課税法人である．租税条項第1501はグループ企業に対して連邦所得税を統合することを許している．その修正条項第

1504(a) はグループ企業が ① 子会社の総株式（普通株と優先株の合計）の 80% 以上の支配を有するとき，② 優先株の 80% 以上を所有しているときにその企業を連結納税グループに含めることが許される．プロジェクト参加者のだれも，その企業を連結納税グループとして税制上認めてもらえるだけの株式を保有していないとき，プロジェクト株式会社の所有に伴う税制上の便益である投資減税，減価償却の控除，利子課税控除，さらに建設中の利子課税控除などがプロジェクト株式会社だけにしか適応されなくなる．プロジェクト株式会社は営業が始まって十分に課税可能な収入が発生してはじめてこの税控除の恩恵を受けられることになる．このような税制上の便益の享受は，プロジェクト株式会社が営業損失を出している限り，延期されることになる．さらに，この利益発生が税制の繰越し期間を超えてしまったときは，税の便益は永久に失われることになる．

ある条件のもとでは，議決権のある株とない株の不釣合いな出資構造の企業では，パートナーシップ会社に見られるような所有に伴う税の便益が起こりうる．たとえば，プロジェクト株式会社の株式の資本構成が，1000 ドルの議決権のない優先株と 10 ドルの議決権のある普通株からであるとき，議決権のある株の 80% を所有するスポンサーは，通常は税の目的でプロジェクト株式会社を連結する．連結納税は所有権に付随する税の便益を直接受け取ることを可能とする．

プロジェクト株式会社は課税法人であるので，連結をしないとプロジェクトの収入は課税の 2 段階で徴収される．プロジェクト株式会社が配当をするとき，配当収入はスポンサーの所得税になる．これは，企業間配当控除によって減額可能だが[3]，いずれにしてもプロジェクトの収入は法人税と所得税の 2 つで 2 重課税されている．

5.3 パートナーシップ

ジョイント・ベンチャー・プロジェクトによく用いられる組織形態がパートナーシップである．プロジェクト・スポンサーは，直接的かあるいは子会社を通して，プロジェクトに出資し運営するパートナーシップの参加を行う．パートナーシップは建設のための資金調達に，証券を発行する．証券発行は直接行うか，金融子会社を利用するかである．パートナーシップ契約では，独自の運

営人事を行い経営組織と意思決定プロセスをパートナーシップが決定する．

パートナーシップ組織はいわゆる「コスト企業」に特に魅力的である．コスト企業とは，プロジェクトレベルでは利益は実現できないが，プロジェクトの産出物販売の下流において利益が出る企業である．租税法は株式会社形態でのコスト企業の利用を禁じている．連結なしに所有者の税制上の便益をスポンサーに還流できないからである．

パートナーシップ法（Uniform Partnership Act）は，パートナーシップのすべての債務に対して，すべてのジェネラル・パートナー（経営者）に連帯責任債務支払の義務を負わせている．これは，ジェネラル・パートナーとしての責任から，あるいは通常のビジネス上から発生するプロジェクトに関連するその他の債務に対しても連帯責任債務を意味する．理論的には，もしもジェネラル・パートナーの1人が債務過剰であれば，ジェネラル・パートナーが貸借対照表上の債務を超過となる．パートナーシップでは，任意の数のリミティド・パートナーが存在する．債務はリミティド・パートナーに遡及できない．しかしながら，ジェネラル・パートナーの少なくとも1人は無限責任でなければならない．

プロジェクト・スポンサーのプロジェクトの債務への義務は2つの方法で緩和できる．第1は，100%出資の子会社（バッファー子会社）をプロジェクトのジェネラル・パートナーとして作ることである．図5.2にその組織の関係を例示した．しかし，将来には企業のベールをつき破り，正当な営業上の目的をもたない子会社の債務を親会社に負わせる法律が生まれる事態が必ず起こるで

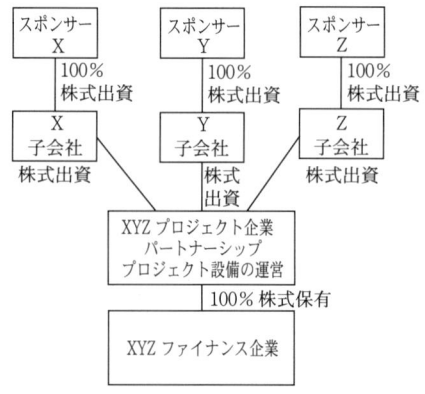

図 5.2　パートナーシップの組織の関係

あろう．第2は，さらに重要なことで，パートナーシップに対する債務遡及がパートナーシップ資産に限定されるというローン条項や契約の利用である．

プロジェクト・スポンサーは企業の定款にジェネラル・パートナーとしての行動の規定および，さらに債券契約やローン条項に記述する規定を決めなければならない．またこれらの債務契約は契約遵守目的のためにパートナーシップの債務にジェネラル・パートナーの債務に含まれているかどうかをチェックしなければならない．同様の規制がバッファー子会社を使った場合に適応されるかが調査されなければならない．たとえバッファー子会社に問題ある定款や契約上の制約がなくても，つぎのような契約書上の問題がある．投資条項の契約書がジェネラル・パートナーへの直接投資を禁じていなくても，バッファー子会社の使用を禁じる場合である．

5.3.1 資金調達方法

パートナーシップは自分が保有する特別目的融資会社（SPC）を通して資金調達を行う．投資の法的規制や投資ポリシーは株式会社でない債券の購入に制限を課しており，株式会社であるSPCを必要とする．パートナーシップ企業の債券の条件はSPCと実質上同じである．パートナーシップの債券はパートナーの一般的資産への遡及権を排除している．したがって，プロジェクトの融資家に対する元利返済はプロジェクトのキャッシュ・フローだけになる．

5.3.2 実 例

第11章で紹介するインディアンタウン・コジェネレーション・プロジェクトはSPCを利用した．その組織は有限パートナーシップであり，会社名はIndiantown Cogeneration, L.P.である．プロジェクトの建設資金を調達する債券の共同発行体として金融株式会社Indiantown Cogeneration Funding Corporation (ICFC) を設立した．金融会社は名目資産を保有し，自身では事業のオペレーションをしない．パートナーシップ企業が発行する担保付証券の最初の購入者はSPCであり，SPCが発行する債券を機関投資家に販売するためだけに設立されたのである[4]．

5.3.3 会 計

パートナーシップへの利益の配当は株式会社への投資と同様である．パート

ナーシップの負債からの遡及はパートナーシップ資産に限定される．あるパートナーがパートナーシップ株の20％以上50％以下しか保有しておらず，経営権を行使していないとき，そのパートナーは特分法で株式投資とみなされる．したがって，そのパートナーはプロジェクトの損益を出資比率に比例して自分の収支計算に含めることが可能である．しかし，パートナーは貸借対照表にプロジェクトの資産と負債を含めることはできない．もしパートナーが50％以上の株式を保有するなら，完全な会計上の連結が可能となる．

5.3.4 税　　制

　パートナーシップは税制上は独立した主体である．株式会社と異なり，パートナーシップの事業損益はパートナーに移転される．パートナーシップ自身はいかなる課税対象にもならない．バッファー子会社をジェネラル・パートナーの1人として使うことは，子会社が法人税目的で合併されていれば，スポンサーが課税控除を損なうことはない．しかし，損失はパートナーシップ投資範囲内でしか控除できない．ジェネラル・パートナーの課税ベースは以下の項目の和である．①パートナーシップへの初期投資，②負債の持ち分比率の額，③比例分の損失を控除後の未処分所得の比例部分[5]．リミティド・パートナーの課税ベースはジェネラル・パートナーと，債務以外に関しては同じである．債務の担保保証をジェネラル・パートナーがする．租税法ではパートナーの所得税の選択権はパートナーシップのレベルに依存し，すべてのパートナーに一様に適用される．

　共同経営方式の場合に，プロジェクトが法的にパートナーとして設立されていても，パートナーシップ課税を避けるための761条の選択権があった．これによってパートナーがそれぞれ自分の課税状況に合わせて最適なベースとなるプロジェクトへの投資が可能となる．さらに，パートナーに事業損失の持分額を課税控除に含めることも可能にする．しかし，761条の選択権はパートナーがつぎの条件を満たすときだけ可能である．①プロジェクト資産の保有，②プロジェクト・アウトプットのそれぞれの引取権の保有．選択権はパートナーシップ法ではパートナーとして組織されたプロジェクトには適用されない．(5.1節参照．)

　パートナーシップ組織を選んだときには，株式会社の多くの特徴が存在しないことを認識しなければならない．租税法ではパートナーシップの基本的特徴

が従来のパートナーよりも株式会社に近い場合，株式会社と同様に課税される連合体とみなす．法律が規定する株式会社の4つの基本的特徴は，① 永続性（無限の存続），② 経営の集中，③ 株式の自由な移転，④ すべての株主の有限責任である．連合体とみなされないために，プロジェクト企業は適用される州法でパートナーと認定されなければならない．外国企業の場合には外国法のもとでの認定が必要である．以下の条件のうち2つ以上を満たすことがその条件である．① パートナーシップは有限期間の存在である．② ジェネラルパートナーは経営に参加しない一般パートナーから独立に経営を実施する．③ パートナーシップ株は自由に移転可能である．④ 少なくとも1人のジェネラル・パートナーはパートナーシップの債務に関して無限責任をもち，そのパートナーは十分な資本を保有する[6]．多くのパートナーシップは株式の自由移転と債務の担保力に備えて組織化されている．

Chen, Kensinger and Martin(1989) によればプロジェクト・ファイナンスの成長は資源開発と資本設備の直接投資の増加傾向と一致する．租税法のもとで伝統的企業組織である株式会社は税制上からは最も効率のよいものではなく，パートナーシップが効率的であるビジネスが多く生まれている．

5.3.5 マスター有限パートナーシップ

公開されているパートナーシップ会社は一般的にはマスター有限パートナーシップ (master limited partnership; MLP) とよばれており，1980年代に米国で人気があった．MLPは他のパートナー同様に二重課税を免れるが，株式は公開可能である．このパートナーシップの株式は，株式会社の普通株と同様に主要な証券取引所に上場される．1987年の租税法は株式会社として課税することによって，MLPの税制上の有利性は消滅した．しかし，重要な例外がある．資源開発や石油ガス・パイプライン産業，それに類するパートナーのMLPはいまだにパートナーシップとしての有利な税制を受ける[7]．MLPはプロジェクト・スポンサーが株式を公開するためや資源開発のために株式会社を設立する以外の代替的組織となる[8]．

5.4 有限会社

事実上，米国内のすべての州政府は，デラウェア州も含めて，有限会社制度

を認めている[9]．有限会社は法的な債務目的会社として扱われる．1988年にIRSはワイオミング有限会社を連邦所得税のためのパートナーシップとして裁決した．有限会社として設立するプロジェクト企業は租税法のパートナーシップ税制の条件を満たし，有限会社の条件を満たす組織でなければならない．有限会社は商法上の企業であり，他の組織に比べ，つぎの3つの優位性をもつ．

1) 株主は有限責任を享受できる．（株式会社，有限パートナーシップと同様．）[10] つまり，出資者は出資金以上の企業の債務を負うことはない．
2) 有限会社はパートナー会社の税制扱いを租税法の細目規定のS会社と同様に受けられる．つまり，収入の所得税は企業レベルでは課税されない．
3) 租税法の細目規定のS会社と異なり，株主数やその種類に制限はない．有限パートナーシップと異なり，すべての株主は有限責任の枠内で企業経営に参加できる．

有限会社は5.3節で述べた株式会社の基本的条件2つ以上を満たさないときには，連邦法人税目的ではパートナーシップとしてIRSで認められていた．多くの企業は株式の移転と有限責任テストを満たさない．株式の移転が可能なMLPは永続性を満たさない．有限会社は一般的に株式の移転と永続性を満たさない組織である．

有限会社はほとんどの州で設立できるが，ある州では有限責任と認識されていない．1995年度末に，IRSは18の州の有限会社によるパートナーの税制処理を承認した．有限会社組織は法的規制とIRSの承認の必要な州でのジョイント・ベンチャー起業にふさわしい．

5.5 コジェネレーション・プロジェクトの組織

エンジニアリング会社と地域エネルギー会社はコジェネレーション・プロジェクトの中心的な投資家であり，共同経営方式は彼らには明らかに検討に値しない．いずれの会社も貸借対照表上にプロジェクト関連の債務を望まない．独立したコジェネレーション会社設立の合意が得られる．

エンジニアリング会社とエネルギー会社はプロジェクトのタックス・シールドを受けられるように企業組織を設定する．双方ともプロジェクト会社の80

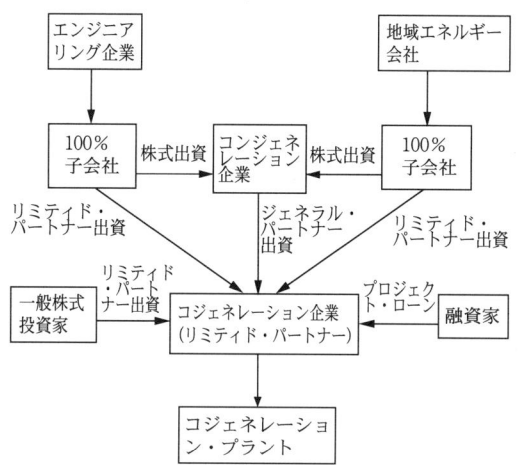

図 5.3 コジェネレーション・プロジェクトの株式出資構造

％の支配権をもたないようにし，連結納税にならないようにする．株式会社制度では，24か月の建設期間と立上げ時期の損失に対して租税法の割増償却と膨大な金利控除が可能となる．

パートナーシップ制度は税制のために損失を親会社に流出できる．しかし，両会社とも投資家のプロジェクト企業への魅力を保持したい．ジェネラル・パートナーは営業リスクなどの非金融リスクを受けるので一般投資家はジェネラル・パートナーにならない．したがって，彼らはSPCを設立し，SPCをジェネラル・パートナーとする有限責任パートナーシップ組織を決定した．図5.3にコジェネレーション・プロジェクトのために設定した企業の所有関係（株主の持株比率）を示した．

5.6 ま と め

商法上の組織の選択は税制上重要である．組織形態はプロジェクトの資金調達とその調達費用にも影響する．プロジェクト・ファイナンスはプロジェクト・リスクに比例して収益を分配すべきである．組織の選択はその分配にも影響する．プロジェクト・スポンサーはプロジェクトの財務および法律アドバイザーと相談し，どの組織形態が最も有利か決定しなければならない．

6

資金調達計画の準備

　プロジェクトにおける最適な資金調達計画の設計には，一般的に以下の6つの主な目的がある．①プロジェクトを完成するための十分な財源の保証を確保すること，②実行可能な最低コストでその必要な資金を確保すること，③スポンサーのプロジェクトに対する融資リスクを最小にすること，④融資家に対する返済義務とプロジェクトによって生まれるキャッシュ・フローの制約のもとで，スポンサーの株式収益率を最大にする配当政策を確立すること，⑤プロジェクトの所有に対する税制上の便益を最大限に利用すること，⑥最も有益な優遇措置を達成することである．これらの目的は完全に互いに独立ではなく，トレード-オフが生じることが多い．一般に，プロジェクト・ファイナンスにおける最低の資本コストはつぎの2つの条件が満たされるときに達成する．①負債が総資産の割合として最大であり，かつ②返済計画がプロジェクトのキャッシュ・フローにできる限り一致するときである．

6.1　一般的な検討事項

　プロジェクトにおける資金調達計画とは建設時の資金調達とその後の資金繰りの計画である．現実の資金調達計画の作成には，以下の3つの潜在的な資金源についての慎重な分析が要求される．それらは，①年ごとのプロジェクトの必要資金，②収入可能となるキャッシュ・フロー，③プロジェクトの負債に対する信用保証である．以下にプロジェクトの資金調達計画の設計における重要な検討項目をあげる．

6.1.1 必要な外部資金

資金調達計画は外部資金の必要額の見積りから始める．必要とされる外部資金の額は以下の4つの総額である．
1) 基本的なプロジェクトの完工に対して必要となる設備の総現金費用．
2) 建設期間中に払わなければならないプロジェクトにおける借入金の利子，およびプロジェクトの資金調達を設定することから発生する手数料，その他の外部費用．
3) 運転資金としての初期必要額．
4) プロジェクト完工前に要する給与と操業費のための現金．

必要資金額は建設期間中に，プロジェクトの部分的操業により生まれた現金収入によって，ある程度は減らされる．プロジェクト建設がフェーズごとに実行され，最終フェーズが終了する前に操業可能なときにこのような収入は実現される．

資金調達には，見積り額を超えるセーフティ・マージンを準備し組み入れなければならない．このセーフティ・マージンは不測な超過コストや資金不足（コスト・オーバーラン）をカバーするために必要である．このセーフティ・マージンの大きさは以下の3つを含む偶発的要因に依存する．①プロジェクトの建設コストの見積り，②建設計画のフィージビリティーに対する融資家の信頼度，③コストの見積りの正確さである．

考慮すべき事項として，特定の金融機関があるプロジェクトに資金を提供することが，他のプロジェクトに融資する意欲を減退することがある．法的な融資限度額に達したときには，資金調達計画は代替的な資金源を用意すべきである．

6.1.2 事前に必要な資金

初期の建設資金に関して，融資および株式資金の調達はプロジェクト・スポンサーと調整されなければならない．この建設資金の調達とスポンサーの決定は相互関係がある．調達される資金の額は予定建設コストに依存している．建設工事は，スポンサーがプロジェクトを完成するのに必要な総資金額をカバーする確約を得るまで開始することはできない．資金提供者によって，将来の計画が異なるので，プロジェクト・スポンサーはそれに対応した資金計画を作成しなければならない．

出資に関する保証には，必要な株式資本を提供可能な投資家との契約が必要となる．もしも，必要な負債資金がいかなる状況においても，公的または民間の資本市場で調達できるという信用ある金融機関からの保証がなければ，必要となる全額を機関融資家や銀行から得なければならない．このような保証は建設開始前に得られることはほとんどない．プロジェクトに経済的に影響のある遅延やコスト・オーバーランによって，以後の資金調達が危険にさらされることがある．したがって，建設中に計画される株式公募は信用ある金融機関からの企業保証によって補強される．この保証は通常，銀行からの融資枠の形で行われる．もし株式公募が計画どおり達成できなければ，この保証に従って銀行は資金を提供しなければならない．

6.1.3 最大可能負債比率

プロジェクトの負債資本比率の最適性は以下の3つに依存している．① 予想利益とプロジェクトの操業リスク，② プロジェクトの保証契約の妥当性，③ このような保証契約のもとでの債務者の信用価値．特に重要なのは，プロジェクトの産出物やサービスの購入者が長期購買契約を締結することによって，直接的または間接的な信用保証を進んで引き受けるかどうかである．このコミットメントが弱く，これらが提供する信用保証の度合いが小さいと，実現可能な負債資本比率は低くなる．融資家はこれらの要因を評価し，それに応じて貸出を制限する．過去において，プロジェクトの多くは70%以上の負債資産比率で融資されてきた．

実行可能な負債資本比率とスポンサーの出資能力に依存して，外部の株式出資者の参加が必要になる．このとき，資金調達計画は外部出資者の条件や需要に合わせなければならない．その条件や需要は多くの要因に依存している．スポンサーの外部から投資家による資本参加への意欲が，有力な融資や投資を引き出すプロジェクトの魅力となり，オペレーション実施企業の資本参加につながる．ある種の融資家あるいは他の参加者に資本参加させることはプロジェクト・スポンサーにとって有利であることがある．例えば，エクイティ・キッカー (6.3.2項参照) が存在すれば，金融機関はより多くの貸出をするか，あるいはよりよい条件で貸出をする．また，プロジェクトの産出物の購入者の資本参加はプロジェクトに信用保証を提供する長期購買契約の締結をすすめる．

6.1.4 資金引出のタイミング

建設が始まると，多くの要因が借入金と資本を使うタイミングに影響を与える．一般的に，長期資金の消費パターンは建設支出の計画にマッチさせるべきである．マッチングは超過資金の保管や短期の繋ぎ融資の必要性を最小にする．

融資家は通常，借入金を最初に消費する前に，スポンサーや外部出資者がプロジェクトにある程度の資本を出資することを要求する．また，初めに出資金を要求しない場合は，負債と資本が指定された割合で消費されることを要求する．これらの要求はプロジェクトの株式出資者が早期からプロジェクトに実質的な財務コミットメントをすることを融資家に保証する．

長期融資者の最大貸付期間は資金消費のパターンに制限を課す．最大期間は市場の状況やプロジェクトに資金を提供する機関の貸出方針によって変化する．例えば，生命保険会社は通常他の金融機関よりもより長い貸付をする．

6.1.5 プロジェクトの期待キャッシュ・フロー

プロジェクトが生み出すキャッシュのパターンは資金調達計画で利用する借入の額と種類を規制する．特に，プロジェクト・キャッシュ・フローのパターンは借入金の返済スケジュールが実行可能であるかを決定する．そのため，キャッシュ・フローは銀行の貸付と長期固定利付債券の組合せに重要な影響を与える．

一般規則として，プロジェクトの資金調達計画は調達した資金の満期とその返済のためのキャッシュ・フローがマッチすべきである．マッチングはプロジェクトに資金を再調達するリスクを最小化する．また，販売契約から生まれる収入を借入金の通貨と返済スケジュールを適合させることによって，プロジェクトの通貨リスクをコントロールすることができる．

6.1.6 プロジェクトの収入と支出の通貨構成

異なる通貨で収入を受け取るときやコストを支払うとき，プロジェクトの借入は通貨リスクを避けて設定することができる．たとえば，もし，プロジェクトがUSドル建てで収益を得て，オーストラリアドルで営業費の支払が生じたら，プロジェクトの主要な借入はUSドルで構成されるべきである．プロジェクトの運転資金を含む残高はオーストラリアドルになる．一般的に，プロジェ

クトのスポンサーは2つ以上の通貨の使えるローンを組む．

6.1.7 プロジェクトの経済的耐用年数

　借入金の満期はプロジェクトの資金調達が契約される時点でプロジェクトの予測される経済耐用年数を超えることはできない．天然資源プロジェクトにおいて，もし操業中に資源の埋蔵量が借入金の残存返済期間を下回るなら，借入金を加速的に返済する義務が生じる．

6.1.8 プロジェクトの設備供給会社

　もし割安の利率の輸出金融が利用可能ならば，その対象国の供給者の中から設備を購入することによって資金コストを減らすことができる．しかし，そのときには設備の質と資金コストのトレード-オフを注意しなければならない．もし，輸出金融によって利用できる設備がエンジニアリングの観点から見て最も高品質なものでなければ，その割安な利率はその質の差を埋め合わせるほど大きな価値を提供しなければならない．

6.2　建設の資金調達

6.2.1　銀　行　借　入

　建設融資における第1の代替案は，プロジェクト企業かSPCが短期の約束手形を発行するか，商業銀行から直接建設に対する短期の借入をするかである[1]．SPCが用いられるとき，プロジェクト企業はSPCが調達したと同じ条件で借り入れる．建設資金調達におけるこの代案では，貸出機関に対する保証は，完工の保証と長期融資が設定する保証と同じ契約がある．一般的には，長期融資は建設融資を設定するときまでに設定される．プロジェクトがすべての完工テストを満たすとき，長期融資家は建設融資家からの引継ぎに同意する．

6.2.2　シンジケーション・リスク

　銀行が協調融資をするとき，シンジケーション・リスクを避けねばならない．シンジケーション・リスクとは主幹事銀行が必要資金を提供してくれる他の銀行を見つけることができないリスクである．プロジェクト・スポンサーは，完全な引受を主幹事銀行に求めることによってこのリスクを避ける．完全

な引受では主幹事銀行に全額のローン責任を負わせる．

　典型的なローン・シンジケーション業務は以下の手続きを経る．プロジェクト・スポンサーが，組織内のプロジェクト・ファイナンスの専門家のいるいくつかの銀行に打診し，それらの銀行に競争力のある提案を求める．それらの提案を評価した結果，選ばれた銀行がグループを形成し，完全な引受を提案する．この銀行グループが主幹事銀行となる．そして，主幹事銀行は副幹事銀行と参加銀行などを集めグループを組織し，プロジェクト・ローンを実施する．

6.2.3　スポンサー企業のプロジェクト企業への直接ローン

　第2の代替案として，それぞれのスポンサーが商業銀行から短期で必要建設融資額の割当分を借り入れ，プロジェクト企業にその資金を貸し出すというものである．プロジェクト完工後に，プロジェクト企業はプロジェクト産出物の販売，サービスなどに対する収入を基礎として，長期融資契約を結ぶ．そして，プロジェクト企業は長期融資の資金でスポンサーからの借入を返済する．もしもターンキー方式の建設責任のある企業に完工リスクを負わせる契約を組み入れていなければ，この第2の代替案では，完工リスクに対してプロジェクト・スポンサーが直接的に責任をもつ．

6.3　長期ファイナンス

　投資家は一般的に2年以上資金から収益がないことを嫌う．長期の建設期間を要するプロジェクトに対して，長期融資が建設開始前に契約されることに関して不確実である．さらに，特に技術的に証明されていないテクノロジーを含む大きなプロジェクトでは，投資家はしばしば必要なすべての資金調達上の保証なしでは長期融資を行わない．このような状況では，すべての必要資金をカバーする契約はプロジェクト企業が建設期間中に融資に引き続いて行うのではなく，むしろ同時期に契約しなければならない．しかしながら，プロジェクトが実証されたテクノロジーと比較的大きくない資本支出をもつとき，もしスポンサーが強く望むなら，建設着工時にその支出の主要な割合（できればすべて）を調達することが可能である．このような資金調達契約を確保するためには最低でもプロジェクト・スポンサーが完工契約を締結することが必要である．建設融資を独立に行うことが適切でないとき，長期融資は建設開始前に組

み入れられなくてはならない．このような融資枠は建設期間中に費やされた額に対して，四半期の遅れで支払う．融資側は使わない融資枠に対して，およそ年率0.5％の手数料を要求する．ローン契約では，プロジェクト企業はプライム・レートやLIBORなどを選択する柔軟性がある．銀行ローンは変動金利である．銀行ローンが長期融資に用いられるとき，スポンサーは通常，利子率のリスクを避けるために金利スワップや金利キャップを組み入れる．

6.3.1 私募引受

長期の固定金利のプロジェクト債務は通常，生命保険会社や年金基金などの機関投資家に私募の形で割り当てられる．直接割当は公募に必要とされる面倒な証券登録のプロセスを避けられる．私募の定款にはそのプロジェクト内容と証券契約によって記述される．また，この定款はビジネスの概要とスポンサーの財務諸表が掲載される．

債務の満期は市場の状況に依存する．債務償還のために減債基金としてプロジェクトとキャッシュ・フローが許す最大限，積み立てなければならない．減債基金はおそらくプロジェクト完工後の翌年から始めなければならない．10年間は引き出せない契約でなくてはならない．債務はつぎのような条件付減債基金のときもある．返済スケジュールにおいて，それぞれの期間の最高額と最低額を設定して返済する．プロジェクトへの参加者がローンが締結されたときに予想したものより，プロジェクト・キャッシュ・フローが大きいとき，条件付減債基金は，超過キャッシュ・フローの大部分がプロジェクト負債の返済に当てられることを保証する．入手可能キャッシュ・フローが最高額を超えるキャッシュ・フローなら，プロジェクト・スポンサーは銀行債務の返済前にプロジェクトからのキャッシュ・フロー利益を受け取る．

6.3.2 エクイティ・キッカー

エクイティ・キッカー (equity kickers) とはローン取引に株式的なインセンティブを与えることである．私募資金調達にエクイティ・キッカーを含めると，以下のことを可能にする．①プロジェクトの債務市場を広げ，②資金調達におけるフロントエンドの固定費を下げる．さらに③融資者に対してより少ない制約約定や信用保証を受け入れさせる．事実上，融資者は追加リスクに対して株式インセンティブを受け取る．あるいは，エクイティ・キッカーは

①直接資本参加であるか，②限られた期間であるがロイヤルティの支払を受けるか，③一括または数年にわたる条件付で受け取るかなどである．エクイティ・キッカーの特徴は，リスクの増分に比例して融資の期待収益率が上昇するように設計されていることである．

6.4 源 泉 課 税

源泉課税の存在はプロジェクトに対する資金調達計画の構成に影響を与える．一般的に海外企業に対する配当支払，利息支払，経営管理費，ロイヤルティ支払に対して，源泉課税をする．源泉課税率は租税条約によって決められており，海外企業は源泉課税に従わないこともある．租税条約によって，外国政府の管轄内の企業は優遇源泉課税処理が許可される．ホスト国以外の国から資金調達が必要であるなら，プロジェクトはそれらの管轄国で資金調達するために税制上の優遇措置をとる．

現金支払は源泉課税になるが，他の支払では課税されないので，プロジェクト・スポンサーは納税額を最小限にするためにプロジェクトの資本構成を設計する．例えば，元本の支払は元本の返還なので，源泉課税がかからないが，配当は源泉課税がかかる．そのため，プロジェクト・スポンサーは劣後ローンの形で投資の一部を回収するという税制上のインセンティブをもっている．プロジェクト・カンパニーは海外の投資家にかかる源泉課税を最小限にするために配当前に劣後債を利用することができる．

6.5 借入限度額の推定

プロジェクトの借入限度はローン返済期間中にプロジェクトが完全に返済できる借入金の最大値として定義されている．返済期間は銀行の一般的融資方針，プロジェクト・リスクの特徴，銀行ローン市場の状態によって決まる．銀行は一般的に以下の2つの方法によってプロジェクトの借入限度額を見積もる．①割引キャッシュ・フロー法（DCF法）を用い，②借入金の返済義務を果たすために年ごとのプロジェクト企業の能力をテストする．本章ではプロジェクトの財務特性と融資側によって定められたローン・パラメータをもとに借入限度額を見積もる．特にプロジェクトの融資はある設定された倍数を超過し

ない額の貸出を行う．その倍数はローン返済期間にデット・サービスに利用可能であるキャッシュ・フロー・ストリームの現在価値の倍数である．さらにプロジェクトの融資側は満たされなければならないカバー比率の基準値を設定する．上記のプロジェクトの借入限度額の2つのテストを以下に詳しく述べる．

6.6 ローン返済のパラメータ

銀行が独立するプロジェクトに対してプロジェクト完工から10年を超える期間の貸出はほとんどない．この例外として，インフラ・プロジェクトの融資は長い期間にわたって貸出をする．インフラ・プロジェクトのスポンサーは，たとえば建設完工日からローン返済に12年かかる銀行融資枠を契約することができる．

一般的なルールとして，プロジェクト・ファイナンスは，その借入のレバレッジがBaa/BBBの格付と一致している．Baa/BBBの格付の利率と長期国債の利率の差は市場利子率のレベルに対応して変化する．1994年11月30日時点では，プロジェクトの借入利子率が30年国債の利率プラス100ベーシス・ポイントであり，年率9%であった．慎重に検討し，資金調達を準備する段階でに利率が増加する可能性を考慮に入れて，100ベーシス・ポイントのセーフティ・マージンを追加する金利が適切な値である．以下に述べる借入金の限度額の分析には10%の金利を用いることにする．

6.7 借入限度額モデル

プロジェクトとローンのパラメータを設定したとき，借入限度額モデルでプロジェクトのキャッシュ・フローが耐えうる借入金の最高額を決定する．銀行が貸し出す予定額は入手可能なキャッシュ・フロー・ストリームの現在価値の一定比率と等しい．等式で書くと，PV=aD^*である．PVはキャッシュ・フロー・ストリームの現在価値であり，aは目標のキャッシュ・フロー・カバー比率で，D^*は借入限度額である．よって借入限度額はつぎのようになる．

$$D^* = \frac{\text{PV}}{a} \qquad (6.1)$$

PVはプロジェクトの対するキャッシュ・フロー計画から計算される．スポン

サーは詳細な計画が算定される前にプロジェクトの借入限度額のおおざっぱな見積りを望む．スポンサーは以下の 2 つを見積もる．
 1) プロジェクト運営の 1 年目中の収益と費用．
 2) プロジェクトの借入金がないときの期間中の収益の成長率と費用の変化率．

以下のモデルによって，プロジェクトの借入限度額を見積もることができる．

はじめに，つぎのように変数を定義する．$R=$ 初年度の現金収入，$E=$ 初年度の現金支出，$C=$ 毎年税控除可能な非現金支出，$T=$ 法人税率，$g_R=$ 現金収入の年間成長率，$g_E=$ 現金支出の年間成長率，$K=$ 総資本支出，$i=$ 借入金に対する利子率，$N=$ プロジェクト完工日からのローン返済年数．

・t 年に実現する収入の額は $R(1+g_R)^{t-1}$ となる．
・t 年に発生する支出の額は $E(1+g_E)^{t-1}$ となる．

年間の非現金支出（減価償却）が毎年 C かかるとすると，

・t 年度にデット・サービスに対して支払可能なキャッシュ・フローの額は以下のようになる．

$$(1-T)[R(1+g_R)^{t-1}-E(1+g_E)^{t-1}-C]+C$$
$$=(1-T)[R(1+g_R)^{t-1}-E(1+g_E)^{t-1}]+TC$$

・プロジェクト完工から最終ローン支払日までの N 年間の入手可能キャッシュ・フローの現在価値は以下のとおりである．

$$\mathrm{PV}=\sum_{t=1}^{N}\frac{(1-T)[R(1+g_R)^{t-1}-E(1+g_E)^{t-1}]+TC}{(1+i)^t} \quad (6.2)$$

(6.2)式は以下のように書き換えることができる．

$$\mathrm{PV}=\sum_{t=1}^{N}\frac{(1-T)R(1+g_R)^{t-1}}{(1+i)^t}-\sum_{t=1}^{N}\frac{(1-T)E(1+g_E)^{t-1}}{(1+i)^t}+\sum_{t=1}^{N}\frac{TC}{(1+i)^t}$$
$$=\frac{(1-T)R}{i-g_R}\left[1-\left(\frac{1+g_R}{1+i}\right)^N\right]-(1-T)\frac{E}{i-g_E}\left[1-\left(\frac{1+g_E}{1+i}\right)^N\right]$$
$$+\frac{TC}{i}\left[1-\left(\frac{1}{1+i}\right)^N\right] \quad (6.3)$$

借入限度額 D^* は α の値と (6.3)式から計算される PV を (6.1)式に代入することによって得られる．

$$R=\frac{aD+\frac{(1-T)E}{i-g_E}\left[1-\left(\frac{1+g_E}{1+i}\right)^N\right]+\frac{TC}{i}\left[1-\left(\frac{1}{1+i}\right)^N\right]}{\frac{1-T}{i-g_R}\left[1-\left(\frac{1+g_R}{1+i}\right)^N\right]} \quad (6.4)$$

例題 1 以下のパラメータを仮定する．$R=150$(100万ドル)，$E=26$(100万ドル)，$g_R=5\%$，$a=1.50$，$C=0$，$i=10\%$，$T=40\%$，$g_E=5\%$，$N=12$年．

$g_E=g_R$ および $C=0$ であるから，(6.3)式は以下のようになる．

$$\mathrm{PV}=\frac{(1-T)(R-E)}{i-g_R}\left[1-\left(\frac{1+g_R}{1+i}\right)^N\right] \quad (6.5)$$

パラメータの値を (6.5)式に代入すると，

$$\mathrm{PV}=634.54 \quad (100万ドル)$$

となる．この PV の値と $a=1.50$ を (6.1)式に代入すると，

$$D^*=\frac{\mathrm{PV}}{a}=\frac{636.54}{1.50}=424.36 \quad (100万ドル)$$

となり，このプロジェクトは 10% の利子率で 12 年の返済期間のローンを 4 億 2436 万ドルを借り入れることが可能である．

例題 2 例題 1 のパラメータを用いる．借入金レベルが $D=350$(100万ドル) であるとし，スポンサーが営業 1 年目の間に，どのくらいの収益をプロジェクトが生まなければならないのかを (6.4)式から求めてみよう．$g_E=g_R$ で $C=0$ として (6.4)式を単純化すると次式のようになる．

$$R=\frac{aD(i-g_R)}{(1-T)\left[1-\left(\frac{1+g_R}{1+i}\right)^N\right]}+E \quad (6.6)$$

パラメータの値を (6.6)式に代入すると，

$$R=102.271+26.0=128.3 \quad (100万ドル)$$

となる．これは，4 億 2436 万ドルより 3 億 5000 万ドルは低い借入レベルなので，例題 1 で仮定した初年度の収益より少なくなる．

例題 3 つぎの例では，プロジェクトの産出物の購入者が，資本参加をしているプロジェクトに信用保証を提供する長期購買契約を締結するための条件となる成長率を検討してみよう．

条件を 1 つだけ変えて，他は例題 1 と同じパラメータを仮定する．期待収益の成長率 5% を 3% にする．この条件を (6.4)式に代入すると，

$$R = \frac{(1.50)(350) + 133.469}{4.678} = 140.8 \quad (100万ドル)$$

となる.

6.8 借入限度額モデルの修正

収益はローンが消費される最初の日から平均で M 年間発生しないと仮定する.この状況は,通常収益を発生しない建設期間中にローンが消費されるときに起こる.このケースではつぎのようになる.

$$\mathrm{PV}^* = \frac{\mathrm{PV}}{(1+i)^M}$$

ここで PV は (6.3)式によって与えられており,そして前例のとおり a の目標デット・カバー比率は維持されなければならない.

$$\begin{aligned} \mathrm{PV}^* &= aD^* \\ \mathrm{PV} &= (1+i)^M aD^* \end{aligned} \quad (6.7)$$

特定の現在価値 PV を与えられ,繰延べ期間が借入可能額を減らし,特定の要求される目標デット・カバー比率 a を与える.この場合,借入限度額 D^* はつぎのようになる.

$$D^* = \frac{\mathrm{PV}}{a(1+i)^M} \quad (6.8)$$

PV は (6.3)式によって与えられる.(6.8)式はローンを消費する最初の日における最大借入制限を示す.

aD を $(1+i)^M aD$ に置き換えて,(6.4)式によってキャッシュ・フロー・カバー比率テストに適合するために操業1年目のプロジェクトが実現する収益の額に対する式はつぎのとおりとなる.

$$\frac{(1+i)^M aD + \dfrac{(1-T)E}{i-g_E}\left[1-\left(\dfrac{1+g_E}{1+i}\right)^N\right] + \dfrac{TC}{i}\left[1-\left(\dfrac{1}{1+i}\right)^N\right]}{\dfrac{1-T}{i-g_R}\left[1-\left(\dfrac{1+g_R}{1+i}\right)^N\right]} \quad (6.9)$$

例題4 例題1と同じパラメータを使用し,さらに,猶予期間を2年とする.(6.8)式を適用すると

$$D^* = \frac{636.54}{[1.50(1.1)^2]} = 350.71 \quad (100万ドル)$$

例題5 例題3と同じパラメータを使用し,猶予期間を3年とする.(6.9)

式を適用すると，運営初年度中の必要収益は以下のとおりになる．

$$R = \frac{(1.1)^3 (1.50)(350) + 133.469}{4.678} = 177.9 \quad (100万ドル)$$

6.9 高速鉄道プロジェクトへの応用

米国政府とその州政府からの相当な資金を必要とする高速鉄道プロジェクトの仮説案を考慮する．銀行ローンを含む民間からの財源が必要資金の残高を提供する．プロジェクトの借入上限はローンの消費のタイミングに依存する．出資金と政府資金は民間銀行ローンの消費の前にプロジェクトに拠出されなければならない．この前提条件のもとで，建設完工前の銀行ローンの引出ライフの平均値が表6.1に示されるように計算される．

例題6 以下のパラメータを仮定する．$D=350$(100万ドル)，$E=26$(100万ドル)，$g_R=5\%$，$M=1.244$年，$\alpha=1.50$，$C=0$，$i=8\%$，$T=40\%$，$g_E=5\%$，$N=12$年．

$g_E = g_R$ および $C=0$ のとき，(6.9)式を単純化する．

$$R = \frac{(1+i)^M \alpha D (i - g_R)}{(1-T)\left[1 - \left(\frac{1+g_R}{1+i}\right)^N\right]} + E \quad (6.10)$$

(6.10)式に設定したパラメータを代入すると，

$$R = 67.528 + 26.0 = 93.5 \quad (100万ドル)$$

となる．

例題7 年率3%で収入が成長すると仮定する．この場合，(6.9)式を代入すると，1年目の収入が$R=139.6$(100万ドル)に増加する．ゆっくりした成長率は，目標キャッシュ・フロー・カバー比率を満たすためには運営1年目に

表 6.1 ローンの引出ライフの平均値

年	資本コストの割合（%）	完工までの残存期間（年）	借入資本コスト（100万ドル）	ローン消費の割合	消費の残存期間（年）	平均残存期間（年）
1	10	4.5				
2	25	3.5				
3	25	2.5	30	0.086	2.5	0.215
4	25	1.5	200	0.571	1.5	0.857
5	15	0.5	120	0.343	0.5	0.172
合計	100		350			1.244

要求される収入額を増加させる．

例題 8 利子率が急増する可能性を検討しよう．もし収入および営業費用の成長率が年率 5% であれば，$i=10\%$ とすると，初期収入額は

$$R = 115.145 + 26.0 = 141.1 \quad (100万ドル)$$

である．もし，収益の成長率を 3% であり，営業費用の成長率を 5% にすると

$$R = 154.9 \quad (100万ドル)$$

が初期収入額であり，金利の増加の場合と考えられる．

6.10 カバー比率テスト

以下 3 つの比率が負債を返済するプロジェクトの能力を測るのに広く用いられている．

1) 利子カバー比率
2) 固定費カバー比率
3) デット・サービス・カバー比率

利子カバー比率は以下のように定義される．

$$利子カバー比率 = \frac{\text{EBIT}}{支払利子} \tag{6.11}$$

利子カバー比率は金利をカバーするプロジェクトの能力を測る比率である．これは EBIT (earnings before interest and taxes) または利子を払うことができる資金の額を支払利息で割ったものである．支払利息は会計上の目的で資産化されてもされなくても，現金で支払われなければならない．1.00 以下の利子カバー比率はプロジェクトが営業収益だけで完全に支払利息がカバーできないことを示す．プロジェクトが操業して最初の数年間の 1.00 以下の利子カバー比率は，プロジェクトを計画して借り入れたレベルに見合ってないことを意味する．将来の収入とキャッシュ・フローが不確実なため，融資者は一般的に 1.00 以上の値を設ける．例えば，融資者たちはプロジェクトの利子カバー比率が 1.25 以下に落ちないことを要求することが一般的である．

プロジェクト企業の貸借対照表上に記載されていないレンタル契約がある場合がある．レンタルは利子の構成要素を含んでいる．米国証券取引委員会 (SEC) は企業に利子の構成要素として 1/3 のレンタル料の支払で処理することを認めている．固定費カバー比率はこれらのその他の「支払利子」を考慮に

入れる.

$$\text{固定費カバー比率} = \frac{\text{EBIT} + 1/3 \text{レンタル費}}{\text{利子} + 1/3 \text{レンタル費}} \quad (6.12)$$

固定費カバー比率も利子カバー比率と似た解釈がなされる．1.00以下の値はプロジェクトに対して計画されたレンタル契約を含む借入金のレベルが高すぎることを警告している．プロジェクト企業が運営するのに必要な設備の重要な部分を借りるとき，適切に借入に対するプロジェクトの能力を評価するために利子カバー比率と同様に固定費カバー比率の計算が重要になる．

デット・サービスは利子と同様に元本も含んでいる．元本の支払は利子やレンタルの支払と違って税控除しない．また，もしレンタル費用の3分の1が利息支払で構成されるのなら，残りの3分の2は元本部分に組み込まれる．この残りの3分の2はレンタルの支払の一部となるので税控除可能である．ローン，手形，無担保社債などを含む元本支払の税控除不可項目に対して適切に評価するために，これらの支払額を1.00から所得税率を差し引いた値で割る．この支払は税引後のドル価で表される．さらに，償却費は非現金勘定で表され，この額は元本を支払うために利用することができる．デット・サービス・カバー比率はすべての借入金の支払義務に対して計算する．

$$\text{デット・サービス・カバー比率} = \frac{\text{EBITDA} + \text{レンタル費}}{\text{利子} + \text{レンタル費} + \text{元本返済額}/(1-\text{税率})}$$
$$(6.13)$$

EBITDA (earnings before interest and taxes, depreciation and amotization)は利子，税金，減価償却費，元本返済額を引く前の収益を示している．このデット・サービス・カバー比率も他の比率と同じような解釈がなされる．この比率は3つの比率の中で最も包括的な評価法である．デット・サービス・カバー比率が1.00以下に落ちるとき，プロジェクトは完全にプロジェクト・キャッシュ・フローからのその負債を返済することができない．よって，プロジェクトは不足をカバーするための資金を得るために，借入をするか資本出資を探すかをしなければならない．特に，デット・サービス・カバー比率はプロジェクトの負債に対する返済スケジュールを作成するのに用いられる．たとえば，デット・サービス・カバー比率が1.10以下にならないことを要求すると，それは元本を現金で払うために要求される利払を行った後に，どのくらいのキャッシュ・フローが利用可能であるかを示す．

6.11 ま と め

　プロジェクト・ファイナンスが低コストの資金調達方法であるときには，プロジェクトのスポンサーは一般的な資金調達よりプロジェクト・ベースで資金調達する方法を選択する．プロジェクト・ファイナンスがより低コストであることは，プロジェクトの資金調達計画の設計と，その有効な実行に依存する．プロジェクトの資金調達の準備中に，プロジェクト・スポンサーと財務アドバイザーはすべての財源に対して注意深く検討し，規制や他のプロジェクトの制約を満たす最低コストとなる財務構成を決めなければならない．

　融資家たちは，利子カバー比率，固定費カバー比率，そしてデット・サービス・カバー比率を使用して，年ベースで借入金に対するデット・サービスに対するプロジェクトのキャパシティを測定する．これらの年ごとの評価は，本章中の借入限度額モデルとともに用いると，プロジェクトが借り入れられる負債額と，その負債に対する返済スケジュールを設計することができる．借入限度額モデルは，モデルのパラメータを適切に変更することによって融資側に課される種々の制約にも適応できる．

7

割引キャッシュ・フロー分析

　プロジェクトでは，一般的に実物資本を購入する．実物資本とは，土地，工場あるいは機械設備などの長期使用される資産である．プロジェクトが実物資本に投資するとき，スポンサーは初期投資額に見合うかどうかを将来の期待キャッシュ・フローで評価しなければならない．

　割引キャッシュ・フロー分析が評価に使われる．目的はスポンサーのコスト以上にプロジェクトは価値があるか，つまり正味現在価値が正になるプロジェクトを見つけることにある．

　スポンサーのプロジェクト評価は個人の投資評価と変わりなく，つぎの手順に従う．

1) プロジェクトから生まれる将来のキャッシュ・フローの期待値を推定する．これは債券のクーポン受取，株の配当収入，さらに最終売却収入の推定に類似している．
2) リスクを評価し，将来のキャッシュ・フローの期待値を割引くための要求収益率（資本コスト）を決定する．
3) 将来のキャッシュ・フローの期待値の現在価値を計算する．
4) プロジェクトの総費用を決定し，プロジェクトの価値と比較する．もしプロジェクトの価値が総費用以上であれば，すなわち純現在価値が正であれば，それは実行に値する．

本章ではプロジェクトの収益性を評価する割引キャッシュ・フロー計算方式を展開する．さらに資本投資を評価する健全な方法を解説し，例示する．この方法はどんな資本投資案件にも適用可能である．

7.1 税引後キャッシュ・フロー

　資本投資プロジェクトの価値を測る最初のステップは税引後キャッシュ・フローの増分の推定である．3つの重要なポイントがある．第1は，どのような投資においても，プロジェクトのコストおよび便益の計測は「キャッシュ・フロー」によってであり，利益によるのではない．この点はきわめて重要である．利益計算はある種のキャッシュでない項目を考慮に入れる．しかし，究極的には，利益ではなくキャッシュだけが企業の債務支払が可能である．健全な企業でも，十分なキャッシュを上げられないときには，ペナルティ・フィーを企業が支払うはめになるか，あるいは倒産にまでなってしまう．そして，キャッシュ・フローだけが，スポンサーに配当可能であり，それが再投資されるか将来の投資になる．キャッシュ・フローの「タイミング」が企業の価値を決める．つまり，資金の時間価値である．間接的な非キャッシュ・ベネフィットを含めることは，あいまいになり，分析を大きく混乱させる主観的（財務合理的でない）選択におちいる[1]．

　第2のポイントはキャッシュ・フローは「増分」ベースで測られなければならない．これはスポンサーにとってプロジェクトが実行されたときと，実行されなかったときの比較を意味する．したがって，プロジェクトが開始する前にキャッシュ・フローが発生すれば，たとえば，準備的仕事に資金が使われていれば，それは「埋没原価（サンク・コスト）」である．これらは，分析には用いられない．「将来」の支出と収入だけがプロジェクトの決定に関係があるのである．

　第3のポイントは，将来の期待キャッシュ・フローは税引後ベースで測られなければならない．スポンサーは税引後キャッシュ・フローに注目するからである．税金はビジネスに伴うコストであり，税引前キャッシュ・フローから差し引かれたものが対象になる．なお，便宜上，キャッシュ・フローは期末に発生するものとして計算する．

7.1.1　税の検討

　税法の一部は複雑でたびたび変更されるが，税に関する要点をまとめておこう．①収入，②支出，③収入と支出の税制への申告方法と時期の3つが企業

の税を決定する．キャッシュ・フローのタイミングがその価値を決定したのと同様に，キャッシュ・フローの税申告をいつするかが税額の現在価値を決定する．

税が実際に支払われる将来時点を現在価値にした税額が収入から差し引かれる．たとえば，まだ製造していない商品に先払で1000ドル受け取ったとしよう．商品の納期は1年後である．税額を100ドルとすると，利益は900ドルとなる．しかし，税が商品の納期に支払うものであれば，税額の現在価値は，8％の割引率で92.58ドル（100/1.08）となる．この結果，企業の利益は900ドルではなく907.41ドルとなる．

同様に，節税額の現在価格が支出項目で大きければ，その節税対策はすぐに実行される．最もよくあるキャッシュ・フローのタイミングと税額確定の相違は減価償却のときである．

減価償却はキャッシュ・フローの決定に重要な役割を果たす．時間がたつと設備は減耗する．減価償却費の会計上の税控費用としての取扱いはこの減耗を示す．

財務計画にとって減価償却は企業の課税時期に重大な影響がある．減価償却費は支払のある費用ではない．その費用は設備購入のでめであり．減価償却は設備を長期間使用する費用とみなされて，税控除されるからである．同様の認識は天然資源の減耗費用（depletion expense）に対してもあり，特許などの無形資産にもある．

減価償却などはその資産が資本化されたとき，つまり2期以上の資本費用が分割されるときに発生する．その費用全体が直ちに費用算定されるのではなく，長期間にわたる費用とされる．資本化されない現金支出は直ちに費用算定される．費用算定された現金支出は税控除の対象となる．したがって費用項目は減価償却がないのでそれ以上の算定の必要はない．この税制上の相違点はつぎの例で明らかになる．

7.1.2 実　例

鉱山会社が100万ドルで鉱山を購入する例を考えよう．法人税率を40％とする．この資産を ① 一定額で4年で資本算定する場合と ② 全額費用の即時算定を行う場合の税額を比較しよう．

費用と資本算定の時系列はつぎのとおりである．

7.1 税引後キャッシュ・フロー　　　　　　　　　　　　　　89

年	0	1	2	3	4	総計
費用	1.0	0	0	0	0	1.0
資本参入額	0	0.25	0.25	0.25	0.25	1.0

総額はいずれでも100万ドルであるが,時間価値から②の全額費用が有利である.

租税法は資産の資本算定を義務づけている.この例は,それぞれの資産に対して租税法に従えば早期償却が最も有利であること示している.

7.1.3 キャッシュ・フローの増分

資本投資プロジェクトのキャッシュ・フローはつぎの4カテゴリーに分類できる.
1) 初期投資費用.
2) 資産が生み出す将来のネットのキャッシュ・フロー.
3) たとえば大規模修繕費用のような,初期投資以外で必要となる非経常的キャッシュ・フロー.
4) プロジェクト終了時の税引後残存価値.

財務費用は,キャッシュ・フローの増分に含まれないことに注意しよう.プロジェクトに直接的に関係する特別な財務費用だけが,キャッシュ・フローの増分に含まれる.財務費用は一般的には初期投資費用に含めて処理される.

a. ネット初期投資費用

ネット初期投資費用(純初期投資費用)は4つの項目に分けられる.現金支出,運転資金の増減,廃棄資産売却収入,優遇税制である.

すでに述べたように,資本化された支出はプロジェクト初期には課税対象にならないが,一般の支出項目は課税される.資本化された純支出をI_0とし,一般支出項目をE_0とする.法人税率をτとすると,初期投資費用の第1要素である現金支出は

$$-I_0-E_0+\tau E_0=-I_0-(1-\tau)E_0 \qquad (7.1)$$

マイナスで表記するのはキャッシュ・アウト・フローを示す.1995年末では,連邦法人税は35%であるが,州税を含めて一般的に法人税率は$\tau=0.40$を用いる.

運転資金の増減は,プロジェクトの初期費用の第2要素である.販売の拡張に追加的費用がいる場合を例としてみよう,生産と販売の拡大のために,在庫

の積増しや売掛金の増加となる．このための運転資金が必要となる一方，プロジェクトの縮小は，運転資金の余裕が生じる．

初期費用の第3の要因は廃棄資産の売却収入である．資産を処分すると収入，あるいは費用が発生する．したがって，そこには課税問題が生まれる．売却価格が課税上の簿価より大きいときに課税される．たとえば，2000ドルで5年前に購入した資産を考えてみよう．減価償却を年間300ドルしてきたとき，資産の簿価は $2000-300\times 5=500$ ドルである．実際の売却価格が500ドル以上であれば，今までの減価償却が過多であったとして，その超過分を課税される．逆に売却価格が500ドル未満のときは，企業が税の還付を要求できる．売却収入のネットの額を S_0 とし，簿価を B_0 とすると，課税後の廃棄資産売却収入は[2]

$$S_0-\tau(S_0-B_0)=S_0(1-\tau)+\tau B_0 \qquad (7.2)$$

最後に，資本化される資産の購入に関する優遇税制について考慮しよう．租税法はたびたび変更されるが，この減税額を I_c とし，運転資金の変化額を ΔW とすると，初期費用 C_0 は

$$C_0=-I_0-\Delta W-(1-\tau)E_0+(1-\tau)S_0+\tau B_0+I_c \qquad (7.3)$$

となる．

b．税引後キャッシュ・フロー

プロジェクトによる収入の増額を ΔR，支出の増額を ΔE とすると，税引後キャッシュ・フロー(CFAT)は，

$$\text{CFAT}=\Delta R-\Delta E-T$$

となる．ただし，T は支払税額である．税額は減価償却の増減にも依存する．単純化して，定額法を仮定すると，全期間減価償却は変化は一定である．その変化額を ΔD とすると，支払税額は $T=\tau(\Delta R-\Delta E-\Delta D)$ となるから，

$$\text{CFAT}=\Delta R-\Delta E-\tau(\Delta R-\Delta E-\Delta D) \qquad (7.4)$$

となり，さらに

$$\text{CFAT}=(1-\tau)(\Delta R-\Delta E)+\tau\Delta D \qquad (7.5)$$

となる．この式はCFATが収入マイナス支出の税引後額に減価償却の「タックス・シールド」を加えた形になっている．同様に

$$\text{CFAT}=(1-\tau)(\Delta R-\Delta E-\Delta D)+\Delta D \qquad (7.6)$$

とも書き直せ100％株主資本のプロジェクトのときには，CFATはネット利益（純利益）の変化額 $(1-\tau)(\Delta R-\Delta E-\Delta D)$ と減価償却の変化額の和とな

ることを示している.

c. 非営業キャッシュ・フロー

非営業キャッシュ・フローの取扱いは初期投資費用と同等である. 非営業キャッシュ・フローは資本に組み込まれるか, あるいは, 費用参入可能な項目である. したがってキャッシュ・フローへの影響は初期投資資本と同様である. 非営業キャッシュ・フローの費用項目は税控除分が差し引かれて$(1-\tau)$を乗じた額となる. 初期のキャッシュ・アウト・フローは非営業キャッシュ・フローとみなされ, その後の減価償却の対象となる.

d. プロジェクトのネット残存価値

残存価値はプロジェクトが終了したときのキャッシュ・フローの税引後価値である. 資産の売却, 退去および清掃費用, 運転資金の放出からなる.

資産売却の調整は, 初期投資の項で述べたとおり, (7.2)式の添え字0をとって調整項を$[(1-\tau)S+\tau B]$とすると得られる. 退去および清掃費用は費用項目となる. したがって, 税控除があるので$(1-\tau)$を乗じて調整する. 運転資金は課税対象にはならない. 税法上は, 在庫変動や前払金などの同等の資金の内部移転であり, 単にキャッシュ・フローに加えられる. 退去および清掃費用をREXとすると, ネット残存価値(純残存価値)は

$$(1-\tau)S+\tau B-(1-\tau)\mathrm{REX}+\Delta W \qquad (7.7)$$

である. 残存価値は一般的には売却価格Sと退去および清掃費用REXの差$S-\mathrm{REX}$とされている.

7.1.4 キャッシュ・フロー分析の例

Rocky Mountain Mining 社は5500万ドルの設備のかかるプロジェクト投資を検討している. 設備は定額法で10年間で償却可能であり年間500万ドルの減価償却となる. 鉱山プロジェクトは10年間でおよそ1500万ドルの収入が予想される.

プロジェクトの初期投資はさらに600万ドルかかる. この額のうち500万ドルは設備と同様に資本に組み入れられる. したがって100万ドルが費用となる. プロジェクトはさらに300万ドルの運転資金が必要となる. プロジェクト終了時には退去費用として50万ドルが必要である. 法人税率は40%とする.

初期投資額は設備購入費5500万ドルと資本金参入される初期費用500万ドルの合計で$I_0=6000$万ドルである. 初期費用は$E_0=100$万ドルとなる. 運転

資金の変化は $\Delta W=300$ 万ドルで，優遇税制措置はないので，ネット初期投資費用額は，(7.3)式によって，

$$C_0 = -I_0 - \Delta W - (1-\tau)E_0 + (1-\tau)S_0 + \tau B_0 + I_c$$
$$= -60,000,000 - 3,000,000 - 0.6(1,000,000) + 0 + 0 + 0$$
$$= -63,600,000$$

サンク・コストを正しく評価することに注意すべきである．たとえばフィージビリティ・スタディや事前調査，さらに開発地点における準備などのすでに投資してしまった資金は投資分析の目的とは無関係であるので，サンク・コストである．Rocky Mountain Mining 社がプロジェクトを進めるかどうかに関する事前支出はその額やタイミングを変えることもできない．それはすでに投資してしまったサンク・コストである．

税引後キャッシュ・フローは (7.5)式または (7.6)式から計算できる．収入と支出の差の変化額，$\Delta R - \Delta E$ は 1500 万ドルであり減価償却費は年間 500 万ドルである（$55,000,000 - 5,000,000/10$）．したがって ΔD は年間 500 万ドルで第 1 年から第 10 年まで参入できる．(7.5)式を用いると CFAT は 1100 万ドルとなる．

$$CFAT = (1-\tau)(\Delta R - \Delta E) + \tau \Delta D$$
$$= 0.6(15,000,000) + 0.4(5,000,000) = 11,000,000$$

非営業キャッシュ・フローはプロジェクト期間中の発生が予測できないからそのための調整は不必要である．

設備はプロジェクト終了時には 500 万ドルで売却可能とすると退去費用は 50 万ドルであるから (7.7)式から，ネット残存価値は

$$(1-\tau)S + \tau B - (1-\tau)REX + \Delta W$$
$$= 0.6(5,000,000) + 0.4(5,000,000) - 0.6(500,000) + 3,000,000$$
$$= 7,700,000$$

したがって，増分キャッシュ・フローはつぎのとおりとなる．（単位は 100 万ドル．）

年	0	1	2	3	4	5	6	7	8	9	10
キャッシュ・フロー	−63.6	11.0	11.0	11.0	11.0	11.0	11.0	11.0	11.0	11.0	18.7

7.2 投資のハードルとなる収益率

投資家はリスクを補償する収益率としていくら必要とするのか．必要収益率は機会費用とみなせる．必要収益率を推定するための比較可能な投資機会が存在しないときはいかに決定すればよいか．必要収益率を決定する要因は何か．言い換えれば，市場はいかにして必要収益率を決定するのか，を考えてみよう．

7.2.1 加重平均資本費用

加重平均資本費用（WACC）はプロジェクトのハードル・レートとなる．これは金利として表現でき，さらに重要なことには，任意の金融要素の組み合わせた費用として表せる．たとえば，金融組合せが20%の債務と80%の株式であるとか，あるいは55%の債務と45%の株式であるなどである．より現実的な例では，30%が30年債務で，10%が180日債務，10%が優先株，15%が20年の転換社債，そして35%が普通株である．資本費用は投資家がプロジェクトのリスクに対して要求する収益率である．

資金調達における資金組合せに関してこの必要収益率を明らかにする．単純化して，社債と株式の組合せの場合を考えよう．全資金調達に対する社債比率（借入比率）を θ とする．たとえば，資本投資したときにプロジェクトの現在価値が1万ドルで，4000ドルが社債で調達されたとしよう．このとき，$\theta = 0.4$ となる．重要なことは，θ が初期資金調達額に直接関係せず，プロジェクト全体の現在価値に依存することである．

例で考えてみよう．初期総投資額が8000ドルで，NPVが2000ドルであったとすると，合計の現在価値は1万ドルになる．スポンサーはこのプロジェクトに4000ドル投資すると6000ドルを手にすることになる．つまり，スポンサーは初期投資額の50%，つまり8000ドルのうちの4000ドルしか投資していないのに，プロジェクトの価値の60%を所有することになる．プロジェクトは40%が負債で60%が株式資金の資本構成となる．プロジェクトの市場価値に対する権利によるからである．初期投資額の出資比率はNPVを含んでいないので θ にはならない．

スポンサーの必要収益率はプロジェクトの借入比率に依存する．融資家の要

求収益率も借入比率に依存する．デフォルトの可能性があるとき，融資家の要求収益率は返済されないリスクに比例して増大する．

7.2.2 資本コスト公式

WACC は株式の必要収益率 r_e と債務の必要収益率 r_d との加重平均であり

$$\text{WACC} = (1-\theta) r_e + \theta (1-\tau) r_d \tag{7.8}$$

となる．ただし τ はプロジェクトの法人税率である．(7.8)式から WACC を求めることは，株と債務の必要収益率を計算し，その平均をとることを意味している．

WACC は税引後の収益率であることに注意すべきである．株主の必要収益率は税引後であり，債務のそれは税引前であるから $(1-\tau)$ を乗じて，税引後にする．

7.2.3 債務費用の推定

債務費用の税引前収益率はつぎの方程式を r_d に関して解いたものである．

$$\text{NP} = \frac{C_1}{(1+r_d)} + \cdots + \frac{C_T}{(1+r_d)^T} \tag{7.9}$$

ここで NP は債券発行からのネットの資金調達額であり，債券収入から発行手数料，つまり引受手数料，法務費用などを減じたものである．C_i は i におけるデット・サービス（元利返済額）を表す．一般的にプロジェクトの元金は分割で返済しなければならない．このとき，C_i は第 i 期間に返済する元金返済分を含んでいる．

税引後の債務費用はつぎの方法で計算できる．(7.9)式に税引前デットサービスではなく税引後費用を用いる方法である．起債費用と同様に利息は課税控除できるのでこの方法では，利息の税調整が必要である．起債費用は資本資産の減価償却と同様の取扱いとなる．

しかし，税引後の債務費用は

$$(1-\tau) r_d \tag{7.10}$$

で近似される．(7.10)式は真の税引後債務費用に通常は非常に近い近似であるが，利息の控除ができないプロジェクト参加企業のときには，差異が起こる．たとえば，プロジェクト企業が株式会社で，建設が遅延し，利息控除の対象となるプロジェクト収入がないときである．

7.2.4 株式費用の推定——資本資産価格付モデル

債務は契約上の返済義務があるが株式にはない．したがって，株式の費用の推定は債務費用の推定とは異なる．プロジェクトの必要収益率の推定には資本資産価格付モデル（CAPM）が用いられる．

投資家はリスクに見合った収益率のある資産だけを購入する．高リスクには，高収益率が要求される．CAPM ではプロジェクト j の株式必要収益率は，無リスク資産収益率とプレミアムの和となる．その式は

$$r_j = r_f + \beta_j (E(r_m) - r_f) \tag{7.11}$$

であり，r_f は無リスク資産収益率で，$E(r_m)$ は市場収益率の期待値である．β_j は市場ポートフォリオに対するプロジェクト j の危険度を表す．その定義は

$$\beta_j = \frac{\text{cov}(r_j, r_m)}{\text{var}(r_m)} \tag{7.12}$$

である．$(E(r_m) - r_f)$ は市場リスクプレミアムとよばれ，リスクの1単位の増加に見合う収益率の支払要求を表す．この単純なリスク評価の構造が他のモデルとの大きな違いである．株の必要収益率の推定は，回帰分析で行われる．この個別株に関する推定値を株のベータ値とよぶ．

ベータ値は市場ポーフォリオの変化に対する敏感度を表しているので $\beta_j = 1.0$ となる資産は，市場ポートフォリオとリスクが等しく，市場が10%変化すると，この株価も10%変化することを意味する．ベータ値が1.0以下であれば，市場の変化よりのその株価の変化は小さい．たとえば，ベータ値が0.5であると，市場が10%変化するとその株価は5%変化する．ベータ値が1.0以上の株価は市場以上に変化する．一般的に株のベータ値は0.75と1.50の間にある．

7.2.5 資本コスト計算の例題

Rocky Mountain Mining 社は長期債と株式だけの資本構成であるとする．市場にこの会社の株とビジネスリスクの同じ株が存在する．そのとき，この会社の WACC はいくらと計算されるかだろうか？

Rocky Mountain Mining 社の仮定はつぎのようになる．

無リスク資産金利	0.06
株式ベータ	1.25
市場ポートフォリオの期待収益率	0.144
税引前債務の収益率	0.1

債務比率	0.6
法人税率	0.4

CAPM から株の必要収益率は
$$r_e = 0.06 + 1.25(0.144 - 0.06) = 0.165$$
となり，債務比率 $\theta = 0.6$ だから，(7.8)式から WACC は
$$\text{WACC} = (1-\theta)r_e + \theta(1-\tau)r_d = 0.4(0.165) + 0.6(0.6)(0.1) = 0.102$$
である．

7.2.6 財務リスクの調整

プロジェクトが100%株主資本であれば，財務リスクはない．そのプロジェクトには債権者は存在しないからである．プロジェクトには運営リスクがあるだけで，デフォルトは起こりえない．株主は有限責任であるから企業のデフォルト価値に影響はない．そのプロジェクトが失敗したときスポンサーは投資したものをすべて失うが，その損失はスポンサー以外に影響を及ぼさない．しかもスポンサーは投資額以上を失うことはない．これは有限責任のベネフィットである．

財務リスクはレバレッジ（借入）に依存するので，財務リスクの影響の調整は債務の責任額に対して実行される．特に，プロジェクト・ファイナンスでは通常の資金調達と異なって債務はプロジェクトに限定されている．プロジェクトの将来性の評価には，プロジェクトの製品単位の検討が行われる．通常の資金調達規準では，債務総額は企業の資産レベルに対して評価される．必要収益率の借入に対する影響は企業全体の資本構成によって決定される．

7.2.7 プロジェクト・ファイナンスの影響

プロジェクト・ファイナンスを用い債務に対して制限を設定するときプロジェクトの資本構造は資本コストの決定の要因になる．したがって，プロジェクト単位で資金調達するとき資本費用はプロジェクトの資本構成で決定される．

7.3 プロジェクトの資本コストの推定

プロジェクトの資本費用の推定方法をこの節で明らかにする．2つの場合について述べる．第1はプロジェクトがスポンサーと運営リスクも資本構成も同

じ場合であり第2は運営リスクも資本構成もスポンサーと異なる場合である．

Lone Star Mining 社（Lone Star 社）は鉱山経営を世界規模で展開しているが，銅山の開発をプロジェクト・ファイナンスで計画している．鉱山開発費用は1億ドルで，60%を借入で，残り40%を株式で調達する．

7.3.1 スポンサーの WACC を用いるとき

Lone Star 社が営業するすべてにプロジェクトと比較して，いまの鉱山プロジェクトが「平均的リスク」であったとしよう．さらに Lone Star 社は 60% が借入で，株式は公開されているとしよう．このとき，提案されているプロジェクトは同じリスク特性と資本構成をもつことになる．これを同一の財務構造であるという．したがって，Lone Star 社の WACC が提案されたプロジェクトの評価に用いられる．Lone Star 社の株式のベータ値は 1.25 である．Lone Star 社は税引前の金利で 10% の長期債を発行可能である．Lone Star 社の法人税率は 40% である．最後に r_f，$E(r_m)$ はそれぞれ 6% と 14% であるとする．(7.8)式と (7.11)式から，提案されるプロジェクトの資本コストは以下のように 10% と求められる．

$$r_e = r_f + \beta(E(r_m) - r_f) = 0.06 + 1.25(0.14 - 0.06) = 0.16$$

であるから，

$$\text{WACC} = (1-\theta)r_e + \theta(1-\tau)r_d = 0.4(0.16) + 0.6(0.6)(0.1) = 0.10$$

となる．

7.3.2 スポンサーの WACC を用いるべきでないとき

Lone Star 社が多種の鉱山開発を行い，借入が，たとえば資本構成の3分の1であったときプロジェクトの資本費用を推定するためには，Lone Star 社の WACC を用いてはいけない．その理由は，①銅山のリスク特性は Lone Star 社の他の資産と異なる点，②プロジェクトは借入比率が Lone Star 社より高く財務リスクが大きい点である．

このプロジェクトのベータ値を推定するステップはつぎのとおりである．

1) 主要業務が銅山である企業の株式ベータ値 β_L を推定する．同一業種のリスクを業種性からくる純粋な形で求める．
2) 100% 株主資本であったとしたときの企業のベータ値 β_U をつぎの式から求める．

表 7.1 銅鉱山プロジェクトのベータ値の推定

サンプル企業	β_L	θ	$\beta_U = (1-\theta)\beta_L$
A	1.70	0.29	1.21
B	1.85	0.45	1.02
C	1.95	0.37	1.23
D	1.90	0.43	1.08
E	2.00	0.42	1.16
F	1.60	0.35	1.04
G	1.65	0.26	1.22
H	1.80	0.34	1.19
			平均値=1.14

$$\beta_U = (1-\theta)\beta_L \tag{7.13}$$

β_U は銅山開発企業の純粋な運営リスクを表す．

3) 表 7.1 に示すようにすべての銅山企業の β_U の平均を求める．
4) 提案された銅山開発プロジェクトの借入比率 θ を用いて，いま求めた平均値からプロジェクトの株式ベータ値を次の式により推定する．

$$\beta_L = \frac{\beta_U}{1-\theta} \tag{7.14}$$

提案されている銅山プロジェクトは $\beta_U = 1.14$ で $\theta = 0.6$ であるから，

$$\beta_L = \frac{1.14}{0.4} = 2.85$$

安全資産金利は 6% で $E(r_m)$ は 14% であるから株式の必要収益率 r_e は

$$r_e = 0.06 + 2.85(0.14 - 0.06) = 0.288$$

したがって，プロジェクトの資本コストは

$$\text{WACC} = 0.4(0.288) + 0.6(0.6)(0.1) = 0.1512$$

となる．

7.3.3 運営方法の選択

運営リスクはプロジェクトのベータ値に影響を与える．上記の資本費用の計算方法は，運営方法の選択によって調整が必要になる．生産方法によって運営リスクが異なるとき，平均するサンプルの企業を同一の生産方法を選択しているところに限定しなければならない．

7.4 現在価値分析

プロジェクトのネット現在価値 (NPV) はプロジェクトの費用と価値の差である．事前にできる最善は，プロジェクトの NPV を推定することである．なぜなら，プロジェクトの真の価値，つまり市場価値はプロジェクトが完成し収益が出るまで知りえないからである．

7.4.1 手　　続　　き

プロジェクトの NPV はコストおよび収入の税引後キャッシュ・フローの現在から将来までのすべての現在価値である．つまり，

$$\text{NPV} = CF_0 + \frac{CF_1}{(1+r)} + \cdots + \frac{CF_n}{(1+r)^n}$$

$$= \sum_{t=0}^{n} \frac{CF_t}{(1+r)^t} \tag{7.15}$$

NPV 法のプロジェクト選択基準は，NVP が正のプロジェクトを選択することである．

プロジェクトの価値は割引キャッシュ・フローと現在価値を用いて求められる．この方法は，債券や株式配当の割引と同様である．

例題　Rocky Mountain Mining 社の例で考えよう．すでに求めたように，

表 7.2　ロッキー・マウンテン鉱山プロジェクトの NPV 分析 (単位: 100万ドル)

項目	年											項目合計	
	0	1	2	3	4	5	6	7	8	9	10		
設備費用	−60.0											−60.0,	$t=0$
設置費用（初期費用）	−0.6											−0.6,	$t=0$
運転資金	−3.0											−3.0,	$t=0$
旧設備売却収入	—												$t=0$
投資減税	—												$t=0$
設備売却による減価償却の減少額													
減価償却		2.0	2.0	2.0	2.0	2.0	2.0	2.0	2.0	2.0	2.0	2.0/年,	$t=1\sim10$
収入と支出の差		9.0	9.0	9.0	9.0	9.0	9.0	9.0	9.0	9.0	9.0	9.0/年,	$t=1\sim10$
売却収入											5.0	5.0	$t=10$
撤去費用											−0.3	−0.3	$t=10$
運転資金の清算											3.0	3.0	$t=10$
各年合計	−63.6	11.0	11.0	11.0	11.0	11.0	11.0	11.0	11.0	11.0	18.7		

資本コストは 10.2% である．プロジェクトの現在価値を求めてみよう．
(7.15)式にプロジェクトのキャッシュ・フローを代入して，

$$NPV = -63.6 + \sum_{t=1}^{9} \frac{11.0}{1.102^t} + \frac{18.7}{1.102^{10}}$$
$$= 6.3$$

となり，NPV は正であるからこのプロジェクトは採択される．表 7.2 に，この計算に用いたキャッシュ・フローを示した．

7.5 内部収益率分析

提案されたプロジェクトを評価するもう 1 つの方法が，内部収益率法（IRR 法）である．内部収益率（IRR）はプロジェクトの NPV の (7.15)式で NPV=0 となる収益率である．しかし現実にはキャッシュ・フローの不確実性があるため実現された収益率は IRR からかけ離れたものとなる．すでに紹介したとおり債券の期待収益率の計算と同じである．IRR は NPV をゼロとする金利と同じであるから

$$0 = \sum_{t=0}^{n} \frac{CF_t}{(1+\text{IRR})^t} \qquad (7.16)$$

であり，ほとんどの財務計算ソフトウェアにはこの関数が用意されている．

内部収益率法でのプロジェクト選択規準は，IRR がプロジェクトの資金費用より大きいときそのプロジェクトを採択することである．

単純な決定方法であることから，IRR は直感に訴えるものである．本質的には，「投資の期待収益率は必要収益率より大きいか」を問題にしている．つまり，「プロジェクトは価値を生むのか」である．しかし，この方法は NPV 法と一見同様と考えられるが，後で説明するように必ずしもそうではない．しかしながら，このわかりやすさゆえに実際にはよく用いられる方法である．

例題 Rocky Mountain Mining 社は資本費用が 10.2% である．プロジェクトの IRR はつぎの多項式の解である．

$$0 = -63.6 + \sum_{t=1}^{9} \frac{CF_t}{(1+\text{IRR})^t} + \frac{18.7}{(1+\text{IRR})^{10}}$$

解は，IRR=0.12 であり，資本費用の 10.2% より大きいので採択される．

7.6 IRR 法と NPV 法の比較

Rocky Mountain Mining 社の例では IRR 法，NPV 法のどちらで分析してもプロジェクトは実施されるべきであった．これはプロジェクトが「独立」で「通常」のものであれば成り立つ．プロジェクトが「独立である」とは多くのプロジェクト案の中から独立に選択可能であることをいう．つまり，選択には他の投資を必要としないし，排除もしない．他の投資が必要なプロジェクトは，それが大きなプロジェクトの一部であり，その大きなプロジェクトとして評価しなければならない．プロジェクトが「互いに排他的である」とは，あるプロジェクトの選択が他のプロジェクトの選択を排除するときをいう．

「通常」のプロジェクトであるとは，初期アウト・フローとそれ以降のキャッシュ・イン・フローがあるプロジェクトである．つまり，初期投資後のすべての将来のキャッシュ・フローが正である投資である．株や債券はこの「通常」のプロジェクトである．購入時にアウト・フローがあり，その後配当あるいはクーポンを受け取り，最後に売却収入あるいは償還がある．数学的には「通常」のプロジェクトは IRR 法による解がただ 1 つであることがわかっている．

7.6.1 NPV プロファイル

割引率を変数とする関数によって NPV を表したグラフを図 7.1 に示した．

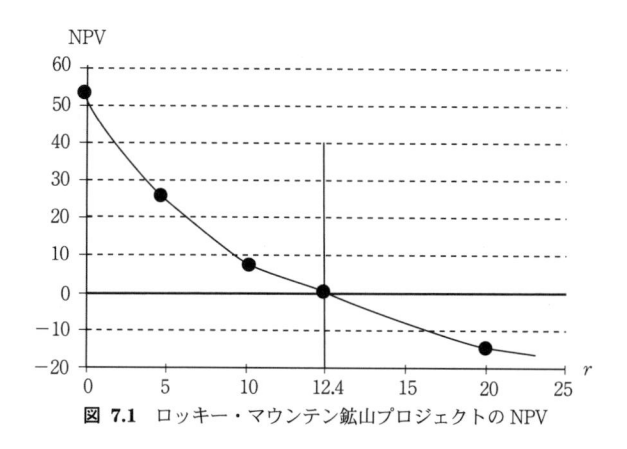

図 7.1 ロッキー・マウンテン鉱山プロジェクトの NPV

このグラフはNPVプロファイルとよばれ，NPVとIRRの両方を含んでいる．また，これは異なる資本コストに対するプロジェクトの価値を表している．したがって，スポンサーは資本コストが不確定であるとき，NPVプロファイルによってプロジェクト価値を表す資本コストを見つけることが可能となる．

図7.1はロッキー・マウンテン鉱山プロジェクトのNPVプロファイルである．(7.15)式を割引率の関数として表現したものであり$r=0$のときはキャッシュ・フローの単純な和である．

$$NPV(0) = -63.6 + 11(9) + 18.7 = 54.1$$

$r=0.124$ のとき，$NPV(0.124)=0$ であり $IRR=0.124$ を示している．図から割引率が5%，10%，15%，20% なども見て取れる．

NPVプロファイルは独立で通常のプロジェクトのIRRとNPVの関係を示している．IRRが資本コストより大きいときはNPVは正であり，逆のときは負となる．NPVの関数値は資本コストがrのときの，プロジェクトのNPVを表す．

7.6.2 互いに排他的なプロジェクト——IRRとNPV

独立なプロジェクトでないときを考えよう．現実には，互いに排他的なプロジェクトの選択が多い．あるプロジェクトを選択すると，他のプロジェクトは選択できないときである．

たとえばある会社が新工場を作るとき，3つの候補地と4つの工場設計の可能性からの選択がありうる．しかし，工場は1つだけ建設する．このようなときNPV基準とIRR基準の選択とが相違しうる．理由は①プロジェクトの規模，②キャッシュの発生時期の差異から生まれる．たとえば，1つのプロジェクトではキャッシュ・フローが初期に集中し他の場合には後期に集中する場合がありうる．これらの違いをつぎに見ていこう．

7.6.3 規模の差

プロジェクトの規模に差があるとき，小さいプロジェクトはより大きいIRRであり，より小さいNPVである．たとえば，プロジェクトAがIRRは30%でNPVが100ドルであったとしよう．一方，プロジェクトBはIRRが20%でNPVが200ドルであるとする．どちらのプロジェクトを選択するか

は単純である．価値の高いプロジェクトの選択，つまり NPV の大きい方を選ぶ．互いに排他的なプロジェクトで規模に差があるときは NPV を用いるべきである．

7.6.4 キャッシュ・フローのタイミングの差

キャッシュ・フローのタイミングは再投資の金利問題と関連する．問題とはプロジェクトのキャッシュ・フローを他のプロジェクトに再投資したときキャッシュ・フローはいくらになるかの問題である．IRR 法では再投資金利は IRR である．NPV 法ではそれは資本コストである．

つぎの事例がキャッシュ・フローのタイミングの差による再投資金利を表す例になっている．

ある企業が 2 つのプロジェクト A，B のどちらかへの投資を検討している．資本コストは 10% でプロジェクトの将来のキャッシュ・フローは表 7.3 のとおりである．A，B のどちらがよいプロジェクトであるか？

プロジェクト A の IRR は 22.08% で B は 20.01%である．しかしプロジェクト A の NPV は 76.29 ドルで，B は 94.08 ドルである．IRR 基準はプロジ

表 7.3　2 つのプロジェクトのキャッシュ・フロー

プロジェクト	年						IRR(%)	NPV(ドル)
	0	1	2	3	4	5	6	
A	−250	100	100	75	75	50	25	22.08	76.29
B	−250	50	50	75	100	100	125	20.01	94.08

図 7.2　IRR と NPV の比較

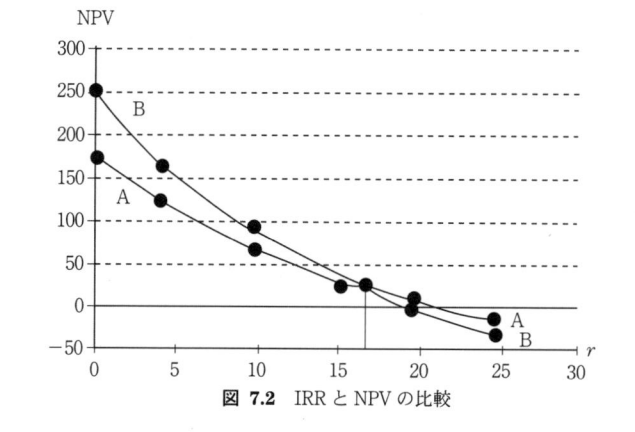

ェクト A を，NPV 基準はプロジェクト B を選択する．

図 7.2 を見ると，プロジェクト A は，NPV プロファイル曲線の交点である資本コストが 15.4% 以上であれば B よりも NPV が大きい[3]．交点では A，B とも 37.86 ドルの NPV である．B の曲線が急であるのは，B が資本コストに敏感であるからである．債券価格でも同様にこの感応の違いが見られ，長期債は短期債よりも金利変化に敏感である．

キャッシュ・フローの再投資の収益率についてのより合理的な方法はどちらであろうか．資本コストが正確に推定できた場合にはプロジェクトの必要収益率である．長期的には必要収益率が期待収益率に収束する．したがって，長期的には再投資キャッシュ・フローは資本コストを稼ぎ出す．NPV 法は再投資金利が資本コストに等しくなる仮定を満たし，IRR 法より優れた方法である．

7.7 ま と め

この章は割引キャッシュ・フロー分析の基礎を述べた．プロジェクトは資金投資の前に収益性の分析を必要とする．

割引キャッシュ・フロー分析は，初期投資費用を推定し税引後キャッシュ・フロー予測し資本コストを推定し，NPV あるいは IRR によってプロジェクトに投資すべきかどうかを決定する．資本コストは，プロジェクトのリスクに依存し，その企業には依存しない．プロジェクトの価値は生成される将来のキャッシュ・フローに依存する．これは，株式の価値が期待配当に依存するのと同じである．リスクが同一の他の企業より，より大きい将来のキャッシュ・フローを生み出すプロジェクト企業には，プロジェクトを所有するスポンサー企業に依存することなく，より大きな企業価値がある．したがって，企業価値は，リスクが同じときは資本コストではなくキャッシュ・フローに依存して決まる．

資本コストとして推定された値に数ベーシス・ポイント（0.01%）を保険として追加して計算することが現実にはよく見られる．このような恣意的な調整はすべきでない．企業選択の役に立つ方法を軽視することになってしまう．決定に他の要因を盛り込みたいときは，正当的な方法を用いるべきである．

8

ファイナンス・モデルとプロジェクト評価

　プロジェクト評価におけるファイナンス・モデルの役割は小さなものではない．融資家の関心事は，貸付金の期日どおりの返済であり，株主の関心事は相応の利益である．これらの関心事をめぐる諸問題を扱うのがキャッシュ・フロー・モデルである．したがって，プロジェクトが財務的に実行可能であるためには，まずつぎの2点が求められる．
・借入金の利子が期日どおりに支払われること．
・株主に対しては，適切な利益が還元されること．
それゆえ，投資に対する期待収益率はそのプロジェクトのリスクに見合ったものでなければならないし，株主に対する期待収益率の設定は融資家に対する利子率よりも高めでなければならない．また，株主には積極的な投資家（スポンサー）もいれば消極的な一般投資家もいるが，積極的な投資家に対する収益率は一般投資家よりも高い．

8.1　キャッシュ・フローの予測

　プロジェクトの財務的実行可能性は，予測したキャッシュ・フローが実際のものに対して妥当か否かに依存している．キャッシュ・フローの作成には，まず，キャッシュ・イン・フローとアウト・フローの時期が最も重要な要素であるが，それと同時に，割引キャッシュ・フロー分析，プロジェクトの財務的実行可能性を決定するのにも，また，その出資者が実際に取得しうる妥当な収益率を決定するのにも不可欠である．
　キャッシュ・イン・フローとアウト・フローの予測はこの分析の重要な部分である．この場合，キャッシュ・アウト・フローはプロジェクトの初期段階に

集中しているから，予測が普通は容易である．それに対して，営業によるキャッシュ・イン・フローが見込まれるのは先のことになるので，その予測は本質的に困難なものになる．キャッシュ・フローの現在価値を計算のための割引率の選定，あるいは，妥当な IRR の評価には，このリスクが考慮されていなければならない．

8.1.1 トータル・コストの見積り

まず，トータル・コストを決定しなければならない．トータル・コストに含まれるのはつぎのような諸経費である．
1) 直接費：工事費，労賃，資材費．
2) 間接費：資金調達に関連する費用（利子や手数料など），財務保証金・与信の費用．

本章では例として，エンジニアリング会社と地域エネルギー会社が持株会社のオーナーとなって，事業実施会社であるコジェネレーション会社（発電プラントを運営し，電力と蒸気を供給する会社）を運営する場合を考える．建設に先立つ諸費用に関しては，このエンジニアリング会社と地域エネルギー会社が負担することで合意を見ている．この建設準備費用の主なものは，融資を受ける条件となるこのコジェネレーション計画の許認可獲得の費用などで，この例では総額 300 万ドルになる．エンジニアリング会社と地域エネルギー会社は，この費用の見返りとしてコジェネレーション会社の株式を得る[1]．

工事日程の素案は，通常，エンジニアリング会社が作るが，建設期間には実際の工事期間に加えて，測量や設計などの事前準備や許認可を得るのに要する時間を見込んでおかなければならない．また，このコジェネレーション計画では，建設期間に発生する必要経費の全額が商業銀行からの融資で賄われる．エンジニアリング会社と地域エネルギー会社は，コジェネレーション会社の名義で 1 億 2000 万ドルの融資枠を設定するのだが，融資枠設定手数料を 1% で契約したので，その融資枠を終了するときに銀行に対して 120 万ドルを支払わなければならない．さらに，この契約のために，エンジニアリング会社と地域エネルギー会社は，銀行に対し，コジェネレーション会社に関する継続的財務保証を与えることにした[2]．この行為に関連するコジェネレーション会社の負担は，約 200 万ドルになると見積もられている．また，建設期間のローンは変動利子率で行われるのが普通である．

8.1.2 不測の費用超過

建設ローンには，不測の事態や利子率の変動に耐えうるだけの十分な融資枠（信用枠）を設定しておく必要がある．しかし，その一方で，建設ローン設定の手数料は枠の大きさに依存するから，枠を大きくしすぎないことも重要である．

8.1.3 設備コスト

表8.1はこのコジェネレーション計画のキャッシュ・フローの見積りを示している．この表では10％の利子率のもとで，24か月にわたる建設費用の支出と融資の借入の過程が示されている．利子は費用として融資枠の中から支払われる．融資枠維持費は未使用の融資枠に対して請求される．すなわち，融資枠は建設期間内での金利の上昇，建設費の超過（たとえば設計の変更などによる）に対応すべく設定されるのだが，その維持手数料は融資枠の残存分に対して課せられるのである．

建設費は1億ドルと見積もられており，それに対する融資枠維持手数料と利子を合わせて730万8000ドルになるから，総費用は1億730万8000ドルに上る．表8.1にある融資枠のうち1269万2000ドルが使われていない部分であるが，これは費用超過と金利の上昇に対応するための予備である．さらに，建設準備費用として300万ドル，枠設定などの手数料，もしくは，財務保証の諸費用として320万ドルが必要であるから，トータル・コストは1億1350万8000ドルと予想される．

しかし，プロジェクトの総費用は建設期間における利率の変化に大きく依存する．もし，金利が見積りを超過すれば，プロジェクトの費用も増加し，それにつれて，必要な財務保証の額も増大する．第3章で述べられているように，プロジェクトのスポンサーは，スワップ契約によって，利子変動の危険を回避できる．しかし，この契約のためには，銀行に対して手数料を支払わなければならない．したがって，それはプロジェクトのコストの増加につながる．

8.1.4 出資契約

利益分析を行った結果，コジェネレーション計画の資本は，とりあえず，株式が25％，債務が75％として構築されることになった．契約上保証される営業収入が大きくなるほど，融資を受ける可能性が大きくなる．プロジェクト企

表 8.1 コジェネレーション・プロジェクトの建設費引出スケジュールと総プロジェクト費用（単位：100万ドル）

直接費用：1億ドル　　信用手数料率：0.5%/年
信用枠：1億2000万ドル　金利：10%/年

月	引出額	手数料[*1]	利　息[*2]	金融費用	総費用	総引出額	残存信用額
0	—	—	—	—	—	—	120.000
1	0.250	0.050	—	0.050	0.300	0.300	119.700
2	0.250	0.050	0.003	0.053	0.303	0.603	119.397
3	0.375	0.050	0.005	0.055	0.430	1.033	118.967
4	0.375	0.050	0.009	0.059	0.434	1.467	118.533
5	0.500	0.049	0.012	0.061	0.561	2.028	117.972
6	0.500	0.049	0.017	0.066	0.566	2.594	117.406
7	1.000	0.049	0.022	0.071	1.071	3.665	116.335
8	1.500	0.048	0.031	0.079	1.579	5.244	114.756
9	2.000	0.048	0.044	0.092	2.092	7.336	112.664
10	2.000	0.047	0.061	0.108	2.108	9.444	110.556
11	3.000	0.046	0.079	0.125	3.125	12.569	107.431
12	4.000	0.045	0.105	0.150	4.150	16.719	103.281
13	5.000	0.043	0.139	0.182	5.182	21.901	98.099
14	6.000	0.041	0.183	0.224	6.224	28.125	91.875
15	7.000	0.038	0.234	0.272	7.272	35.397	84.603
16	8.000	0.035	0.295	0.330	8.330	43.727	76.273
17	10.000	0.032	0.364	0.396	10.396	54.123	65.877
18	11.000	0.027	0.451	0.478	11.478	65.601	54.399
19	10.000	0.023	0.547	0.570	10.570	76.171	43.829
20	8.750	0.018	0.635	0.653	9.403	85.574	34.426
21	7.000	0.014	0.713	0.727	7.727	93.301	26.699
22	6.000	0.011	0.778	0.789	6.789	100.090	19.910
23	3.500	0.008	0.834	0.842	4.342	104.432	15.568
24	2.000	0.006	0.870	0.876	2.876	107.308	12.692
合計	100.000	0.877	6.431	7.308	107.308		

[*1]：未引出信用枠から計算.
[*2]：総引出額から計算.

業の債務は株主に対して遡及権をもたない．長期融資家は融資の返済のもととなるプロジェクトのキャッシュ・フローに注意していなければならない．株主の利益は，節税額，債務返済後にキャッシュ・フローの余剰分から生じる配当金，そしてコジェネレーション・プラントの残存価値である．

このプロジェクトにおけるコジェネレーション会社の出資関係を図8.1に示す．プラント完成までに要するトータル・コストは1億1350万8000ドルであり，これは株式と長期融資家の債務に分けられる．エンジニアリング会社と地

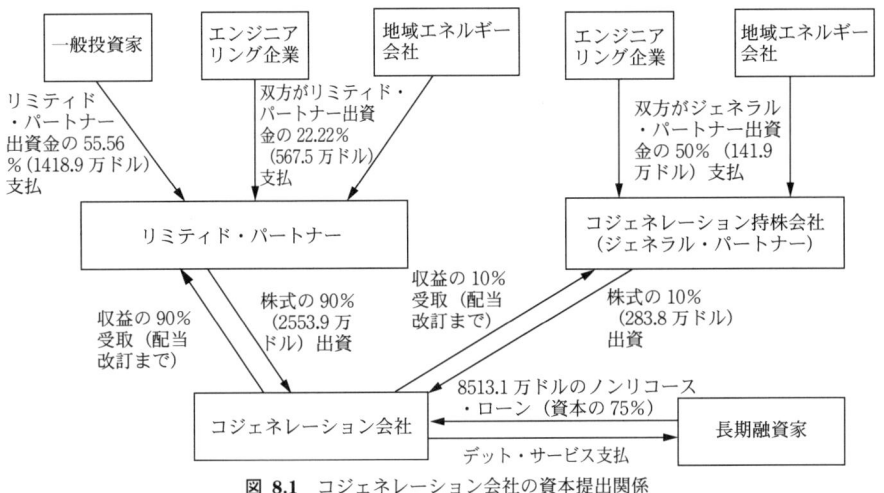

図 8.1 コジェネレーション会社の資本提出関係

域エネルギー会社は，持株会社に半分ずつ出資する．さらに，これら2社は，この出資を含めて，それぞれ，このプロジェクトの総株式の25%になるように出資する．したがって，その他の一般株主は残りの50%である．エンジニアリング会社と地域エネルギー会社は，経営権をもつ持株会社に対して，とにかく，連邦税を支払えるだけの資本金は与えておく必要がある．

プロジェクト開始当初，持株会社は，現金配当の合計の10%を，その他の株主は残りの90%を受け取る．その後，彼らリミティド・パートナーがもともとの投資額である2553万9000ドルの現金配当を得た暁には，配当の比率は10：90から50：50に変化する配当政策としよう[3]．すなわち，当初の配当の比率は，投資の割合に等しくされているが，投資の元本回収以降は，持株会社はその他の株主と，現金配当を等分する．このような配当比率の変更は，持株会社がプロジェクト成功時に，相応の報酬を受け取るためのものである．

8.1.5 プロジェクトの経済条件

コジェネレーション・プラントの主な収入源は，地域エネルギー会社に対する15年間の電力供給契約によるものと，化学会社に対する15年間の蒸気供給契約によるものである．このうち，電力収入は高い精度で予想することができるが，その理由はつぎの2点である．①電力供給契約では，毎年，地域エネルギー会社に引き渡すMW時当りの電力価格が，向こう15年間の契約に基

づいて決められていること．②この設備の発電能力や稼働率が，おおよそ既知であること．

これに対し，蒸気供給契約には，最低供給量が明記されているにすぎない．しかも，蒸気重量1000 lb 当りの価格は，PPI をもとに毎年改定されることになっている．

コジェネレーション計画の運営費の大部分も契約上の取り決めによって定まる．発電に必要なガスは地域エネルギー会社から15年契約で供給されることになっている．この契約では，当初は初年度の価格に従うが，その後，地域エネルギー会社への売電価格に歩調を合わせて見直される．コジェネレーション会社の運営に当たるのは地域エネルギー会社であるが，その経営管理費は初年度，一定の金額が計上され，それ以降は，PPI によって調整される．また，地域エネルギー会社が契約に従ってプラントの保守営繕にも責任をもつものとする．その一方，エンジニアリング会社は，コジェネレーション・プラントについて15年以上の設計寿命を保証する．

8.1.6 キャッシュ・フローの見積り

このプロジェクトのキャッシュ・フローの前提となる諸要素に関する仮定を示したのが，表8.2 である．電力と蒸気は，15年間にわたる基礎契約量から定まる．電力の価格は，電力供給契約によって明示されているが，これに対し

表 8.2 コジェネレーション・プロジェクトの仮定

	設備能力	年間最大量	90%稼働率
1. 稼働率：90%			
2. 価格とその増加率			
電力：40.00ドル/MW時, 6%増加			
蒸気：4.00ドル/1000 lb, PPI[*1]			
天然ガス：3.00ドル/100million BTU[*2], 6%増加			
3. 産出量			
電力生産量	250 MW	2,190,000 MW 時	1,971,000 MW 時
蒸気生産量	150,000 lb/時	1,314million lb	1,182.6million lb
ガス使用量	1,950million BTU/時	17,082billion BTU	15,373.8billion BTU
4. その他の費用増加率[*3]			
初年度：800万ドル；増加率は PPI による			
5. 法人税：40%			

[*1]：PPI は年率5%で増加する．
[*2]：BTU は British thermal unit を示す．
[*3]：運営費600万ドル，保険と地方税が200万ドル．

表 8.3 コジェネレーション・プロジェクトの税引後キャッシュ・フロー予測
(単位:100万ドル)

年	収入		支出		減価償却[*1]	営業収入[*2]		税引後キャッシュ・フロー[*2]
	電力	蒸気	天然ガス	運営費		税引前	税引後	
1	78.84	4.73	46.12	8.00	11.35	18.10	10.86	22.21
2	83.57	4.97	48.89	8.40	11.35	19.90	11.94	23.29
3	88.58	5.22	51.82	8.82	11.35	21.81	13.08	24.44
4	93.90	5.48	54.93	9.26	11.35	23.83	14.30	25.65
5	99.53	5.75	58.23	9.72	11.35	25.98	15.59	26.94
6	105.51	6.04	61.72	10.21	11.35	28.26	16.96	28.31
7	111.84	6.34	65.42	10.72	11.35	30.68	18.41	29.76
8	118.55	6.66	69.35	11.26	11.35	33.25	19.95	31.30
9	125.66	6.99	73.51	11.82	11.35	35.97	21.58	32.93
10	133.20	7.34	77.92	12.41	11.35	38.85	23.31	34.66
11	141.19	7.71	82.60	13.03	—	53.27	31.96	31.96
12	149.66	8.09	87.55	13.68	—	56.52	33.91	33.91
13	158.64	8.50	92.81	14.37	—	59.96	35.98	35.98
14	168.16	8.92	98.37	15.09	—	63.62	38.17	38.17
15	178.25	9.37	104.28	15.84	—	67.50	40.50	40.50

[*1]:課税控除可能.プロジェクト設備費用1億1350.8万ドルを10年間の定額償却.
[*2]:利息支払前で,株主への投資減税(ここでは減価償却)は計算後である.

て,蒸気の価格は,基礎となる価格を設定し,PPIの将来の変化の予測を用いて見積もることができる.(このような予測は経済予測研究所のデータから見積もられている.)このようにして得られる生産量と価格の予想が,毎年の総収入の予測に利用できる.

コジェネレーション設備の設計は,毎年のガス使用量によって決定される.このガス供給契約に示されている将来にわたるガス価格は,収入の予測に使われた電力価格のそれと同じように上昇するものとする.地域電力会社との間に締結された15年間の運営契約に基づいて,経営管理費とその他の運営費もまた,PPIとともに上昇するものとする.この経営管理費は「運営費」として表8.2に示されている.

表8.3は,表8.2で与えられた事業運営の仮定に基づいて作成されたキャッシュ・フローを示している.予測に基づいてキャッシュ・フローの見積りを作成するときには,その詳細のすべてを記述しておくことが重要である.この過程こそが融資や出資を考えている人達にとって重大な関心事だからである.

8.1.7 固定価格対変動価格

キャッシュ・フローの見積り作成の際，しばしば起こる見込み違いは，収入や支出の構成要素が一定の割合で上昇するという仮定によることが多く，しかも，この仮定に特に根拠がないことが少なくない．また，項目によって異なる上昇率を仮定することもあるが，その場合にも，説明が必要である．これらの仮定から，収入の上昇率が支出のそれを上回れば，プロジェクトを推進しようとする側には有利となるが，そのような場合，経済性がないプロジェクトまでが，有益であるかのように見えてしまうかもしれないので注意を要する．

不変の購買力価格（固定価格）を基準としてプロジェクトの見積りをすることを勧める経済学者もいる．固定価格は，いわゆる変動価格とよばれているものとは異なりインフレの影響を分離する効果をもっている．急激なインフレ経済下や，不安定な現地通貨による収入要素，支出要素が重大な要素となる場合においては，この固定価格の考え方がキャッシュ・フローの見積りに有用であることが，多くの企業の経験によって知られている．

しかし，単一の自由に取引できる通貨によってプロジェクトの収入や支出すべてが表されており，かつ，通貨の発行国のインフレ率が数パーセントと比較的小さい場合には，固定価格をもとにした見積りをする必要はない．むしろ，そのような場合，表8.2にあるように，インフレ率を仮定して，とりあえずの見積りを行い，そのうえで，インフレ率の微小変化による影響を見れば十分である．

8.2 プロジェクトの財務諸表の作成

プロジェクトの財務状態は当初の財務見積表によって表されるが，キャッシュ・フローの予測からはつぎのことが示されている．
・プロジェクトはどの程度の収益性が期待できるか．
・プロジェクトからどの程度のキャッシュ・フローが期待できるか．
・キャッシュ・フローはどのように分配されるであろうか．
これらの予測は，また，このプロジェクトの財務的状態が，全期間にわたってどのように変化するのかを予想することにも使われる．したがって，当初の財務見積表は，キャッシュ・フローの予測の基礎にある情報とともに，プロジェクトの各年における損益計算書，貸借対照表，キャッシュ・フロー表などの財

務諸表作成のために用いられる．

8.2.1 プロジェクトの借入限度額の見積り

プロジェクトがどのくらいの金額の借入に耐えられるかは，つぎの3点に依存する．
・借入金を期日どおりに返済するに足るキャッシュ・フロー
・融資枠の大きさ
・借入金の大きさ（金利，返済期限，ローン返済方式，カバー比率条件）

8.2.2 借入限度額

第6章においてプロジェクトの借入限度額を評価するいくつかのモデルを示した．表8.3に含まれるキャッシュ・フローに関する情報に (6.1)，(6.3)式を使用すれば，コジェネレーション計画の借入限度額が決定できる．1年目から10年目までのキャッシュ・フロー予測の現在価値（10%の割引率で計算されたもの）は1億6522万ドルである．そこで，いま仮に，長期融資家が求めるキャッシュ・フロー・カバー比率 a を1.75としてみれば，借入限度額は9441万ドルになる．この金額はコジェネレーション計画のために，当初想定した借入金8513万1000ドルをはるかに超えている．

8.2.3 カバー比率テスト

第6章では融資家が，プロジェクトの年ごとの債務支払能力チェックに使う3つの方法について述べた．すなわち，(6.11)式は利子カバー比率（EBIT/支払利子），(6.12)式は固定費カバー率，また，(6.13)式はデット・サービス・カバー比率である．表8.4には，コジェネレーション計画に関する毎年の金利カバー比率とデット・サービス・カバー比率が示されている．コジェネレーション会社は，さしあたって，設備の賃貸は計画していないので，固定費カバー比率は利子カバー率に等しい．しかし，コジェネレーション会社が設備や不動産の少なからぬ部分の賃貸を決定すれば，毎年の固定費カバー比率は計算しなおされなければならない．

　ローンの返済に従い，利子カバー比率は徐々に増加するが，デット・サービス・カバー比率は，元本償還が進むにつれて減少する．融資家が注目するのは，プロジェクトの全期間のうちでも初期段階におけるこれらの値である．コ

表 8.4 コジェネレーション・プロジェクトの利子カバー比率とデット・サービス・カバー比率

仮定
1. 元本：8513.1 万ドル
2. 期間：10 年
3. 金利：10%／年
4. 元本返済：1～3 年＝5%，4～7 年＝10%，8～10 年＝15%

計算結果（単位：100 万ドル）

年	EBIT[*1]	EBITDA[*2]	デット・サービス			利子カバー比率	デット・サービス・カバー比率
			利息	元本返済	調整元本[*3]		
1	18.10	29.45	8.51	4.26	7.09	2.13	1.89
2	19.90	31.25	8.09	4.26	7.09	2.46	2.06
3	21.81	33.16	7.66	4.26	7.09	2.85	2.25
4	23.83	35.18	7.24	8.51	14.19	3.29	1.64
5	25.98	37.33	6.38	8.51	14.19	4.07	1.81
6	28.26	39.61	5.53	8.51	14.19	5.11	2.01
7	30.68	42.03	4.68	8.51	14.19	6.55	2.23
8	33.25	44.60	3.83	12.77	21.28	8.68	1.78
9	35.97	47.32	2.55	12.77	21.28	14.08	1.99
10	38.85	50.21	1.28	12.77	21.28	30.43	2.23

[*1]：earnings before interest and taxes.（表 8.3 の営業収入（税引前）．）
[*2]：earnings before interest, taxes, depreciation, and amortization.（利息，税，減価償却，元本返済前収益．）EBIT＋減価償却＝収入－支出．（表 8.3．）
[*3]：返済元本／(1－税率)．

ジェネレーション計画では，利子カバー比率は 1 年目には 2.13，4 年目には 3.00 を超える．デット・サービス・カバー比率は，1 年目には 1.89 であるが，それ以降においても 1.64 を下回ることはない．このコジェネレーション計画をめぐる諸契約がしっかりしているので，上に計算したカバー比率の値からすれば，コジェネレーション会社は，返済期日をキチンと守れるものと思われる．

8.2.4 金利変動のリスク

プロジェクトの借入金が変動利子率による場合には，利子率の上昇はプロジェクトのカバー比率に悪影響を及ぼす．さらに，利子率については違った形のリスクもある．プロジェクト開始時の財務計画では，完成後，固定率で返済する予定で，それまでの間，変動利子率による銀行融資を受けることが多い．しかし，もし，建設期間中に利子率が上昇すれば，固定率によって予測されたものよりも高いものになろう．

これらのリスクに対してはいろいろな手がある．まず第1は，融資枠内で賄えない建設費の部分について，短期のローンを組んで繋ぎ融資を受けることである．この短期ローンは，利子率が下がれば，もちろん，返済可能であるが，利子率が数年のうちに下がるとは限らない．したがって，この手はプロジェクトにおける利子率上昇のリスクを本当に減らすことにはならない．

利子率上昇のリスクを防ぐ，もう1つの手として，ヘッジ方式がある．すなわち，建設期間中に金融市場で金利先物を売り契約をすることである．もし，利子率が建設期間内で上昇しても，ヘッジ方式が適切に組まれていれば，全体として，利子率の上昇の影響は相殺される．

Figlewski(1986) と Tucker(1991) には，ヘッジ方式に関する詳細な議論と，その実施法が述べられている．将来の利率を固定化するのに便利なリスク・ヘッジのもうひとつの手は，金利スワップを活用することである．コジェネレーション会社は，つぎのような延期可能金利スワップ契約をすることにより，利子率上昇の危機に対する防衛策を講ずることができる．① コジェネレーション会社は，プロジェクト工事完成時点から始まる契約について，相手側と，利子支払義務を交換することに合意すること．② コジェネレーション会社は，特定の固定率での支払を義務づけられる一方，相手側も取り決めに基づく変動利子率に基づく支払が義務づけられる．すなわち利子率を，契約上の日付における利子率とスワップするが，スワップ期間の開始は，契約上の取決めに従って延期可能である[4]．(Kapner and Marshall, 1990, p.279 参照．)

8.3 期待収益の評価

表8.3に示されたプロジェクトのキャッシュ・フローは，エンジニアリング会社，地域エネルギー会社，および株主に対する期待収益率の計算のもとになるものである．エンジニアリング会社と地域エネルギー会社の出資は同額であり，これら2社の期待収益率も同じである．これを「スポンサー株主収益」とよび，これに対して，消極的な投資家（リミティド・パートナー）への予想配当を「一般株主収益」とよぶ．このうち，「一般株主収益」の方が，「スポンサー株主収益」より計算が容易なので，こちらから説明することにしよう．

表 8.5 一般株主に対する税

年	投資	すべてのパートナーに分配されるキャッシュ			リミティド・パートナーに分配されるキャッシュ	
		EBITDA	デット・サービス	分配可能キャッシュ	分配率(%)	金額
建設期間						
−2	—	—	—	—	—	—
−1	—	—	—	—	—	—
0	(14.19)	—	—	—	—	—
運転期間						
1	—	29.45	12.77	16.68	50.00	8.34
2	—	31.25	12.34	18.90	50.00	9.45
3	—	33.16	11.92	21.24	27.78	5.90
4	—	35.18	15.75	19.43	27.78	5.40
5	—	37.33	14.90	22.43	27.78	6.23
6	—	39.61	14.05	25.57	27.78	7.10
7	—	42.03	13.20	28.84	27.78	8.01
8	—	44.60	16.60	28.00	27.78	7.78
9	—	47.32	15.32	31.99	27.78	8.89
10	—	50.21	14.05	36.16	27.78	10.04
11	—	53.27	—	53.27	27.78	14.80
12	—	56.52	—	56.52	27.78	15.70
13	—	59.96	—	59.96	27.78	16.66
14	—	63.62	—	63.62	27.78	17.67
15	—	67.50	—	67.50	27.78	18.75

*1：キャッシュ・フローは年中発生しており，発生のタイミングは配当に影響するが，簡単のため，毎年度末にだけ発生すると仮定する．
*2：残存価値はつぎの方法で計算される．

  税引後キャッシュ・フロー×5： 40.5＝202.5
  課税対象ベース：   100.0
  キャピタルゲイン：   102.5

  減価償却にかかる税：   0.40×100＝ 40.0
  キャピタル・ゲインにかかる税： 0.33×102.5＝33.825
  課税合計：   73.825

  総売上：   202.5
  課税額：   73.825
  税引後売上： 128.675
  一般株主の保有率： ×0.2778
  残存価値：   35.75

8.3.1 一般株主収益

消極的な投資家である一般株主よりも，融資家の方が優先される．だから，一般株主は，コジェネレーション会社が返済金を支払った後の金額から分配を受ける．配当金の金額は，契約上取り決められているものではなく，これは，

8.3 期待収益の評価

引後配当（単位：100万ドル）*1

税引後配当					税額	残存価値	税引後キャッシュ・フロー
課税控除項目			一般投資家への配当				
減価償却	利　息	課税収益	分配率(%)	課税収益			
—	—	—	—	—	—		—
—	—	—	—	—	—		—
—	—	—	—	—	—		(14.19)
11.35	8.51	9.59	50.00	4.79	1.92		6.42
11.35	8.09	11.81	50.00	5.91	2.36		7.09
11.35	7.66	14.15	27.78	3.93	1.57		4.33
11.35	7.24	16.60	27.78	4.61	1.84		3.55
11.35	6.38	19.60	27.78	5.44	2.18		4.05
11.35	5.53	22.73	27.78	6.31	2.53		4.58
11.35	4.68	26.00	27.78	7.22	2.89		5.12
11.35	3.83	29.41	27.78	8.17	3.27		4.51
11.35	2.55	33.41	27.78	9.28	3.71		5.18
11.35	1.28	37.58	27.78	10.44	4.18		5.87
—	—	53.27	27.78	14.80	5.92		8.88
—	—	56.52	27.78	15.70	6.28		9.42
—	—	59.96	27.78	16.66	6.66		9.99
—	—	63.62	27.78	17.67	7.07		10.60
—	—	67.50	27.78	18.75	7.50	35.75*2	47.00

　コジェネレーション計画の収益性によるものである．しかし，一般株主もまた，このプロジェクトにオーナーとしてかかわるものに対する税制上の優遇措置を受けることができるのみならず，このコジェネレーション計画の残存価値に対する権利をもつ．

　一般株主に対するこのような配当ならびに収益が生ずるためには，コジェネレーション計画完成の公式確認後，このプロジェクトに対する一般株主の株主資本が，ある一定の割合（リミティド・パートナーとしての55.56%，コジェネレーション会社株式の50%）になることが前提である．

　図8.1で示されているように，リミティド・パートナー（エンジニアリング会社も地域エネルギー会社もその持株に応じて部分的にこれに含まれる）は分配率変更以前には，キャッシュ・フローから得られた利益の90%に対して権利を有するが，それ以降は50%に対する権利になる．一般株主は分配率変更前後を通じて，リミティド・パートナー分の配分55.56%の権利をもつ．この

ように，分配率変更前には，一般株主は全配当の50%を受け取ることになり，変更後は，27.78%を得ることになる．（これはリミティド・パートナー受取分の50%の内の55.56%である．）

表8.5は一般株主に対する税引後配当の計算の詳細である．この期待収益率は，税引後キャッシュ・フロー列のIRRとして計算されたものである．この計算では，コジェネレーション計画の残存価値に対する一般株主の権利分を，税引後3575万ドルと仮定している[5]．とりわけ，コジェネレーション会社は，15年目の期末において，そのときの税引後キャッシュ・フローの値の5倍の価格で売却されうるものとしている．

コジェネレーション計画における税引後キャッシュ・フローに基づいて計算された一般株主に対する期待収益率は40.09%である．この期待収益率が，同等のリスクをもつ他のプロジェクトに対する投資によって期待できる収益率よりも小さくないときに限って，投資家は，このコジェネレーション計画に投資するであろう．

株式投資のタイミングは投資家の期待収益率に影響を与える．一般株主はコジェネレーション計画の建設開始前に，それらの株に対する投資に対する意思表示をすることになる．表8.5では株式投資が，それらの株式公開の時点，すなわち，プロジェクト営業開始の直前においてなされることとしている．しかしながら，建設に先だって建設計画の開始時（－2年目）に，投資が行われるという仮定もありうる．このことに対する，本当の意味で現実に対応した仮定は立てにくい．なぜなら，投資家は，コジェネレーション計画の公的承認が済むまでは，株式投資に関する本当の約束をしないからである．仮に，期待収益率が，投資契約が結ばれたときに基づいて計算されるなら，IRR法による一般株主の期待収益率は25.72%（表8.6）となる[6]．

一般投資家は，さらに異なる仮定のもとで配当率を計算することもある．すなわち，一般投資家が，計画全体のコストの，あるパーセンテージ分を投資するものとし，しかも，投資が，建設進行に伴ってなされるという仮定のもとでの計算である．コジェネレーション会社の資本構成のうち25%が株式によるものであり，さらに，その半分が一般株主によるものだから，一般株主の投資分は，建設費用などの12.5%（＝25%×0.5）になるものとして計算するのである．

一般株主による投資が，各年次における建設費などに比例して，その12.5

8.3 期待収益の評価

表 8.6 コジェネレーション・プロジェクトにおける一般投資家の期待収益（単位：100万ドル）

現在価値		標準的評価	消極的評価	
			段階的投資[*1]	初期金額投資[*2]
割引率（％）	15.0	21.32	14.40	13.11
	17.5	16.31	9.92	8.48
	20.0	12.47	6.62	5.04
	22.5	9.48	4.15	2.45
	25.0	7.14	2.29	0.48
期待収益率（％）		40.09	29.45	25.72
回収年		2.16	4.16	4.16

*1：-2年目に286.5万ドル，-1年目に1132.4万ドルの株式投資．
*2：-2年目に全額投資．

％ずつ行われるものとすれば，-2年目には286万5000ドル，-1年目には1132万4000ドルになる[7]．そこで，これから，IRRに基づいて収益率を計算すれば，29.45％という値が得られる．

表8.6は，一般株主側のIRR法による期待収益率をまとめたものである．この表に見るように，投資時期に関する仮定によって，収益率の予想は25.72％から40.09％の間の値をとる．言い換えれば，配当金の現在価値は1311万ドルから2132万ドルの間の値になる．さらに別のいい方をすれば，-2年目に株式投資が全額行われるという条件のもとで，25％の配当をしても，計画全体の現在価値は正の値（48万ドル）になる．

8.3.2 スポンサーの収益

エンジニアリング会社と地域エネルギー会社は，持株会社の所有者としては同等に関与し，また，コジェネレーション会社においても，ジェネラル・パートナーとして関与している．持株会社はコジェネレーション会社のキャッシュ・フローから得られる利益から，分配率変更前には10％を，変更後には50％を受け取る．それに加えて，エンジニアリング会社と地域エネルギー会社はコジェネレーション会社のリミティド・パートナーとして，それぞれが22.22％の株式を所有している．コジェネレーション会社の仕事を運営するために，地域エネルギー会社は，このコジェネレーション会社の運営手数料として，収入の3％を受け取る．しかし，これは実費で地域エネルギー会社の利益は生じない．

表 8.7 スポンサーに対する

年	投資	すべてのパートナーに分配されるキャッシュ			スポンサーに分配されるキャッシュ	
		EBITDA	デット・サービス	分配可能キャッシュ	分配比率(%)	金額
建設期間						
−2	(6.20)	—	—	—	—	—
−1	—	—	—	—	—	—
0	(7.99)	—	—	—	—	—
運転期間						
1	—	29.45	12.77	16.68	50.00	8.34
2	—	31.25	12.34	18.90	50.00	9.45
3	—	33.16	11.92	21.24	72.22	15.34
4	—	35.18	15.75	19.43	72.22	14.04
5	—	37.33	14.90	22.43	72.22	16.20
6	—	39.61	14.05	25.57	72.22	18.46
7	—	42.03	13.20	28.84	72.22	20.82
8	—	44.60	16.60	28.00	72.22	20.22
9	—	47.32	15.32	31.99	72.22	23.11
10	—	50.21	14.05	36.16	72.22	26.11
11	—	53.27	—	53.27	72.22	38.47
12	—	56.52	—	56.52	72.22	40.82
13	—	59.96	—	59.96	72.22	43.31
14	—	63.62	—	63.62	72.22	45.95
15	—	67.50	—	67.50	72.22	48.75

＊：表8.5，＊2の税引後売上 128,675×分配比率 0.7222．

　エンジニアリング会社と地域エネルギー会社は，一般株主と同様に，建設期間の開始に先立って株式投資を約束する．表8.7は事業主であるエンジニアリング会社と地域エネルギー会社に対する毎年の税引後のキャッシュ・フローを示している．表8.8は，その事業主に対しての期待収益率を分析したものである．表8.7で注意すべきことは，キャッシュ・フローから得られる利益から，分配率変更前には50％を，変更後には72.22％を受け取る．（これは，ジェネラル・パートナーとして受け取る50％と，リミティド・パートナーとして受け取る50％のうちの44.44％を加えたものである．）

　スポンサーの株式に対する期待収益率は，一般株主の期待収益率を超えているが，これは事業主の負うリスクがずっと大きいことからして当然であろう．

8.3 期待収益の評価

税引後配当（単位：100万ドル）

税引後配当					税　額	残存価値	税引後キャッシュ・フロー
課税控除項目			スポンサーへの配当				
減価償却	利　息	課税収入	分配比率(%)	課税収入			
—	—	—	—	—	—		(6.20)
—	—	—	—	—	—		—
—	—	—	—	—	—		(7.99)
11.35	8.51	9.59	50.00	4.79	1.92		6.42
11.35	8.09	11.81	50.00	5.91	2.36		7.09
11.35	7.66	14.15	72.22	10.22	4.99		11.25
11.35	7.24	16.60	72.22	11.99	4.79		9.24
11.35	6.38	19.60	72.22	14.15	5.66		10.54
11.35	5.53	22.73	72.22	16.41	6.57		11.90
11.35	4.68	26.00	72.22	18.78	7.51		13.31
11.35	3.83	29.41	72.22	21.24	8.50		11.72
11.35	2.55	33.41	72.22	24.13	9.65		13.45
11.35	1.28	37.58	72.22	27.14	10.86		15.26
—	—	53.27	72.22	38.47	15.39		23.08
—	—	56.52	72.22	40.82	16.33		24.49
—	—	59.96	72.22	43.31	17.32		25.98
—	—	63.62	72.22	45.95	18.38		27.57
—	—	67.50	72.22	48.75	19.50	92.93*	122.18

表 8.8 コジェネレーション・プロジェクトにおけるスポンサーの期待収益（単位：100万ドル）

現在価値		標準的投資	安定的投資*
割引率(%)	15.0	44.01	37.06
	17.5	32.79	25.99
	20.0	24.55	17.89
	22.5	18.41	11.89
	25.0	13.79	7.40
期待収益率（%）		44.25	31.66
回　収　年		4.06	4.06

＊：スポンサーがプロジェクト開始時−2年目に全額投資する場合．

8.4 感度分析

　表8.2から表8.8にはいろいろな場合を想定し，それが実現した場合の結果を示した．しかし，物事が予想どおりに運ぶことは滅多にない．コジェネレーション設備の残存価値などというものも不確定である．また，利子率変化に対する何らかの防衛策が講ぜられていたものとしても，10年間にわたって返済される借入金に対する利子率もまったく不確定である．一方で，契約上は，建設費が変動してもこれが認められるわけではない．設計変更も，建設費用に影響を与える要因になりうるが，コジェネレーション計画では，それ以前に開発された設計を用いるのが普通だから，大幅な設計変更はないものとする．電力と蒸気は15年間の契約が結ばれているので，価格変動のリスクは軽減されている．それでも，不測の事態でプラントが止まり，それらの売上が予想以下に減少するリスクもある．しかしながら，他の同様のプラントに関する信頼性がしっかりしたものであり，稼働率は信頼性の高い値であるから，このリスクは大きなものではない．ガスについては15年供給契約があるので，価格変動のリスクはないものとみなせる．もし，これらの契約がなければ，建設費，電力，蒸気，ガス，そして，電力・蒸気の生産量水準など，いままでに述べた要因すべてに対してそれぞれに，感度分析を行う必要があるだろう．

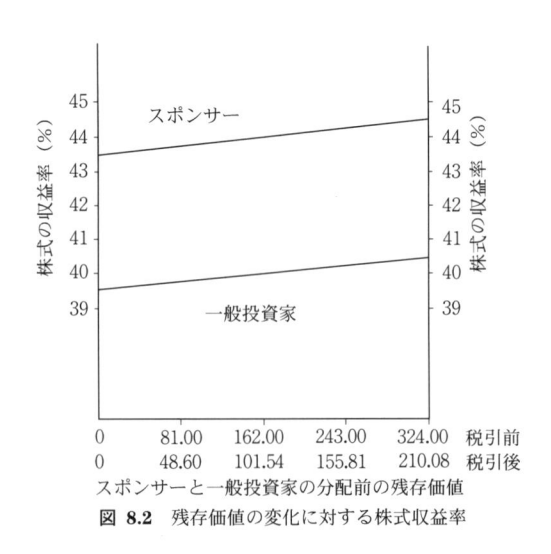

図 8.2　残存価値の変化に対する株式収益率

8.4 感度分析

表 8.9 長期借入金利の変化と利子カバー比率,デット・サービス・カバー比率

長期借入金利		6%	7%	8%	9%	10%	11%	12%	13%	14%
利子カバー比率	1年	3.54	3.04	2.66	2.36	2.13	1.93	1.77	1.64	1.52
	2年	4.10	3.51	3.08	2.73	2.46	2.24	2.05	1.89	1.76
	3年	4.74	4.07	3.56	3.16	2.85	2.59	2.37	2.19	2.03
	4年	5.49	4.71	4.12	3.66	3.29	2.99	2.74	2.53	2.35
デット・サービス・カバー比率	1年	2.41	2.26	2.12	2.00	1.89	1.79	1.70	1.62	1.55
	2年	2.62	2.45	2.30	2.17	2.06	1.95	1.86	1.77	1.70
	3年	2.84	2.66	2.51	2.37	2.25	2.14	2.04	1.94	1.86
	4年	1.90	1.83	1.76	1.70	1.64	1.59	1.54	1.49	1.45

図8.2は残存価値の変化による株主に対する予測配当率の感度分析である.横軸は税引前と後の残存価値で目盛られている.この計算は,両方とも表8.5,8.7に示されているようなタイミングによる投資に基づいて行われたものである.図8.2を見ればわかるように,残存価値がゼロでも一般株主に対しては39.41%,事業主に対しては43.75%の収益率が見込まれる.そしてこの収益率は残存価値が変化してもほとんど変化しない.

表8.9は,10年返済の借入金の利子率の変化が第1年目から第4年目の金利カバー比率とデット・サービス・カバー比率にどのような影響を及ぼすのかを示したものである.この表を見ればわかるように,利子率が14%まで上昇したとしても,この期間,利子カバー比率は1.52を,デット・サービス・カバー比率は1.45を下回ることはない.それゆえ,コジェネレーション計画の予想に基づいて立てられた財務収支によれば,このコジェネレーション計画は14%までの利子率上昇があっても,財務上実行可能といえる.このようなリスクを除くには,スポンサーは,それに見合った財務計画を前もって立てておくか,あるいは利子率上昇に対する何らかの防衛策を講じておけばよい.

電力,蒸気,建設契約,およびガス供給契約が取り交わされていない場合には,さらにこれらの価格や量の変化が配当率,各種のカバー率にどのような影響を与えるのかについて,図8.2や表8.9と同様の感度分析をしてみなければならない.

第11章から第14章では,4つの大きなプロジェクト・ファイナンスの感度分析の例が示されている.

8.5 ま　と　め

　割引キャッシュ・フロー分析は，プロジェクト・ファイナンスにおいて重要な役割を果たす．もし，予想されるだけの利益が得られないのなら，プロジェクトは，他の基準で有益なものであっても，それだけで融資が受けられるものではない．割引キャッシュ・フロー分析は，プロジェクトの収益性の予想に決定的な役割を果たす．

　プロジェクトのファイナンス・モデルは，負債の返済能力や収益率が株主を満足させられるか否かを示すのに役立つ．投資家・融資家は，事前にこれらの計算書を慎重に検討しなければ投資にも融資にも踏み切れない．

9

資　金　源

　プロジェクト・スポンサーは初期の株式資本の最大比率を保有する．プロジェクトの製品の購入者も株主になることを求められる．株式投資家以外に，金融機関にも株式投資の機会が提供されることが一般的である．

　商業銀行と生命保険会社が，通常，大規模プロジェクトの主要な融資家である．一般的な資本構造では，商業銀行が変動金利で建設費用を提供し，建設終了後に生命保険会社が銀行ローンを固定金利でリファイナンス（訳注：現在の借入を返済し新しい資金に借り替えること），つまり長期的に資金提供する．（permanent financingとよばれる．）金利スワップ市場が発展したので，借り手は変動金利を固定金利に変更することが容易になっている．また1980年代，銀行はより長期のローンも引き受けるようになった．これらの結果，銀行ローンが1980年代から増加し現在ではプロジェクト・ファイナンスの主要な長期資金となった．

　1989年に銀行の資本規制が強くなったので，多くの銀行が貸出を削減した．その結果，大規模プロジェクトの銀行によるファイナンスは減少した．しかし，公的あるいは半公的（quasi-public）債券市場の投資家は，比較的リスクの少ないある種のプロジェクトには喜んで投資してきた．このプロジェクト債券市場の発展が，銀行ローンの減少を部分的に相殺する効果があった．

　1990年代に，インフラ・プロジェクトは優先的な投資対象になった．銀行は，より厳しい資本基準に適応し，プロジェクト・ファイナンスにおける役割を拡大した．彼らは，資金提供ばかりか経営的助言もした．公的債券市場は，債務の構造化が適切であるかに，より敏感に反応するようになった．投資格付を受けた金融機関は，市場の拡大を享受している．国際金融機関，たとえば世界銀行，米州開発銀行はインフラ・プロジェクトの資金提供に民間と政府資金

の取りまとめに大きな努力を注ぎ込んできた．従来以上に，資金調達方法の組合せは，プロジェクト・スポンサーと一般投資家のニーズに合うように調整され，より多くの資金を引き出せるようになってきている．

9.1 株　　式

プロジェクトに投資する魅力は，その事業が生み出す利益を株式資本投資家が獲得できるところにある．その利益とは，少なくとも投下資本が一定以上の収益率を上げる収入である．それ以外に，プロジェクトの生産品の一定割合を確実に引き受ける契約や，原料を供給したり，サービスを提供して確実なマーケットの拡大なども便益である．期待便益は株式投資家のリスクと見合っている．

株式投資を行うための条件がある．通常のビジネス・リスクとファイナンス・リスクに加えて，プロジェクトのスポンサーは事業の失敗あるいはコスト超過のリスクを計算に入れなければならない．プロジェクトの失敗は債務の全額返済となる．建設期間の長期のものならば，プロジェクトは営業が始まる前に，配当は支払えないので，配当が支払われるまでに時間がかかる．通常は，債務返済が始まるまで，融資家が配当に制限を課している．彼らにとっては，フリー・キャッシュ・フローは第1に，債務返済に当てるべきものだからである．

プロジェクトの株式投資家は直接的な営業便益を受けるグループ，プロジェクトで消費される原材料の所有者や生産品の購入契約者，プロジェクトのサプライヤーからエンジニアリング会社などである．プロジェクトの開始の段階で一般投資家に株式を売却することは一般的に可能でない．営業開始後に利益の実績が出て，現金配当の開始までの期間が明らかになったときに，株式公開あるいはその他の劣後債券によって，一般投資家に公開資金調達可能となる．

商業銀行とその他の金融機関は節税目的のための株式保有が一般的である．また，プロジェクトの短期的資金を供給することや，完工リスクや規制リスクに対して長期資金の融資家よりも大きいリスクもとる．

9.1.1 株式投資の構造化

プロジェクトにおける株式投資の構造化には4つの要点がある．

1) 事業を組織し，資本調達する方法．
2) 事業を経営しコントロールする方法．
3) スポンサー対株式投資家の対立を解決する方法．
4) 事業を終了させる方法．

組織上の問題はすでに第5章で扱った．資本調達は，特にプロジェクトが可能となる借入額の決定は，第6章ですでに解説した．

経営管理の方法，対立解消，およびベンチャーの終了の問題はスポンサーあるいは株主のいずれの立場にあるかを明らかにしなければならない[1]．第1に，経営管理の方法，すなわち意思決定問題を考えよう．たとえば，資本支出のスケジュールの変更つまり追加融資の必要を伴う意思決定は満場一致の承認が必要である．特に，官民協調のインフラ・プロジェクトでは，経営問題は特に重要となる．（官民協調は第10章で述べている[2]．）

第2に，対立の解消法方法は一方の不承認を処理する方法でなければならない．スポンサーは契約の解釈について不承認を示しうる．デッド・ロックにならないためには，仲裁が必要となりうる．しかし，基本的な経営問題の意見の相違，つまり参加者間の同意に対する違反は仲裁できるものではない．バイ-セル（buy-sell）契約あるいはプット-コール（put-call）契約がうまく機能する．バイ-セル契約のもとで，ある株主は他の株主に所有権を売却できる．売買は契約時に決めた価格で実行される．プット-コール契約では，デフォルトしない株主企業が証券をデフォルトした株主企業に株を売却する権利をもつ．あるいは，彼らから株を購入する権利を保有することになる．いずれの場合でも，参加者間の契約は売買契約あるいはプット-コール契約に関する公正な価格が独立な専門家によって決められなければならない．

9.1.2 委託投資基金

ファンド・マネージャーはある種のプロジェクトに株式資本投資を実現するために委託投資基金（committed investment fund）を作る．ファンドの出資者は投資に関するすべてを決定する．たとえば，Scudder Latin America Power Fund は南米とカリブ海諸国における独立電力供給会社の株式投資のために設立されたファンドである[3]．そこには4つの主要投資家が存在し，それぞれ 250 万ドル出資している．彼らがプロジェクト審査委員会を構成し，投資アドバイザーである Scudder, Stevens & Clark 社の分析と提案するプロジェ

クトを審査する．

委託基金は熟練した投資家への資金の集中を可能にする．さらに，分散投資の便益を享受し，ある特定のプロジェクトを専門にする投資アドバイザーの経験と専門的知識を利用する．経験あるスポンサーと投資家が2人以上参加しているなら，情報の集中の経済効果と共同投資をモニターする責任の分散化が実現できる．

これらのメリットはすでに確立した市場よりも，新興市場(emerging markets)においてより大きい．情報収集は新興市場においてより困難で費用がかかるものだからである．

9.1.3 集積株式投資

集積株式投資（pooled equity vehicle）とは，特定のプロジェクトの所有および経営をするために既存の運営会社によって作られる独立会社である．例として Enron Grobal Power & Pipelines L.L.C. (EGP&P)[4] をあげる．EGP&P は有限会社として組織されている[5]．Enron 社が EGP&P の株の52%を所有している．EGP&P は米国，カナダおよび西ヨーロッパ以外の Enron 社の天然ガスパイ・プラインおよび発電所を所有し経営している．初期のEGP&Pの資産はフィリピンの2つの発電所であった．それが，グアテマラに発電所，アルゼンチンの 4069 マイルのガス・パイプラインを保有することとなった．Enron 社は EGP&P に，2005 年以前に商業的操業を開始する欧米以外の地域のすべての発電および天然ガス・パイプラインの Enron 社の所有権すべての買い取り権を与えた．

集積株式投資は投資家に地理的分散投資と経験あるオペレーターの運営するプロジェクトに投資する機会を与えることになった．EGP&P は投資家に Enron 社の経験と専門知識の便益を享受させる仕組みとなった．集積株式投資は委託基金同様に，プロジェクト・ファイナンスの仲介業務の拡大する分野である．さらに，集積株式投資は目標とするプロジェクトに投資する効率的な方法である．特に個々のプロジェクトの規模が比較的小さく，情報収集費用，プロジェクト審査コスト，さらに建設と運営のモニター費用が高い場合に有効である．

9.2 長期借入市場

　米国，ヨーロッパおよび日本の資本市場には，プロジェクトのための長期借入市場が存在する．生命保険や年金基金などの金融機関が固定金利資金を提供し，商業銀行が変動金利資金を提供する．多くのプロジェクト・ファイナンスでは，初期の建設費用を商業銀行の建設費用ローンか，または主要機関投資家が中心として，建設完成前に債券割当てにより賄う．初期の資金調達では以下の要因が重要である．
1) プロジェクトを完成するのに十分な資金を保証するために，初期に定める将来の融資枠の期間と規模．
2) プロジェクト・ファイナンスに必要な複雑な仕組の理解．
3) プロジェクト・ファイナンスのための証券登記の時間的遅れと困難さ，および公開する債券の購入者への市場性の確保とよりよい投資格付の確保．

プロジェクトをファイナンスする国際長期借入市場の広がりに影響する要因は以下のとおりである．
1) プロジェクトの収益性： 一般的ルールとして，貸し手はプロジェクトの期待収益率が返済条件（デット・サービス）を十分カバーし，さらに株式投資家が許容できる収益率を上げるだけの収益性が期待できない限り融資をしない．
2) プロジェクトの借入比率： 貸し手は返済がスケジュールどおり行われる条件が満たされないと融資に消極的である．かれらはプロジェクトの信用力を高めるために，スポンサーの十分な株式出資を要求する．
3) プロジェクト・リスクの貸し手の評価： 貸し手は起こりうるリスクの完全な保証を主張する．プロジェクトのリスクの評価とそれらのリスクのアセスメントはプロジェクト開始前に決定する金利に影響する．
4) プロジェクト企業の格付信用： プロジェクトの債権の信用格付は多様な貸し手から調達可能となる資金の量を決定する重要な要因である．信用はプロジェクトのレバレッジ，つまり借入比率に依存する．Moody'sやS&Pなどの格付機関の評価によって，投資家は直接影響を受ける．基本方針として，多くの年金ファンドは社債購入条件としてシングルA以上の格付を設定してい

9. 資金源

表 9.1 長期借入資金源[*1]

分類	資産総額 (10億ドル)	社債および外国債保有量	
		金額 (10億ドル)	総資産比率 (%)
生命保険会社	1,992.4	818.5	41.1
他の保険会社	704.4	104.2	14.8
公的年金	1,316.3	280.4	21.3
私的年金[*2]	2,610.4	318.2	12.2
商業銀行	4,339.2	103.7	2.4

[*1]: 1995年6月30日のデータである。
[*2]: The Federal Employees' Retirement System Thrift Saving Planを含む。
出典：連邦準備委員会, "*Flow of Funds Accounts: Quarterly Levels*"(1995年9月13日)。

る。

5) プロジェクトの借入金利： 金利はプロジェクトに必要な資金をすべて調達可能な高さを要する。特に，貸し手が負担するデフォルト・リスクと流動性リスクを完全に補償できる金利でなければならない。

6) プロジェクト借入証券の流動性： 初期の長期債務は，SECに登録されていない証券を好んで購入する機関投資家だけの市場になっている。私募債の購入における流動性の欠如は投資の魅力を減退させ，より高い金利が必要となる。プロジェクト建設が終了した後で，銀行借入や私募債を社債として公開することは可能である。

資金調達に影響するその他の要因は，建設中の他のプロジェクトの進捗状況，インフレ率，機関投資家のプロジェクトのタイプあるいは地域に対する評価などである。生命保険会社は，伝統的に大規模な工業あるいは電力ガスプロジェクトへの最も重要な資金源であった。表9.1に1995年6月30日の長期借入市場の機関投資家事の規模をまとめた。

9.3 商業銀行ローン

商業銀行は1930年代以来，プロジェクト・ファイナンスにおける活発な役割を担ってきた。ダラスの銀行による石油およびガス開発に対するノンリコース「生産支払(production payment)」方式の融資が最初である。(Forrester, 1995参照。) 商業銀行は複雑なプロジェクトの信用と意欲を評価し，完工リス

クや他の融資家が避けるような非信用リスクを負担しうる能力があることを示してきた．

銀行の融資の4つのタイプがプロジェクトのファイナンスに用いられる．

1) 回転資金（revoling credit）： 建設資金にこの方式が用いられる．スポンサーは上限がある口座から資金を必要なときに引き出す．

2) 期限付ローン（term loan）： 建設期間にはターム・ローン口座から資金を利用する．借入額のピークは中心的施設の完成時期にある．このローンはプロジェクトの将来のキャッシュ・フローからの返済計画をもつ．ターム（期間）は通常10年を超えない．しかし，プロジェクトの経済性が説得力のあるもの，あるいは非常に長期にわたって経済性のあるものなら返済期間は10年以上もありうる．

3) 手形信用保証枠（standby letter of credit）： 融資枠は手形（コマーシャル・ペーパー）発行の信用保証である．発行した手形が不渡りにならないように，万一のときその保持者に支払うことの保証である．ある手形が書き換え不能になったときに保証する．

4) 繋ぎ融資（bridge loan）： 繋ぎ融資は，支出引出と長期融資のタイミングにギャップがあるときに使われる．繋ぎ融資は長期融資家かあるいは株式投資家が実施する．繋ぎ融資をする主体のリスクに応じたローン費用を負担しなければならない．多くの場合，繋ぎ融資は4年以内に返済を行い，その間元金返済は分割によらない構造である．

いずれのケースも，代替的融資条件である①米国プライムレート，②LIBOR，③融資銀行のCDレートを考慮して決められる．

9.3.1 総合的貸出口座

以上のローンを個別に交渉するのではなく，商業銀行はプロジェクトに必要なローンを総合的に提供する．プロジェクトは建設期間には回転資金借入を用い，建設完成後には，一部を期限付ローンに変える．回転資金借入は，手形信用保証枠にも使える．大規模プロジェクトには，資金は銀行のシンジケート団によって融資される．総合的貸出制度は財務的融通性を銀行団にもプロジェクトにも与えることになる．

9.3.2 法的貸出限界

単独の銀行によるただ1つの貸出先へのローンの上限は,非常に大規模なプロジェクトの資金調達にとって制約になる.米国の銀行にとって,1つの融資先に貸し出せる上限は資本余剰金と未分配利益金の和の10%である.貸出上限に加えて,1つの融資先への貸出に関して銀行は内部規則で制限している.この内部規則はつぎの事項に応じて決められている.①借り手の信用力,②市場の資金需給,③借入のタイプ(短期借入が長期借入より好まれる),④借入比率,事業内容,およびその他のリスク相応の金利,⑤プロジェクト・スポンサーと銀行との総合的利益率,これはローン,現金管理などプロジェクトが必要とするサービスへの手数料などの収入に依存する.

9.3.3 銀行ローンの条件

プロジェクト・スポンサーは建設時資金と建設後返済融資の双方を商業銀行から受けようとする.建設時資金は建設期間に依存する.多くのプロジェクトは2年から3年である.返済融資は長期の満期が設定される.建設完了後15年の満期は,多くのインフラ・プロジェクトで行われている[7].しかし,たとえば資源開発プロジェクトでは,満期は埋蔵量に依存し,採掘可能年限によって決まる.可採年数の半分以上の満期年限で銀行を説得することは難しい.埋蔵量の推定誤差があるからである.

銀行ローンの金利は,プライム・レートやLIBORなどの基準金利にマージンを加えた変動金利である.返済融資金利のマージンは数年おきに増加する.これは満期以前に銀行借入を借替えすることを奨励するための設定である.多くのスポンサーは銀行借入を固定金利の債務に借替えをする.次節に固定金利債務を詳述する.

9.3.4 国際商業銀行

英国の決済銀行(clearing bank),フランス,ドイツ,日本,スイスの総合銀行(universal bank),およびロンドンにある合弁銀行(consortium bank)は大型プロジェクトに資金提供できる.これらの銀行はシンジケートに参加することでプロジェクトに貸し出す.ヨーロッパと日本の大銀行はプロジェクト・ファイナンスのために債券発行し機関投資家から資金調達している.表9.2は1995年の主要10大プロジェクト銀行ローンである.また,表

表 9.2 プロジェクト・ローンの主幹事銀行
(1995年,単位:100万ドル)

順位	銀　　行	金額
1	Chase Manhattan	7,286
2	Bank of America	7,033
3	Citibank	6,102
4	Societe Generale	5,321
5	ABN AMRO	4,000
6	Union Bank of Switzerland	4,499
7	Barclays Bank	3,959
8	Banque Paribas	3,949
9	Deutsche Bank	3,099
10	Industrial Bank of Japan	2,862

出典:IFR Publishing, "*Project Finance International*" (1995).

表 9.3 主要なシンジケート・ローン
(1995年,単位:100万ドル)

順位[1]	銀　　行	契約件数	金額[2]
1	Chemical Banking	518	389,781
2	J. P. Morgan	260	294,015
3	Nations Bank	156	292,153
4	Bank of America	394	280,155
5	Citicorp	416	277,720
6	Societe Generale	150	173,806
7	First Chicago	229	171,299
8	CS First Boston	157	171,186
9	Bank of New York	148	163,333
10	Deutsche Bank	155	162,540
11	Chase Manhattan	297	156,594
12	Toronto-Dominion	139	143,768
13	Union Bank of Switzerland	97	142,615
14	Industrial Bank of Japan	161	138,206
15	ABN AMRO	145	132,019
16	Canadian Imperial	106	128,738
17	Bank of Nova Scotia	147	122,970
18	Credit Lyonnais	135	120,064
19	Royal Bank of Canada	110	119,312
20	NatWest	203	111,362

[1]:取扱い金額順.
[2]:主幹事をカウント.
出典:*Investment Dealers' Digest* (1996年1月15日, p.23).

9.3は同年のシンジケート・ローンの20位までである[8].

　国際銀行市場は世界の最もダイナミックな金融市場に発展した．政府の規制がなく，異なる国の預金者と借り手とを柔軟に仲介できる市場だからである．事実上，米国，カナダ，英国，ヨーロッパ，日本の大手銀行は活発に参加している．米ドルが主要通貨であり，ついでドイツマルク，スイスフランである．1970年代に中東産油国の預金流入以来拡大を始め，1980年代に米国の国際収支赤字でさらに進展した．

　1989年から始まった商業銀行への資本金規制により，大規模プロジェクトへのシンジケート・ローンが困難になった．銀行はそれまでとは異なり，プロジェクトの保証業務を減少させた．金利スプレッドは拡大し，満期は短くなり，より高い信用格付を要求されるようになり，銀行の手数料も高くなった．しかしながら，健全なプロジェクトには銀行ローンは可能である．最近，新しい資本規制に適応した銀行が，銀行の貸出市場の傾向を改善しつつある．銀行はプロジェクト・ファイナンスのアドバイザーや貸し手として，その役割を拡大している．

9.4　固定金利借入市場

　伝統的に生命保険会社は主要なプロジェクトに長期の固定金利ローンを提供してきた．年金基金は株式会社の負債と資本の重要なソースであった．長期資金を融資するその他金融機関は，投資信託，大学預託基金，財団法人，損害保険会社，投資顧問会社などである．損害保険会社はプロジェクト融資を行うが，生命保険会社より税制に敏感である．

　公開された債券市場に比べ，私募債市場はプロジェクト融資に受容力がある．伝統的にプロジェクトが公開された社債が市場取引可能となるのは，完工後利益が上がって数年後である．債券の仕組が複雑であるために，格付機関が真の信用リスクを評価し債券に格付するのが難しくなっている．この状況は，格付機関が信用分析力を高めることによって，改善されつつある．また，複雑なモーゲージ債券やリシーバブル-バック（receivables-back）証券（訳注：定期的受取によって返済が約束される証券）の経験は，複雑な仕組債の格付能力を高めたであろう．

　図9.1は1975年から1994年までの公開非公開債券の発行額である．1988

出典：Carry *et.al.* (1993).

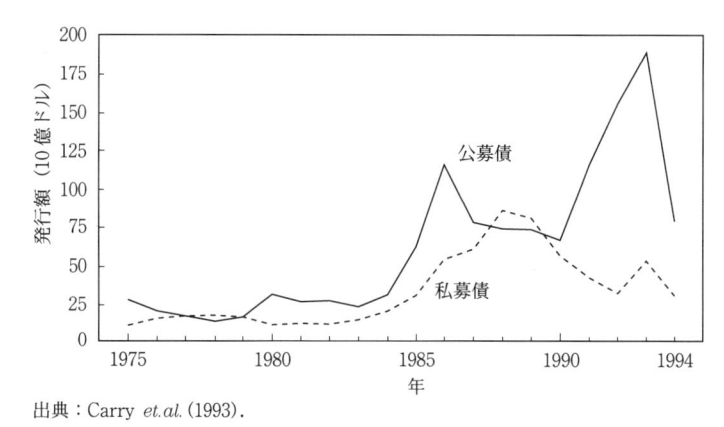

図 9.1 1975年から1994年の非金融機関の社債発行額

年と1989年に私募債の発行額が公開債を超えている．しかし，1989年から1993年までに両者の発行額の差は開いてしまった．公開債券は1993年に1億8700万ドルと爆発的に増加した一方，私募債は1994年に2900万ドルと劇的に縮小した．1986年から1994年の期間に非金融機関の公開債券の発行は年平均で1050億ドルであった．一方，私募債の年平均額は560億ドルであった．(Carey, Prowse, Rea and Udell, 1993 b.)

私募債は生命保険会社が多く引き受ける．Carey らは1990年から1992年の期間における私募債351例を調査した結果，生命保険会社がその83％を占めていること明らかにした．表9.4が私募債市場の参加者の比率である．

表9.5において銀行ローン，私募債，公開債券の特徴を比較する．銀行ローン市場は比較的厳しい契約で短期の変動金利を好む．公開債券で長期の満期で相対的に制約的でない契約で多額を調達できる．ローンサイズ，契約の厳しさ，担保，モニターの頻度などに関して私募債市場は上記の2つの融資の中間である．しかし，私募債においては貸し手の評判が最も重要である．貸し手がプロジェクトに資金提供をするとき，評判どおりの資金を有するかにかかってくると思われている．したがって，貸出規準は厳格に適用する．

9.4.1 生命保険会社

主要な生命保険会社は高度な投資ノウハウをもっている．その分析能力は，プロジェクト・ファイナンスに見られるきわめて複雑な仕組の信用リスクやそ

表 9.4 1990年から1992年の私募債への融資

融資機関	金額比率（％）
生命保険会社	82.6
外国銀行	3.6
米国銀行	3.3
年金，信託銀行	1.7
金融会社	1.4
損害保険会社	1.4
投資信託	0.7
財産信託（thrifts）	0.7
その他	4.6
合　計	100.0

出典：Carey, Prowse, Rea and Udell（1993b, p.27）．

表 9.5 銀行ローン，私募債，公募債の比較

特　徴	借入市場		
	銀行ローン	私募債	公募債
満期	短期	中長期	長期
金利	変動	固定	固定
情報制約	強	中	弱
借入金額	小	中以上	大
借入企業規模	小	中以上	大
リスク・レベル	高	中	低
契約条件	多く厳しい	少なく弱い	最小
担保必要性	大	中	小
再検討	頻繁	中	なし
モニターリング	強	中	弱
ローンの流動性	低	低	高
融資機関	中	中	種々
主要金融機関	銀行	生命保険会社	種々
融資家の重要性	高	中	不要

出典：Carey, Prowse, Rea and Udell（1993b, p.33）．

　の他のリスクを自前で判断できる．小規模の生命保険会社にはこの能力がないので，主要生保の参加や格付機関の評価に影響されて意思決定をする．
　生保事業の性格から生保は比較的確実な年ごとのキャッシュ・フローをもつので，将来への投資が可能である．プロジェクトの信用力とローンの証券としての適切性が満足されれば，生保会社は競合する投資案件より魅力的な収益率であることが投資の第一決定要因となる．事前に資金を借り入れる場合には，貸し手にその手数料を支払わなければならない．

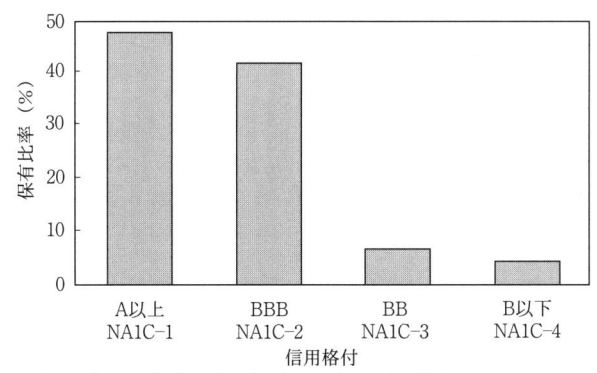

出典：Rubrich, "ACLI Data"(Actual Reserch, 1995).
図 9.2 1994年12月31日時点で生命保険会社が保有する私募債の信用格付

プロジェクトの債務は一般的には私募債として生保会社に売られる．私募債はSECに登録されておらず，公開社債より満期が短い．20年満期でも可能だが，15年のほうが望ましい．保証付投資つまり資金管理契約のビジネスの成長によって，生保会社は中期（5年から10年）の社債の意欲的な購入者になった．

社債契約や規制は私募債の交渉に重要な論点になる．公開社債は一般的にその負担は少ない．プロジェクト・ローン契約は，負債額，先取特権，利益配分の制限があり，さらに流動性資本の査定も課されている．

主要な格付機関から信用格付を獲得しておくことは，ときには有利なこともある．格付はより広範な資金源へのアクセスと，有利な格付を得るために厳格な資金契約をすることとのトレード-オフの問題がある．

生保会社はプロジェクト社債の信用力には大変敏感である．米国生保協会(NAIC)は私募債の格付システムを制度化し，生保会社がそのポートフォリオ内に保有するローンに対して維持すべき準備金はNAIC格付で決定される．この準備金のために，生保会社は投資格付NAIC-2を最低の要件としている[9]．図9.2は1994年12月31日の生保会社の一般勘定に存在する私募債の信用格付分布である．

Duff & Phelps社とS&Pは新しい私募債格付システムを発表した[10]．一般的には，私募債の格付は公開社債より寛大である．私募債の格付は最終的な返済を評価するのに対して，公開社債では返済の期日遵守を重要視する．

表 9.6 米国の主要な私募債保有機関
(1993 年,単位：100 万ドル)

順位	機関	金額
1	Prudential Life Insurance	5,000.0
2	Metropolitan Life Insurance	4,104.1
3	Teachers Insurance and Annuity	4,050.0
4	John Hancock Mutual Life	3,932.0
5	Principal Financial Group	3,462.3
6	CIGNA	3,200.0
7	New York Life	1,800.0
8	Travelers Insurance	1,455.0
9	Mass Mutual	1,300.0
10	Pacific Mutual Life	1,039.0
11	Northwestern Mutual Life	954.7
12	American General	850.0
13	Lincoln National Life	714.8
14	Great-West Life & Annuity	651.5
15	Hartford Insurance	650.0
16	Mutual of Omaha	625.0
17	Nationwide Life	625.0
18	Mimlic Asset Management	532.5
19	New England Mutual Life	437.3
20	Aegon USA	400.0
21	State of Wisconsin Investment Board	400.0
22	Provident Life & Accident	387.5
23	Lutheran Brotherhood	337.9
24	America United Life	242.7
25	Canada Life Assurance	241.9

出典：*Private Placement Letter*（1994 年 9 月 19 日, p. 6）.

　生保業界は巨大企業に投資資金を集中している．表 9.6 は米国私募債の上位 25 位までの購入企業のリストである．借り手にとっては，このような集中は重要である．調達すべき資金全額を確保するために数少ない金融機関への打診で十分であれば，プロジェクト・ファイナンスへの費用と時間が軽減される．
　私募債市場は一般的に，複雑なプロジェクト・ファイナンスあるいは，その一部への実質的な資金源となっている．たとえば，設備資金，生産の支払などの特定の勘定に有効である．

9.4.2 規則 144A の擬似公開証券市場

　1990 年の 4 月に，SEC は 1933 年の証券業法に規則 144A を採択した．規則 144A は未登録債券と株式の取引に課せられていた制限を緩和した．緩和前の

9.4 固定金利借入市場

制約では，流動性を悪化させ，流動性プレミアム要求され，高い金利となった．規制緩和の結果，適格機関投資家（qualified institutional buyer；QIB）が以前は投資できなかった SEC 未登録債券と株式の購入をすることになった[11]．規則 144A による債券と株は，以前の制約がないために擬似公開証券とみなされている[12]．規則 144A 市場は 1992 年に始まった．

この私募債はつぎのようにして引受可能である．スポンサーは社債を 1933 年法による登録免除で発行し，1 社以上の投資銀行に販売する．投資銀行は，それを QIB に再販する．この発行法は引受可能公開証券の手続きと同じである．しかし，公開証券に必要とする膨大な文書なしで可能である．

規則 144A 証券は SEC の登録を必要としないので，公開証券より迅速に発行できる．発行条件は私募債より緩やかで，私募債のような条件がないので，より流動的で金利を低く設定できる．

規則 144A 証券への主要な投資家は，生保の大企業である．かれらは，144A 証券を Moody's の Baa3，S&P の BBB 以上の信用格付であるものとする．主要な格付機関も公開社債に行う信用格付を，生保と同様なレベルにしている．格付機関は完工し経営が成功しているプロジェクトのみが投資適格になることも明らかにしている．したがって，完工以前に投資適格になることは珍しいが，完璧な完工保証があるときは例外である．信用格付によって規則 144A 証券に関して公開社債と同様に，管理可能なリスクであるプロジェクトの建設資金調達限定されている．

少なくとも以下の 2 つのプロジェクトが規則 114A 証券を利用したプロジェクトの例である．

1) COSO Funding 社： California Energy 社の SPC であり，1992 年 12 月に 5 億 6020 万ドルをノンリコース条件付で，3 つの地熱発電施設の銀行ローンの借替え用と追加投資に調達した．これらの証券は Moody's では Baa3 であり，S&P では BBB であった．

2) Sithe/Independent Funding 社： この会社は 1993 年 1 月に 7 億 1720 万ドルを独立電力プロジェクトに調達した[13]．証券は Moody's では Baa3 であり，S&P では BBB であった．

規則 144A 証券市場は限界に達している．その量は増加し，流動性も増し，金利（イールド）は公開証券のレベルまで近づいている．特に，インフラ・プロジェクトに対する長期固定金利は望ましいレベルにまでなっている

9.4.3 公的年金基金

公的年金基金は連邦および州政府の役人の退職金資金が主たる資金である．一般的にそのポートフォリオは固定金利運用が中心であるのでプロジェクト・ファイナンスの重要な長期資金供給源である．

公的年金基金の投資決定規準は，生命保険会社とは異なる．連邦および州政府の年金基金の資金は，そのときの政府，給与水準，およびそれぞれの政府のキャッシュ管理規則に依存する．不確実性と市場の将来予測を好まないことから，公的年金は生保とは異なり，長期資金への投資に消極的である．

多くの公的年金はその規制あるいは選好から，リスクに敏感な投資家であり，シングルA以上の格付のある証券への投資をする．多くの基金は外国債の購入を禁じられている．さらに企業の活動年数などに関する投資制約によって，公的年金がプロジェクト債券を購入するのを制限される．

9.4.4 民間年金基金

民間年金基金は企業年金である．歴史的には，企業の借入資金の供給源であった．1960年代半ばまでは，民間年金は主に固定金利債投資が中心であった．それ以降は収益率重視の投資に移行していき，株式投資の比重が増加していった．もちろん固定金利再投資が年金基金の最大の投資先であったことは変わらない．収益率が十分魅力的であれば，年金基金はプロジェクト・ファイナンスの重要な資金源となりえた．流動性も年金基金には重要な検討事項であった．

多くの大企業は自前の年金基金をもっている．しかし，ほとんどの企業年金は商業銀行の信託部門か民間投資会社に委託している．生保と同様に，資金の大部分の資金が比較的少数の会社によって管理されている．

民間年金資金は投資先の信用格付に制限はしない．したがって，プロジェクト債券の格付は，公的年金ほど重要な要因ではない．さらに，民間年金基金はERISAの外国企業の証券投資制限以外の制約はほとんどない．

9.4.5 その他の金融機関

その他の金融機関は，業態ごとに見ると重要な投資機関とはみなせないことも多いが，全体として重要な投資家である．これらの機関は個々にいろいろな投資方針でもっているので全体としての投資目的を一般的に論ずることには無理がある．こうした金融機関では，通常，プロジェクト債券を社債と株式投資

表 9.7　借入金融機関

調達市場	商業銀行市場	私募市場	規則144Aの準公的市場
満期	15年以下	20年以下	30年以下
融資規模	中小規模	中小規模	大規模
金利	変動	変動または固定	変動または固定
中途償還	可能（スワップ解除後）	将来の金利払いが必要	通常可能
契約	総合的制約	総合的制約	やや緩い制約
契約所要期間	15週から25週	10週から20週	10週から15週
格付	不要	NAIC-2	2つ以上の格付機関評価

の代替的投資先とみなしている．したがって，プロジェクト債券の収益率はこれらの機関からの投資を受けるための最も重要な要因である．

9.4.6　市場の比較

表9.7に1994年に米国債務市場においてプロジェクト・ファイナンス目的で利用可能な資金源の条件を比較した．それぞれの個別市場の特徴は経済的あるいは規制的な理由で変化するので，ローン条件は時点ごとに異なる．

9.5　国際資本市場

国際資本市場とは，海外市場の中長期証券に対する市場である．つぎの理由から生まれた．①海外投資による外貨の蓄積．②外国通貨の外債に対する投資家の購入．

このような国際市場は一般的にユーロ市場とよばれる．たとえば，ユーロドル市場，ユーロスターリング市場などである．

9.5.1　信用力の影響

国際的投資家は信用力に大変敏感であるが，歴史的に国際資本市場は米国債券市場のように信用リスクを厳密に計測していない．この状況はユーロ市場で信用格付が一般的になってきたことから，変わりつつある．しかしながら，借り手の企業は巨大で有名でなければならない．米国機関投資家のユーロ市場への参加が国際資本市場を発展させることになった．

一定期間だけ存在する企業も初期資金調達の段階で国際資本市場で契約可能である．プロジェクトの資金調達には，プロジェクトの経済性の疑いない証拠

を示さなければならない．たとえ有名で確立した信用力ある企業でもプロジェクトに対する十分な信用供与を示すことが，重要である．

9.5.2 満期の選択

大変有利な市場条件でも，国際市場の投資家は米国市場以上の長期間に貸出をすることは一般的にはない．通常の満期は10年である．市場が悪いときには，満期は5年から7年が普通である．

9.5.3 為　　替

国際資本市場の資金の流れは，いくつかの理由で非常に変動的である．多くの投資家は国際市場と国内市場に投資していて，国際市場だけに基礎をおく投資をする投資家はほとんどいない．投資家は，主に短期的視野で，ある市場から他の市場に資金を移動する．短期的な為替の強さが，主要な投資規準である．為替の変動期待から，国際的に資金流動する．ある通貨が特に魅力的であるときに，多量の流入があり低い金利で調達可能となる．反対に，ある通貨が特に魅力がないときは，国際資本市場でその為替取引が事実上閉鎖状態になるほど減退してしまう．

インフレーションは国際資本市場に実質的に影響がある．一般的にインフレ率の高い国ほどその通貨は下落する．インフレ率を超える高金利であれば通貨は下がらない．すべての国が高インフレのときは，投資家は固定金利の長期債を買い控える．さらに，政治的，経済的安定性に対する投資家の見方が，国際資本市場に影響を与える．中長期の国際投資に影響のある政治的事件に常に注目しなければならない．

9.5.4 投資家の種類

国際資本市場の投資家は大別してつぎの2つになる．第1は個人投資家である．彼らはかつては最大の国際投資資金の供給源であった．スイスの銀行などを通した投資は，個人名が隠された個人投資である．これらの口座資金のすべてが一任勘定ではないが，銀行の動向は重要である．第2は機関投資家であり，現在は第1のタイプより投資額は多い．銀行，生保，年金，投資信託および政府金融機関は機関投資家であり，公開株と同様に私募証券も購入する．

投資家は国際証券投資の収益率を国内投資のそれと比較し決定する．国際投

資家は通常，利子の源泉非課税を要求する．源泉課税は，借り手の国以外にある企業に支払われる配当および金利に課せられる．これは非居住者からの所得税の徴収が困難なので，設計された税である．源泉課税のある国では，海外投資家はそれを回避するために，非課税のオフショアー子会社を作る．信託契約では，源泉課税があっても，実質的に契約した金利を受け取れることを条件とする．

9.6 サプライヤー企業からの借入

プロジェクト・スポンサーはしばしば，設備サプライヤーから設備購入資金を借り入れる（サプライヤーズ・クレジット）．この借入は建設期間中に必要だが，プロジェクトの長期的な借入の資金としては使われない．設備に対するサプライヤー借入は，7年から10年まで延長されることもある．この借入契約は，プロジェクトの長期資金調達契約に統合され，銀行ローンと同様にサプライヤー借入の未使用融資枠に手数料がかかる．

この契約は，国によって条件や構造が異なる．プロジェクトが位置する国によっては，政府の輸出貸付が有利な条件で利用可能であったり，保険や直接保証が手に入ったりする．しかし，最もよくあるのが，スポンサーがシンジケート銀行団に，設備の購入企業へのその費用の貸付の依頼をする場合である．

9.7 政 府 援 助

プロジェクトは政府あるいは国際機関の資金援助を受けることができる．政府援助には輸出金融とローン保証があり，国際機関援助は，世界銀行や他の開発銀行からのローンである．

9.7.1 輸 出 金 融

主要先進国には輸出入銀行がある．その国で生産された設備の輸出振興促進が目的である．輸出信用供与は工業国間で近年論争がある．一般的に，過去に見られた補助金的性格から脱皮しつつある．輸出信用の期間および条件は，OECDの合意である「公的輸出信用供与に関する条約」，一般的には「コンセンサス」で知られる規定に従う．このコンセンサスは法的拘束力はない．しば

しば，国ごとの輸出入銀行によって，その条件は異なる．

輸出金融はバイヤーズ・クレジットかサプライヤーズ・クレジットの形式をとる．一般的に，輸出入銀行はしっかりした信用保証がない限りプロジェクトの初期設立に関するリスクをとりたがらない．1995年につぎのとおりのローン条件の規準がコンセンサスとしてまとめられた．

最大融資比率	85%
利子率	7%
保証料	1%
満期	5年
元金返済	半年ごとの均等返済

米国輸出入銀行（Eximbank）は主要な輸出信用機関の例である．Eximbankは米国外に位置するプロジェクトが米国内の生産物の購入をするための資金に対して直接貸し付けるかローン保証をする．Eximbankのローンは通常30%から55%の費用をカバーする．ローンの額は輸出する設備の性質および海外の競争企業の資金状態に依存する．Eximbankは借入を実行しない資金の手数料として年間0.5%をとる．ローンの最大借入期間は，輸出国に依存するが，10年から12年である．

Eximbankに最近組織されたプロジェクト・ファイナンス・グループは，プロジェクト・スポンサーへのサービスを先行的に始めた．さらに，ローン申請と承認の手続きを簡素化した．

Eximbankは商業銀行からの借入金による購入部分の保証もする．保証は，米国外からの借入金に対して，変動金利を保証する．Eximbank保証の保険料率は，プロジェクトの位置する地域に依存するが年間0.75%から1.5%である．Eximbankは設備当りの費用の90%を超えたローンや保証をすることはできない．設備費用は輸出先からの資金で支払われるべきとされる．

Eximbankは，ローンを実行しないとき，プロジェクト費用の85%までは保証する．その保証料は，借入金の0.75%から1.5%である．さらに，Eximbankは保証の手数料として0.125%から1.0%を徴収する．

Eximbankは輸出振興を目的とするが，不用意なリスクにはさらされないように，信用ある銀行かホスト政府の保証を要求する場合がある．そのときは保証料に相当するだけ，資金調達費用を増やす．

9.7.2 連邦政府のローンと保証

海外民間投資会社 (OPIC) はアメリカの新興市場および途上国への長期民間投資を奨励するために1971年に設立された営利的米国政府機関である．その任務は①米国の競争力の強化と国内経済振興，②新興国の経済発展の促進，③外交政策目標の遂行3つである．

OPICの財務支援は，地域の環境と労働者の権利を保護することになるプロジェクトだけに行われる．Eximbankとともに，OPICは近年プロジェクト・ファイナンス・グループを形成しプロジェクト・ファイナンスを増加させている．1つのプロジェクトに4億ドルまで最近は資金供与可能となった．

外国投資を検討している米国企業や投資家には，OPICはつぎの4つの援助をする．
1) 小規模プロジェクトへのローン．
2) 2億ドルまでのローン保証．
3) 2億ドルまでの通貨の交換停止，接収，政治的暴動などの政治的リスクの保証．
4) 経済経営政治的指導およびスポンサーのための地域のパートナーの提供．

OPICの保証と保険は米国政府の信任に裏打ちされている．OPICは140か国以上で活動し，1995年には18億ドルの融資と，86億ドルの政治的リスク保険を実施した．

9.7.3 ローン保証

プロジェクトごとに種々の政府保証が存在する．たとえば，米国の造船所で建造，補修される船舶に関するプロジェクトには，米国海事局 (MARAD) が財務支援する．このために，その船舶は米国市民が所有し，運営し，米国で登記されていなければならない．

最もよく知られたMARADプログラムはタイトルXIプログラムである．それは船舶の費用の75%まで，米国政府が債務保証する債券の発行を可能とする．この保証はいくつかの要因に依存する．最も重要な要因は，この保証に差別的補助金があるかどうかである．保証の見返りにMARADは船舶を担保にとり，年間保証料として少なくとも0.5%をとる．しかし保証額の1%を超えることはない．タイトルXIは船舶に対する借入リースに対する長期債とし

て発行される．

他の米国政府のプロジェクト保証プログラムは，OPICとERDA(Energy Research and Development Association)によるものがある．すでに述べたとおり，OPICは途上国における社会経済開発のための米国資本と技術を援助するものである．ERDAはエネルギープロジェクトの商用実験の支援とその他の開発支援のプログラムである．

9.8 世界銀行ローン

世界銀行グループは国際プロジェクトをファイナンスするつぎの3組織がある．

a. 国際復興開発銀行

国際復興開発銀行 (International bank for Reconstruction and Development ; IBRD) は150億ドル以上を毎年市場金利で貸し出している．さらに，途上国開発の人材育成と技術援助もする．IBRDのローンは一般的にはプロジェクトの一部にすぎない．他の国際機関，アジア開発銀行やアフリカ開発銀行がIBRDと協調してローンを供与する．IBRDローンは商業的開発よりむしろ経済発展促進のためである．そのローンは途上国のインフラ・プロジェクトの開発費用の一部に用いられる．

b. 国際融資会社

国際融資会社 (International Finance Corporation ; IFC) は十分な資金のない有望な商業活動に対して資金提供する．1991年のIFCの融資額および株式投資は29億ドルであった．これらの投資により，追加的投資が集まり，総投資額は107億ドルになった．

IFCは民間部門の投資を促進して途上国の経済発展振興を目的とする．融資と株式投資によって追加的投資を誘発する．そのローンは変動金利であり調達コストに依存して決められる[14]．ローンはいかなる国の通貨でも可能である．さらに，IFCは開発アドバイザーも提供する．国際的投資銀行としてIFCは100以上の途上国の1000以上の企業に90億ドル以上の資金を供与している．

c. 多国籍投資保証機関

多国籍投資保証機関 (Multilateral Investment Guarante Agency ; MIGA)

は最近作られた組織であり，途上国における契約違反，内戦，土地の強制収用などの政治リスクに対する投資保険サービスをする．

IBRD，IFCとMIGAは協調してプロジェクトを支援することが多い．世界銀行によれば，世銀プロジェクトの3つのうちの2つは，民間部門の開発支援である[15]．他の多くもインフラ開発あるいは民間部門の重要なプロジェクトの支援である．

IFCはインフラ部局を組織し，インフラ・プロジェクトのスポンサーとなり，その基金に投資する．IFCは商業銀行のシンジケート・ローンにならって，ローンを分割しシンジケーション化している．

9.9 米州開発銀行

米州開発銀行（Inter-American Development Bank；IDB）はラテンアメリカとカリブ諸国の開発援助をする多国籍機関である．近年IDBは，民間が所有し管理するインフラ・プロジェクトに対する資金供与を許可した．たとえば，1995年ブエノスアイレスの港湾ターミナル近代化とその運営に1000万ドルの融資を許可した[16]．この融資額はプロジェクト総額のおよそ20%である．

IDBは民間セクターへの直接融資に関するつぎのような新しいポリシーを発表した[17]．民間インフラ・プロジェクト融資はIDB融資残高の5%以内でなければならない．IDBのプロジェクト融資は①プロジェクト総額の25%，②7500万ドルを超えてはいけない．この規定に抵触しそうな場合は，IDBはインフラ・プロジェクトに参加する企業からの追加的投資を促進しなければならない．

IDBは世銀や他の多国籍機関などと同様にインフラ・プロジェクトに対する魅力的な長期資金である．

9.10 地域の資本

地域の資本の借入は政治的リスクの減少に役立つ．プロジェクトの収益性に被害が出る事件は，地域の融資家や投資家に影響がある．このことが地域の政府がプロジェクトに不利益になることをする歯止めになる．この強さは地域の投資家がプロジェクトにいかに参与しているかに依存する．

先進国の資本市場は資金源としての潜在力がある．新興諸国の資本市場はそうではない．資金は限られ満期は短い．1995年末では，ブラジル，エクアドル，インド，インドネシア，マレーシア，メキシコ，韓国，トリニダード・トバゴには社債市場が存在した．しかし，ブラジルの市場にはリース会社の満期18か月の社債が存在するだけである．メキシコでは最長の社債の満期は7年であり，市場の半分は満期が1年を超えるものしかない．韓国は以上の新興市場の中で最も発展しているが，満期が5年を越えるものはない．例外はトリニダード・トバゴであり，その国債は満期25年，社債は満期15年である．

振興市場経済の発展につれ，地域資本市場も完備する．地域市場の存在は，スポンサーが必要な資金の一部を地域で調達を検討することになる．

9.11 ま と め

本章ではプロジェクトの資金源を検討した．最近20年で世界の資本市場のグローバル化が進展したことは重要である．さらに，ユーロ市場は真の国際市場になった．

時点により，また場所により，最も有利な資金源は異なる．さらに，金利スワップや通貨スワップなどの金融新商品は，プロジェクトの資金源を広げる．ある市場で借り入れた資金を，これらの新商品によって低い金利で異なる特徴の借入に変換する．したがって，新商品はプロジェクトの資金源を拡大する効果をもたらす．

世銀，IDBなどの他国籍機関と政府機関であるEximbank，OPICなどは民間インフラ・プロジェクトに資金供与し始めた．地域資金は新興市場にとって重要な資金源である．地域の資金の調達はプロジェクトの政治的リスクを削減するからである．プロジェクト・ファイナンスの金融工学では，すべての借入資金と株式投資資金の調達を，伝統的な手法ばかりで行うのではなく，最も低い費用でどれが実行可能であるかを検討し決定しなければならない．

10

ホスト政府の役割

プロジェクトの進行の決定には，ホスト政府に関与する問題が多くある．単純化すれば，ホスト政府が自らプロジェクトを進めるか，あるいは財政上の支援などだけでプロジェクトを進めるかどうかの決定は，現在価値で測ったプロジェクトの社会的便益の期待値が社会的費用より大きいときにだけ行われる．本章ではこの種の政府問題について考察する．

10.1 ホスト国の経済開発援助

プロジェクトはホスト政府にとって正の経済価値をもたなければならない．プロジェクトの社会的便益の合計は社会的費用を超えなければならない．社会的便益がある事業は以下のものである．

1) 道路，港湾，空港などのインフラ建設で第三者によって資金調達されたプロジェクトであり，費用がプロジェクトのキャッシュ・フローだけですべて支払われた事業．
2) 地域の労働者の教育と訓練事業．
3) プロジェクト事業者の資金による学校，住宅，消防署などの公共施設の建設事業．
4) 産業基盤の開発と拡充が投資を牽引し下請産業の展開やスピン・オフ企業の発生につながる事業．
5) 税収の増加になり，それが公的プロジェクトの資金となる事業．
6) 主要な資本投資を伴う乗数効果の期待できる事業．
7) 国際プロジェクトでホスト政府の外貨不足を解消する事業．
8) 地域の資本市場を発展させる事業．

10.2 ホスト政府の期待経済収益

理想的には,国民の厚生を最大化する最も高収益な用途に,その国の資源をつぎ込むべきである.発展途上国では,特に資源が限られている.そのためプロジェクトの代替案の中から慎重に選択されねばならない.プロジェクトからの直接の経済的便益以上に,つぎのような便益に注意すべきである.すでに述べた事業化で資金調達可能なインフラ開発,人材育成,外貨獲得などである.これらの便益は,ホスト政府が投資優遇策を求められたときに,費用と比較して検討されるべきである.

10.2.1 投資への優遇策

外国から投資の促進を図るホスト政府は誘導的な投資環境を整備すべきである.プロジェクトが複数の候補地があるときは,政府は投資優遇策を講ずるべきである.一般的に,優遇策としてつぎのものがある.① タックス・ホリデーとよばれる特定の期間の法人税免除,② 土地の無料供与,③ 原材料の確保と電力料金の競争価格以下の設定などの保証,④ インフラの無料供与,⑤ 補助金,⑥ ローン保証,インフラ部分,生産設備に対する優遇金利,⑦ 返済に必要な外貨保証や利益送金の保証.もちろん,優遇策の拡大はプロジェクトの利益を減少する.

政府が優遇策を実施するには金融工学の手法を必要とする.政府が市場以下の金利で資金提供をして,プロジェクト企業が高収益を上げると,それは隠れた補助金とみなされるので一般的には好まれない.これはスポンサーがプロジェクトのリスクを負担することに対する報酬であることを政府に示さなければならない.

10.2.2 税　　収

ホスト政府がプロジェクトの承認をするときには,プロジェクトから徴収される税収のキャッシュ・フローを考慮しなければならない.税が外貨で支払われるときには,途上国にとって特に魅力的である.もちろん,税収はタックス・ホリデーが終了した後に関してである.税収の価値を決定するためには税のキャッシュ・フローの現在価値を用いる.

10.2.3 プロジェクト参加

ホスト政府はスポンサーに協力株主株（carried ownership interest）を一般的に要求する．協力株主株とはプロジェクトの認可の対価としてホスト政府に与えられる株式による利益である．その利益の大きさは，スポンサーが受けた便益と期待収益とを勘案して決定する．たとえば，政府が，すべてのプロジェクトに株式の50%を要求したときには，スポンサーはハイリスク・ハイリターンのプロジェクトを手控えることになる．スポンサーはできる限り協力株主株を小さくするプロジェクトを選択する．

一定で高額の協力株主株は優遇政策に逆行し，投資を減少する．プロジェクトのリスク・リターンに依存して協力株主株を決めることは，政府の政策としてよいものである．

10.3 外貨準備への影響

外貨の分配は途上国におけるプロジェクトにおいていつも問題となる．プロジェクトのスポンサーは，デット・サービスを支払った後に，投資適格な収益率を確保するのに十分な外貨の補償を要求する．融資金融機関は返済スケジュールどおりデット・サービスを実行するだけの外貨の保証を要求する．ホスト政府は開発計画を拡大するために外貨受取の最大化を計る．

通常は，国際的プロジェクトが製品を海外市場で販売し外貨を稼ぐと，信頼できる金融機関が維持するエスクロー勘定を契約に含めるという案で妥協が成立する．外貨は第1に操業費に使われ，次にデット・サービスとして融資返済に当てられ，最後にスポンサーである株主に支払われる．海外の株式投資家はプロジェクト企業によりも直接外貨の受取を好む．いったんプロジェクト企業に入るとその国の外貨規制に従わねばならない．政府は外貨がプロジェクト企業に入金され，その国内で少なくとも他の目的に使えるように規制する．契約はこれらの競合関係を調停する方法でなければならい．

10.4 プロジェクト債務に対するホスト政府のリスク

途上国は信用力に限度があり，プロジェクトの債務保証の能力も限られる．経済的利得はそのリスク負担によって正当化されるべきである．一般的に，途

上国のプロジェクトはその政府の債務保証に依存しないような仕組をもたねばならない．

先進国のプロジェクトに対しては，政府の保証は失敗したときの保証を意味する．もしもプロジェクトの収益性が低いために政府の融資に対する完全で直接的保証なしに成立しないときには，一般的に，プロジェクトはプロジェクト・ベースで資金調達できない．そのときは，プロジェクトは政府から借り入れて実行されるべきである．

通常は，プロジェクトはその利益が限界的であり，政府が債務保証をすることで利益が確保される．保証がプロジェクトの資本費用を効果的に補助することになる．ホスト政府はプロジェクトに対する補助の社会的費用以上に，社会的便益を生み出すことを期待する．ホスト政府の信用格付が低いときには，債務保証は政府の信用力を消費することになる．つまり，信用格付が減少し，金利が上昇するために他の目的に使う借入が減少する．

10.5　先行事業の成功例

ホスト政府はプロジェクトおよびその構造化された資金調達が将来のプロジェクトの事業会社との交渉に対して不利に働いた失敗例について関心がある．特に，税制措置，源泉課税，さらに土地の供与や原料や電力供給保証などの優遇措置に関してである．さらに，プロジェクトに関する為替への規制が重要である．

10.5.1　実　　例

パイトン・エネルギー・プロジェクトに関する主要な条件を見てみる．銀行はインドネシア政府にプロジェクト・ファイナンスの主要収入源として30年間の電力購入契約を政府の電力公社に保証させようとした．しかし，インドネシア政府は，かつては小規模のプロジェクトには保証したにもかかわらず，拒否した．パイトン・プロジェクトの規模が問題であった．インドネシア政府がパイトン・プロジェクトに保証をしたなら，他の大規模プロジェクトのデベロッパーも間違いなく保証を要求する．いくつかの大型支払保証はインドネシアの信用格付に悪影響を及ぼす．かくして，インドネシア政府は悪しき前例を残すことを避けた．

10.6 ヒベルニア油田プロジェクト

　ヒベルニア油田プロジェクトは政府と民間の互いの相互利益が合致したとき，いかに協力がプロジェクトを前進させるかのよい例である．Hibernia Oil Field Partner（油田開発会社）は，セント・ジョン島の195マイル南東に位置するニューファンドランド沿岸の海底油田開発のために1988年に設立された．Canada Mobil Oil 社がジェネラル・パートナーとしてスポンサーになった．他の4社は，Chevron Oil 社，Columbia Gas System 社，Gulf Canada Resources 社，Petro-Canada 社であった．油田開発費用はバーレル当り4.1 US ドルであった．1997年には日量11万バーレルの生産が始まり，13.5万バーレルにまで増加する．埋蔵量は6億1500万バーレルであり，16年から20年の可採年数があると見られた．

　ヒベルニア油田プロジェクトは原油生産が始まる前から，この地域に経済的便益がもたらされた．この地域は厳しい不景気にあった．プロジェクトは建設部門の雇用を作り，その乗数効果で経済が刺激された．さらに，プロジェクトが雇用を作り出し，近隣の油田開発の呼び水にもなった．

　プロジェクトからの社会的便益が期待できたので，カナダ連邦政府は27億カナダドル（22.3億 US ドル）の補助金と債務保証を行なった．プロジェクトのノンリコース・ローン16.6億カナダドルに対して債務保証をした．その見返りに，デット・サービス支払後の利益の10%を得ることになった．ニューファンドランド州政府は油田の販売額にかかる売上税を免除し，原油生産からのロイヤルティ料率を割引した[1]．

　なぜ，ヒベルニア油田プロジェクトはこのような形になったのであろうか？第1は，プロジェクトが大きすぎて，参加企業が単独で実施するにはリスキー過ぎるからである．第2は，単独の企業の実施ではプロジェクトから利益を出しえない．たとえば，Columbia Gas System 社はカナダ・パイプラインの余剰能力の買い手を捜していた．かれらはヒベルニア油田から天然ガスを輸送する契約をとることになる．したがってプロジェクトは Columbia Gas System 社の企業価値を高めた．Columbia Gas System 社はプロジェクト参加から利益を得たが，単独でプロジェクトを実施はできなかったであろう．

　近隣地域もプロジェクトからの便益を受けた．かれらは明らかにフリー・ラ

イダー的利益を得たが，政府の財政的援助は将来の税収の増加のために油田開発誘致の魅力作りのためであった．

10.7 官民インフラ協力

近年合衆国において，交通や他のインフラ需要は資金供給より急激に増加してきている[2]．多くの州政府は有料道路など交通施設の開発，財務，運営への民間の参加および資本参加を促進する法案を成立させている．民間プロジェクトでは，リスクに見合う収益率が要求されるから，官民の協力・スキームは競争に耐える収益率を提供しなければならない[3]．

米国外においても，特に新興国市場（emerging market）には巨大なインフラ需要が存在し，その地域の資金では到底充足できない．（Chrisney, 1995.）今まではプロジェクトは概して世界銀行，IDB，その他の多国籍機関などに支えられた公的融資が開発資金であった．第9章で紹介したように，世銀，IDBなどは民間インフラ融資を促進する努力を始めている．

官民インフラ協力は民間ビジネスと政府が協力しそれぞれの特徴を生かし，政府だけが実施するより効率的にすばやくプロジェクトを遂行するジョイント・ベンチャーである．官民インフラ協力の方式は完全民間所有で政府の承認と監督だけのプロジェクトから民間が単に資金供給のみの政府事業プロジェクトまである．

社会インフラの多くの分野で，民間の参入は増加している．交通プロジェクトは特に，民間参加に適合した分野である．有料道路，有料橋梁，飛行場，鉄道システムなどは，利用者の利用料と近隣商業用不動産価値からの収益が民間の資本に十分な魅力となっている．一般的に交通プロジェクトは利用料を徴収可能か近隣商業開発可能ならば，開発ファイナンスに官民インフラ協力が利用できる候補である．

官民インフラ協力は規制なき独占ではないことを理解すべきである．官と民の責任を明らかにし，安全への規制，サービス水準の遵守，利用料の制限などが交渉された取決めによって運営されるべきである．これらのプロジェクトは連邦税，州税，地方税を支払う点は，プロジェクトが完全に公的であるときと対照的である．ちなみに，建設費2億5000万ドルのヴァージニア州ルドン郡の有料道路は40年間の課税期間におよそ4億5000万ドルの連邦税および州税

を法人税として納めるばかりか9600万ドルの固定資産税をルドン郡に支払うものと期待されている[4]。

税収に加えて,州政府および地方政府は地代として収益の分配もある.(たとえば民間プロジェクトへの政府所有地所のリースは収益の一部を受け取る.)また,プロジェクトの収益が基準以上のときに州に支払う契約もありうる[5]。

10.8 官民ファイナンス構造

官民ファイナンスのいろいろな構造が輸送インフラ・プロジェクトに対して提案されてきた.これはプロジェクトにおける責任,リスク,報酬を民間と政府が配分する仕方で異なってくる.この節では,官民ファイナンス構造を手短かに紹介する[6]。

プロジェクトごとにつぎの質問に答えることによって,最もふさわしい協力構造が判定できる.
・誰がプロジェクトの設計と建設に責任をもつか?
・誰が建設資金を出すのか?
・誰が資金調達に関わるのか?
・誰がプロジェクト資産の法的所有権をもち,それは何年間存続するのか?
・誰がプロジェクト施設を運営し,それは何年間か?
・誰がプロジェクトのそれぞれの収益源に責任があるのか?

完全に民営事業ではすべての問いの答えは民間デベロッパーである.しかし輸送プロジェクトにおいては民間と政府に責任の混在がある.たとえば,民間企業は設計,建設,ファイナンス,およびプロジェクト全体の運営に責任がある.政府は資本も収入に対する任務も負わないが,完工後直ちにプロジェクト資産の所有権を得て,たとえば40年後の経営権を取得する.

官民協調交通プロジェクトには,少なくとも10のモデル・タイプがある[7]。それぞれを概観してみよう.そのうち8タイプでは計画,ファイナンス,運営は民間パートナーに責任がある.モデル・タイプを民間パートナーの責任があるものから順に紹介していく.以下に主要なタイプはすべて含まれている.

10.8.1 永久委任モデル

永久委任（perpetual franchise）モデルはホスト政府から永久的フランチャイズを得て資金調達，プロジェクト運営をするタイプ．この企業はプロジェクト資産の所有権をもち，すべての借入金を負担する．政府は安全性，サービスの質，利用者料金，利益を規制しうる．このモデルは最も柔軟性があり，株式市場で資金調達しやすい．多くのプロジェクトが革新的でリスクを伴うものであるから，資本市場ではプロジェクトが開始して数年後の利益実績が明らかになってから株および債券での資金調達可能となる．

10.8.2 BOT モデル

BOT（build-operate-transfer）モデルは民間企業が一定期間のフランチャイズを受けて，資金調達，建設，運営を行った後，所有権をホスト国政府返還する方式[8]である．所有権の返還は民間企業が投資資本に十分見合った収益を上げた後に実行される．返還時にホスト国はプロジェクトの借入の信用供与を要求することがよくある．BOT モデルはホスト国に設備の委譲があるから魅力的である．この方式は交通，エネルギー，環境プロジェクトで一般的になってきている．

10.8.3 BTO モデル

BOT（build-transfer-operate）モデルは民間企業がプロジェクトを設計，ファイナンス，建設し検査後すぐにホスト国に委譲する方式[9]である．民間企業は直ちにホスト国からその施設のリースを一定期間受ける．長期リース契約は民間企業に設備の運営を任せ，リース期間中に収益を確保できるようになっている．リース終了時には政府機関は設備運営を自身で行ったり，第三者に任せたりする．この方式ではホスト国か政府機関のプロジェクトの資金返済義務はきわめて限られており，プロジェクト会社が主要な義務を負う．

10.8.4 BBO モデル

BBO（buy-build-operate）モデルは民間企業がホスト国から既存の設備を購入し，近代化したり拡大したりして，公的な設備として運営し利益を上げる方式である．未開発であったり劣悪化していたり，交通渋滞になっている道路，橋，空港などがこの方式の候補に該当する．多くの設備が修理拡張を要す

ることになるので，BBO方式は，今後に発展がありうる．

10.8.5 LDOモデル

LDO (lease-develop-operate) モデルは民間企業がホスト国から既存の施設とその付近の土地のリースを受け，拡張，開発したうえで，施設を運営し一定期間に利益分配契約で行う方式である．ホスト国は法的所有権をもち，LDO方式は民間企業が既存施設の購入資金を集められないとき，BBOより魅力的である．LBO方式はまた，現在損金が発生しているプロジェクトの官民リスク配分に有効である．

10.8.6 包括的追加モデル

包括追加 (wraparoud addition) モデルは民間企業は政府所有の既存基盤設備の拡充を行う．企業は設備の追加を行うことだけでき，政府との契約で全設備の運営も可能となる．この方式の最大の利点は，所有権が限られているので基盤施設を建設するときに生じた債務返済義務が民間にないところである．

10.8.7 臨時民営化モデル

臨時民営化 (temporary privatization) モデルは民間企業が政府所有の設備，たとえば橋梁の修理のために維持管理を行い，設備を一時的に運営することでその拡張や修理の費用を徴収する方式である．もちろんホスト国は設備の所有権を保持し，民間企業に金融リスクを負わせ，利用料は一時的であるというホスト国にとってのメリットがある．

10.8.8 先行的開発モデル

先行的開発 (speculative development) モデルは民間企業が政府サービス需要を見つけたとき，ホスト国の同意のもとに，企業が自らの費用とリスクを負って，計画し政府許可を受けて，プロジェクトの経済性を実証し，実行可能な設計をする．ホスト国は多くの場合，資本参加によって，事業自体に参加することになる．米国でこの方式のプロジェクトの試行がいろいろな形態で行われた．

10.8.9 資産再評価による民間利益の還元モデル

地域の交通の改善は商業的アクティビティを増加させる．価値の還元は増大した商業的活動の民間利益を政府に還元させること（value capture）にある．たとえば，不動産価値と販売額はともに増加する．この民間の増加した価値は課税によって交通プロジェクトに貢献しうる．民間企業は通常資産再評価に抵抗するので，これは非自主的協力方式とよばれる．価値の還元は特別税や新交通プロジェクトの近郊地域の税調整で一般的には行われる．民間企業には資産価値増加に対して，臨時課税，毎年の床面積当り課税，一定比率課税などで執行される．徴税機関はその収入をプロジェクトに移転する．この収入が債券の発行にマッチするキャッシュ・フローを生み出し，その債券は輸送プロジェクトの資本コストの主要部分を構成する．ペンシルバニア州，テキサス州，ミシガン州，ヴァージニア州，アイオワ州などが交通システムの改善による民間利益還元方式を用いた州である．

10.8.10 利用弁済モデル

利用弁済（use-reimbursement）モデルはホスト国がプロジェクト企業と締結する利用契約によって成立する方式である．利用契約はホスト国に，交通量と無関係にプロジェクトに関係する負債返済に必要な支払義務を負わせる．ホスト国は通行収入で支払をする．使用弁済モデル方式は巨大で民間資金投資の公的プロジェクトによく利用される．この方式は政府に信用リスクを負わせることになる．利用契約はプロジェクト債務の既成事実的な保証を表すものである．

10.9 官民協調に影響する政府規制

前節の終わりの2モデル以外のすべての官民協調は，プロジェクトの設計，ファイナンス，運営において民間が主導的役割を占めている．過去の経験から明らかなように誤った規制は官民協調を禁じてしまい，正しい規制は協調開発の源動力となる．

10.9.1 官民協調を減退させる条件

官民協調を減退させる多くの規制は共通点がある．高額の費用と重大なリス

10.9 官民協調に影響する政府規制

クの誤った配分が，プロジェクトの初期に見られる．適切なリスク・シェアリングと投資に見合った公正な収益の機会なしに，官民協調は成立しえない．インフラ・プロジェクトに民間参加を抑制する規制にはつぎのものがある．

- 政府機関との交渉後のプロジェクトの形式的な承認手続きの必要性．この承認はすでに交渉でかかったコストを犠牲にし，プロジェクト遅延，変更，中止のリスクをもたらす．

- 開発業者への過剰な保証要求．民間開発業者はすでに，建設設計に費用を十分負担しているので，過剰な保証負担はプロジェクトを圧迫する．特に，開発者が制御できないリスクまでの保証契約は負担しえない．しかし，フランチャイズ権没収の契約条項は，設備建設を進展するのに必要な契約である．ある種のリスクは膨大な保証金が必要となるが，それをカバーする保険は通常の保険額はありえない．たとえば火災や地震などの自然災害の場合にも，設備は再建され営業再開するかプロジェクト債務を直ちに返済するために，適切な保険が必要である．

- 将来の政府スポンサー．プロジェクトの過剰競争官民協調施設は将来の政策変更リスク，たとえば設備利用において予想できない競争がある場合は，プロジェクトの経済的リスク，特に将来の収入不足の危険性を抱えている．その場合にはプロジェクトが実行困難になり，資金調達も不可能になる．

- 通行料や投資収益率の臨時規制．通行料と投資収益のガイドラインは建設以前に合意されなければならない[10]．公共交通施設に対する需要は，電力や水道などより予測が難しく，しかも価格に敏感に影響される．したがって，交通設備やインフラ・プロジェクトへの投資家には，建設と初期オペレーションが将来の政府当局から規制を受けるリスクがないことの保証が必要である[11]．

- 地方政府のプロジェクトへの投資参加の禁止．民間投資の可能性は地方政府のプロジェクトへの投資参加と政治的サポートに依存している．融資側は地方政府の投資額自体より，参加があるかないかに敏感である．投資額がいくらであっても，地方政府の投資はプロジェクトの成功に寄与することになる．地方政府の参加は将来の望ましくない政策変更からプロジェクトを保護することになる．

- 民間に政府の調達方法を採用させること．自己責任によって，民間デベロッパーは自分に最も有利なサブ契約を締結できるべきである．競争入札を基本

とする政府の調達方法は，政府購入にはよいが民間投資には必ずしも適していない．
・建設開始前の詳細設計の政府承認の要請．建築設計では経験的に，最終詳細設計の前に建設を始める方法により，プロジェクト建設費用を削減できることが知られている．政府の詳細設計確認はこのメリットを妨げることになる．

10.9.2 官民協調を促進する条件

以下のリストにある条件は高度なビジネスリスクと制度的リスクの処理を可能とし，官民協調を促進する．

・プロジェクトの選択は，政府の提示するリストの中から選ばせるより，むしろ，民間企業が達成可能とするものにさせる．民間の方が政府よりはるかに収益性の高いプロジェクトを見出すのに優れているからである．その一例がバージニア州のダレス空港有料道路である．
・政府が計画，許可申請，土地収用，省庁間調整などに積極的に支援する．ホスト政府のこれらの分野での支援は，プロジェクト進行速度を著しく速める．
・政府は実施する環境調査および土地利用調査を利用させる．最終承認がまだ下りていないときに環境影響調査を実施するコストは，インフラ・プロジェクトへ民間参加を妨げる要因の1つである．
・プロジェクトの資本コストの一部を負担するローンを供与する．政府のローンの供与は，必要とする民間ローンの呼び水となる．また政府がプロジェクト成否に財務的に関与することになる．
・民間プロジェクトに執行権を与える．空港や鉄道プロジェクトでは保安警備が必要となる．有料道路では，政府のハイウェイ・パトロールが使えるほうがよい．ホスト政府はこれらのサービスを契約ベースで供与できる[12]．
・固定資産税の猶予．固定資産税の猶予はプロジェクトへの政府の資本参加の間接的な方法である．
・協調プロジェクトの建設資材への売上税課税免除．多くの場合政府が所有するインフラ建設資材に対して売上税を徴収していない．同じ原則が官民協調プロジェクトにも適用可能である[13]．
・損害賠償責任の限界の設定．多くの場合，政府は民間の損害賠償より少なく

なっている[14]．
・政府所有の土地のリースや売却などによって使用権を与える．一般的に土地供与はホスト国にとって最も簡単なプロジェクトへの参加である．逆に，民間デベロッパーにとっては土地は最大の障害である．政府の権力は特に土地に関して有効である．
・プロジェクト・サイトにおける商業開発の許可．インフラ・プロジェクトによって商業開発需要は必ず発生する．単独では不可能なプロジェクトでも商業開発の利益によって可能となる．

10.10 ま と め

プロジェクト・ファイナンスは，天然資源保有国あるいはスタンド・アロン施設を建設しようとする途上国にとって潜在的に有効な方法である．すでに多くの場合に使われてきたが，その導入の決定はすべての費用効果，民間の損益を考慮して最低の費用を提供する方法であるかどうかに依存する．官民協調は米国国内における交通部門やその他のインフラ開発において可能性がある．いろいろな資金調達の組合せがありうる．その協調はリスクとリターンが政府と民間企業に適切に配分されてはじめて可能となる．特に，民間企業は参加によって負担させられるリスクを十分保証する利益が期待できなければならない．

11

ケース・スタディ
インディアンタウン・コジェネレーション・プロジェクト

　インディアンタウン・コジェネレーション・プロジェクト[*1)]は公社債市場での資金調達の注目すべきケース・スタディを提供している．1994年12月9日にIndiantown Cogeneration, L. P.（Indiantown社，パートナー会社）とIndiantown Cogeneration Funding Corporation（ICFC，持株会社）が5億500万ドルの第1モーゲージ債券を認可された公開競売で売却した[1)]．5億500万ドルと同時に，Indiantown社のあるマーチン郡工業開発局は非課税で31年満期の債券を1億2500万ドル発行し，その資金をIndiantown社に貸し出した．この長い満期はパートナー会社の資産管理のために設定された．

　債券はプロジェクトが完成する前でも，Moody'sとS&Pの両方の投資格付が，Baa3とBBB_であったことは注目に値する．スポンサーは，Bechtel社，GECCとPacific Gas & Electric社（Pacific社）であったから，その信用力とプロジェクトの契約内容の有利さが投資格付に決定的に重要で，この債券が公開可能となった．

11.1 プロジェクトの内容

　プロジェクトは，フロリダ州マーチン郡の南西部に石炭火力のコジェネレーション施設の建設・運営である．コジェネレーションは，33万kW/時の電力施設と17万5000lb/時の蒸気供給能力であり，1978年のPURPA規制で認定される施設である．パートナー会社はFlorida Power & Light社（FPL）と

[*1)]：本章は"Indiantown project financing is the largest sold this year," *Investment Dealer's Digest* (Schwimmer, 1994年11月21日) と "*Prospectus for $505,000,000 First Mortgage Bonds*" (Indiantown Cogeneration, L. P., 1994年11月9日) をもとにしている．

30年間の電力購入契約（PPA）を締結し，Caulkins Indiantown Citrus社（Caulkins社）と15年間のエネルギー購入契約（ESA）で蒸気を供給する[2]．第1モーゲージ債券公開時のプロジェクトの予想資本費用はおよそ5億8830万ドルであった．金融費用として1億8170万ドルが必要となり，合計7億7000万ドルになる．表11.1は必要資金と調達資金を推定したものである．必要資金には，コスト・オーバーランに備えた偶発事故用の資金3700万ドルを含んでいる．建設契約はいわゆるターンキー方式であるが，設計変更はこの契約においても費用増加となる．独立エンジニアリング・コンサルタントは3700万ドルは適切な事故追加費用資金と判断した．

11.1.1 購入契約者

FPLはフロリダ州公共サービス委員会（FPSC）の規制を受ける．そのサービス供給地域は35の郡に及び，フロリダ州の人口のおよそ半分の600万人の住む27650平方マイルに及ぶ．FPLはコジェネレーション会社から購入した電力をそのネットワークに取り込み，消費者に供給する．Caulkins社は1972年設立され，柑橘類のジュースの卸売業者である．蒸気をジュースの濃縮と家畜用製品生産に使う．蒸気の費用はCaulkins社の生産費用全体の主要な部分となっている．天然ガスから現在生産している蒸気をコジェネレーショ

表 11.1 インディアンタウン・コジェネレーション・プロジェクトの資金（単位：1000ドル）

資金源	抵当証券	505,000	資金使途	燃料備蓄費	3,187
	免税債	125,010		その他の建設費	4,223
	パートナーの株式出資	140,000		事故追加費用	37,000
	合計	770,010		小計	588,279
資金使途	資本費用		資金使途	金融費用	
	設計建設費	438,730		銀行への利息などの金融費用	58,441
	電気下水道接続工事費	6,850			
	土地代	8,811		金融ヘッジ終了費用	(7,046)
	上記処理設備費	14,500		抵当証券と免税債費用	84,311
	開発費	30,442		株主ローン金利および関連諸費用	33,524
	予備部品費	10,618			
	管理費	13,057		免税債返済口座	12,501
	税金	3,584		小計	181,731
	初期消耗品費	3,450			
	初期運転資金	5,000		合計	770,010

出典：Indiantown Cogeneration, L.P., ICFC, *"Prospectus for $505,000,000 First Mortgage Bonds"*（1994年11月9日）．

ン会社らのものに変えると，生産コスト削減になる．Caulkins 社は通常 11 月から始まり，翌年の 6 月まで生産を続ける．この蒸気需要スケジュールはコジェネレーション会社に有利である．なぜなら Caulkins 社の年間蒸気需要の約 70% が 1 年の最初の 5 か月間に発生し，もしも予測できない蒸気利用の削減があるなら，Caulkins 社は年間購入する蒸気の量を調整するために 7 か月以上猶予があるからである．

11.1.2 コジェネレーション施設

Bechtel Power 社（Bechtel 電力）はコジェネレーション設備を一定価格でターンキー方式で建設する責任がある．建設契約では 4 億 3870 万ドルと設定されている．Bechtel 電力は設計，エンジニアリング，資材調達，建設サービス，つまりプラントの立ち上げ，人材教育，効率検査までを含めて責任がある．Bechtel 電力は発電事業市場でリーダーとして認められている．40 年以上にわたって，56 GW の発電施設の建設とエンジニアリングに携わってきた．最近 15 年間に Bechtel 電力は 20 のコジェネレーション・プロジェクトを行っており，そのうちの 2 つはインディアンタウン・プロジェクトと同様な技術を使った．

建設は 1992 年 10 月 21 日に開始した．契約上の建設完成は 1996 年 1 月 21 日（保証完成日とよぶ）であった．メカニカル完工は設備の運営に支障のない些細な項目以外が ① すべての原料と設備が建設契約どおりに設置され，② すべてのシステムがインストールされテストされ，③ 発電設備は清掃され，④ すべての設備とシステムが安全に運行され，⑤ コジェネレーション施設がセットアップ，テストさらに稼働準備でき，⑥ 未完成項目のリストがパートナーと Bechtel 電力との間で合意されている状態をさす．Bechtel 電力はメカニカル完工の義務を果した．実質的な完工は，パフォーマンス・テストを終えた設備が ① 建設契約書の環境基準を超えないこと，② 100 時間テストの最初の 72 時間に最少でも 270 MW のアウトプットを出し，100 時間テスト期間中にネット電力アウトプットが保証レベルの 88% あること，を満たさなければならない．最終完成は，① メカニカル完工が満たされ，② 設備がパフォーマンス・テストを終了し，さらに Bechtel 電力がすべての瑕疵の賠償を払い終わったの時点である[3]．

Bechtel 電力は設備のアウトプット，熱管理，石灰石消費，排気ガスのレベ

ルを保証する．設備がこの保証レベルに達しないなら，Bechtel 電力は損害賠償を支払う義務がある．しかし，Bechtel 電力の遅延とパフォーマンスの賠償は，1億ドルまでに限定される．さらに遅延に対しては保険が掛けられた．

11.1.3 技　　術

コジェネレーション技術は，一般的な商業的に実証済みの石炭粉体装置を用いる．装置は石炭粉体燃焼蒸気発生装置と自動タービン発電機から構成される．石炭は粉砕され，空気と混合し燃焼炉に運ばれる．このプロセスで高熱蒸気と再加熱蒸気が生成される．蒸気発生器からの蒸気はタービンに送られ，その後の蒸気が熱需要のある Caulkins 社に供給される．使われた水蒸気はパイプラインを経てコジェネレーション施設に還元される．

第1モーゲージ証券の引受機関は，エンジニアリング・コンサルタントに設備設計が適切であるかのレビューを依頼した．コンサルタントは設計全体が電力法規と規準の遵守を承認できる見解を明らかにした．さらに，① コジェネレーションに用いられた技術は電力および熱供給において実証済みの健全なものであり，② この設備が設計，施工，さらに維持管理されれば，第1モーゲージ債券の満期期間をはるかに超える耐用年数があることを示した．

11.1.4 蒸気発生設備と補助装置

エンジニアリングの国際的なリーディング会社である Foster Wheeler 社が石炭粉体燃焼蒸気発生設備とその補助装置を契約を得た．Foster Wheeler 社は4基の石炭粉化装置を契約した．そのうちの3基は90%の設備能力でフル稼働を維持できる．1基を点検管理の予備に当てる．General Electric 社 (GE) が電力タービンを供給する．GE は世界の発電機のリーディング企業である．Bechtel 電力は発電装置の18か月の保証を取り付けた．

11.2　プロジェクトのパートナーとスポンサー

パートナー会社は，フロリダ州マーチン郡に 330 MW の石炭火力のコジェネレーション設備を建設，管理維持するために，1991年10月に，デラウェア・リミティド・パートナーとして設立された．ジェネラル・パートナーは，カリフォルニアの PG&E 社の子会社である Toyan 社とデラウェア州の Bech-

図 11.1 で示した出資構造図：

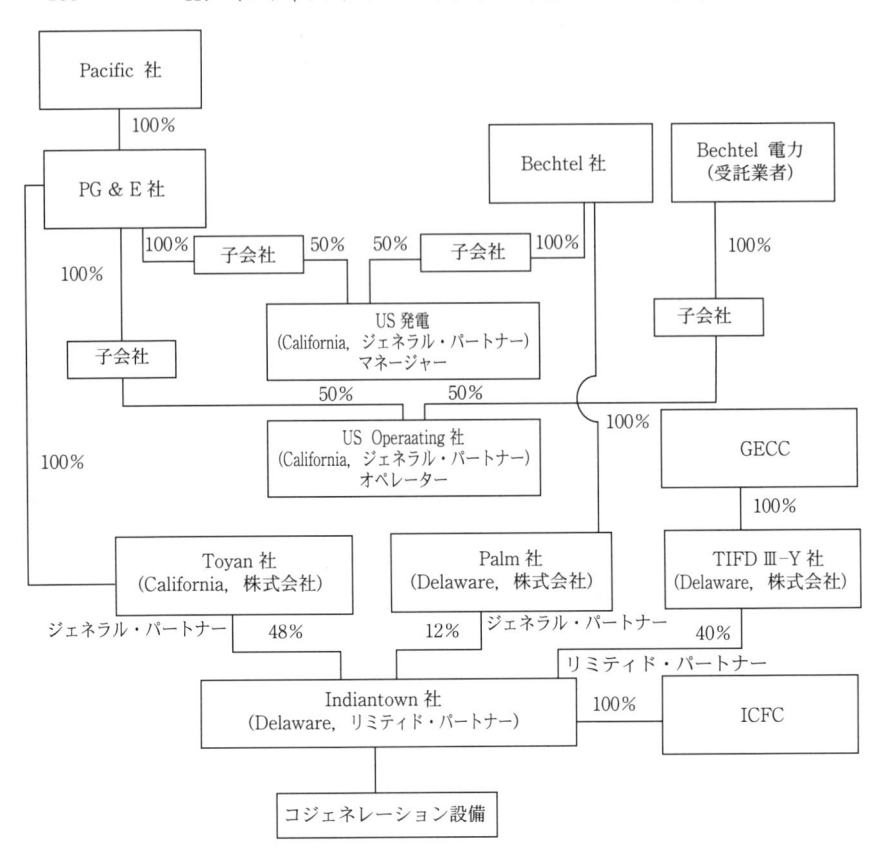

- Pacific 社 →100%→ PG&E 社
- PG&E 社 →100%→ 子会社 →50%→ US 発電 (California, ジェネラル・パートナー) マネージャー
- Bechtel 社 →100%→ 子会社 →50%→ US 発電
- Bechtel 電力 (受託業者) →100%→ 子会社
- PG&E 社 →100%→ 子会社
- US 発電 →50%→ US Operaating 社 (California, ジェネラル・パートナー) オペレーター
- 子会社 →50%→ US Operaating 社
- US Operaating 社 →100%→ Palm 社 (Delaware, 株式会社)
- 子会社 →100%→ Toyan 社 (California, 株式会社)
- GECC →100%→ TIFD III-Y 社 (Delaware, 株式会社)
- Toyan 社 →ジェネラル・パートナー 48%→ Indiantown 社 (Delaware, リミティド・パートナー)
- Palm 社 →ジェネラル・パートナー 12%→ Indiantown 社
- TIFD III-Y 社 →リミティド・パートナー 40%→ Indiantown 社
- Indiantown 社 →100%→ コジェネレーション設備
- ICFC

出典：Indiantown Cogeneration, L.P., ICFC, *"Prospectus for $505,000,000 First Mortage Bonds"* (1994 年 11 月 9 日, pp.5, 69-71).

図 11.1 インディアンタウン・コジェネレーション・プロジェクトの出資構造

tel 社の子会社である Palm 社である．図 11.1 にプロジェクトの出資関係を示した．PG&E 社は Pacific 社の 100% 子会社である．Bechtel 社はデベロッパーであり，さらにエンジニアリングと建設に特化した投資銀行である．リミティド・パートナーは，GECC の子会社の TIFD III-Y 社である．Toyan 社，Palm 社，TIFD 社はそれぞれ 48%，12%，40% のパートナーシップを所有する．

11.2.1 プロジェクト開発

設備はカリフォルニアのジェネラル・パートナー企業である US Generating 社（US 発電）が建設した．US 発電の 50% ずつの出資は PG&E Generating 社（PG&E 発電）と Bechtel Generating 社（Bechtel 発電）である．US 発電は 1989 年 1 月全米の電力開発を目的として設立された会社である．第 1 モーゲージ債券公募のときには，US 発電は総計 2500 MW の電力となる 14 の独立発電設備の開発を手がけていた．パートナー会社と US 発電は管理サービス契約によってコジェネレーション設備の管理運営を任せた．この管理契約の期限は第 1 モーゲージ債券の満期期日を超えていた．

11.2.2　プロジェクト・オペレーション

オペレーションは US Operating 社が運営契約に従い行った．US Operating 社は PG&E 社と Bechtel 電力の子会社である．第 1 モーゲージ債券公募のときには，US Operating 社は 5 つの独立電力のオペレーション・サービスを実施し，そのうちの 3 つが 1988 年中旬には商業運転を始めていた．

11.2.3　パートナーシップの経営

パートナーシップによる活動はパートナーシップ契約に従って行われる．パートナーシップ契約は経営をとりしきる理事会を設置する．Palm 社，Toyan 社，TIFD 社が理事会を構成する．パートナー理事会のメンバーはそれぞれ 2 名の取締役を任命する．取締役会において理事に任命されたメンバーの少なくとも 1 名が出席あるいは電話による議事の承認に参加しなければならない．取締役会の決定は参加するメンバーの全員一致が必要とされる．

11.2.4　株主ローン契約

TIFD 社は Indiantown 社に 1 億 3900 万ドルを建設検査セットアップ，初期運営のために株主ローンの供与契約を締結した．1994 年 6 月 30 日までに TIFD 社は 1 億 3900 万ドルをパートナーシップ会社に貸出した．

11.2.5　株　主　契　約

Indiantown 社は株主ローン契約を返済するかあるいは施設の完成検査，セットアップ，初期運営のために 1 億 4000 万ドルを出資することを合意した．TIFD 社は株式出資契約に従って 1 億 4000 万ドルまでの出資をしなければならない．GECC が TIFD 社の融資の保証をする．パートナー会社は 1995 年 11

月26日までに1億4000万ドルの株式出資する．

11.2.6 パートナーへの損益の分配
純損益は株式出資比率に比例して配分される．

ジェネラル・パートナー	
Toyan 社	48%
Palm 社	12%
小計	60%
リミティド・パートナー	
TIFD 社	40%
総計	100%

解散価値以外のすべての利益は上記の出資比率に比例して分配される．

11.3 プロジェクトの主契約

　財務の完全性は製品の販売力，原料の供給能力，経営の確実性などの契約に支えられた信用力に依存する．このプロジェクトの主契約は最近のノンリコース・ベースのファイナンスに見られる図 11.2 のとおりの契約関係に支えられている．

11.3.1 電力購入契約
　Indiantown 社は電力量販売者として FPL は長期購入者として，1990 年 3 月 31 日開始の 30 年間にわたっての電力購入契約を締結した．FPL の電力に対する支払は Indiantown 社の収入の 99% を占める．この電力購入契約は FPSC によって承認された．FPL に 1996 年に要求される省エネルギー施設としてこのコジェネレーション設備を FPSC が承認した．長期購入契約のもとで，FPL は Indiantown 社から電力を買う義務が発生する．購入義務は商業操業開始から ① 2025 年 12 月 1 日または，② 30 年後のいずれかまでに及ぶ．設備の完成の公表日が商業操業開始の日とされた．
　FPL による Indiantown 社への支払は ① 月々の電気容量支払と ② 消費電力支払からなる．容量支払は ① 固定費用と ② 維持管理費のインフレ変動費用からなる．この支払を合わせて固定費用のデット・サービスを含めた費用をすべてカバーできるものとした．FPL は実際の電力消費量に関係なく，発電能

11.3 プロジェクトの主契約　　　　　　　　　　　169

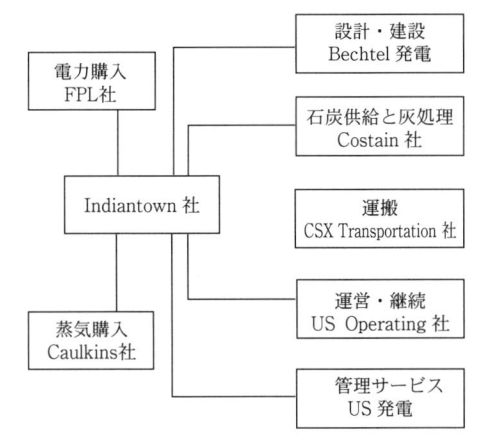

```
                    ┌─────────────────┐
                    │   設計・建設    │
                    │  Bechtel 発電   │
                    └─────────────────┘
  ┌──────────┐      ┌─────────────────┐
  │ 電力購入 │      │ 石炭供給と灰処理│
  │  FPL社   │      │   Costain 社    │
  └──────────┘      └─────────────────┘
        │           ┌─────────────────┐
        │           │     運搬        │
  ┌──────────┐     │CSX Transportation社│
  │Indiantown社│────└─────────────────┘
  └──────────┘     ┌─────────────────┐
        │           │   運営・継続    │
        │           │  US Operating 社│
  ┌──────────┐     └─────────────────┘
  │ 蒸気購入 │      ┌─────────────────┐
  │Caulkins社│      │ 管理サービス    │
  └──────────┘      │    US 発電      │
                    └─────────────────┘
```

出典：Indiantown Cogeneration, L.P., ICFC,
"*Prospectus for $505,000,000 First Mortgage Bonds*"（1994年11月9日，p.31）．

図 11.2 インディアンタウン・コジェネレーション・プロジェクトの契約関係

力に対して支払を要求された．FPL の発電能力支払は，発電容量請求要因（capacity billing factor）によって設定された．発電容量請求要因は発電量ばかりか FPL には送電されない発電量にも依存する．

発電量支払は FPL の発電の変動費用をカバーできるものである．燃料費高騰に対しては，長期購入契約には石炭供給契約と同じ内容が記されている．石炭供給契約は Indiantown 社の燃料費用と発電量支払とのミスマッチを緩和するために設定されている．

長期電力購入契約は FPL の電力送電計画に影響を及ぼす．FPL は安全性や緊急時の理由で電力の供給を中断しうる．これは FPL が電力価格に依存してコジェネレーション以外の電力を購入する自由度を確保する．FPL の容量料金システムは送電側の稼働率の低下によるの非効率に対処できる．したがって，送電レベルの変動は Indiantown 社の利益性に影響を与えない仕組となっている．

Indiantown 社は 1995 年 12 月 1 日までに設備を完成するために FPL に対して無条件かつ取消なしの支払信用状，あるいは手付金の以下のいずれかによる支払を要求した[4]．

・FPSC が長期購入契約を承認した後の 15 営業日以内に 100 万ドルの支払．
・フロリダ電力立地法に従って立地承認した後の 15 営業日以内に 200 万ドル

の支払．

・コジェネレーション設備の建設ローン契約終了後の15営業日以内に600万ドルの追加．

長期購入契約は，1995年12月1日以降に商業操業が始められなかったときに，それ以降の毎日に支払義務が生じる．商業操業が1995年12月22日であったときにはIndiantown社は50万ドルを遅延に対して支払うことになる．長期購入契約にはIndiantown社とコジェネレーション設備の効率性に関していくつかの制約条項がある．この契約のもとにパートナーシップ会社は信用状でその義務の遂行を保証する．

FPLは長期購入契約をデフォルトに当たる事象，つまり違法行為などを理由に中止することが可能である．さらに，長期購入契約はいわゆる価格調整(regulatory-out)の権限をFPLに与えるものである．価格調整とは，もしFPLが長期購入契約のもとで料金がコストをカバーできないとき，FPLはコストをカバーできる料金に調整できることである．さらに，FPSCが許可しない収益に対してはIndiantown社が払い戻さねばならない．もしもFPLの規制が価格調整条項の変更があると，Indiantown社は60日以内に長期購入契約を終了しなければならない．その場合にはIndiantown社とFPLは新規の長期購入契約を締結しなおすか，あるいは，他の電力購入者を見つけなければならない．しかし，Indiantown社からの長期購入契約を終了させたときは，終了費用を支払わなければならない．

契約不履行が不可抗力で起きたなら，双方ともその過失を見逃すことにする．不可抗力は長期購入契約の条項に，いずれかの側の過失や怠慢によらない制御不可能な事象と定義される．それは行政上，軍事上の事件，宗教上の事件，戦争，暴動，反乱，ゼネスト，サボタージュ，疫病，爆発，火事など設備にダメージを与えるものである．また，ハリケーン，洪水などの自然災害のほか，ストライキ，ロックアウトなどの労働争議も含まれる．しかし，設計上，建設上の，維持管理の欠陥に起因する生産停止は不可抗力とはならない．

11.3.2 蒸気購入契約

Calkins社とIndiantown社は15年間の熱供給契約を1992年9月8日に締結した．この契約は年間7億4500万lbの蒸気を販売する契約である．契約の条件として，①年間最低購入量が5億2500万lb，②PURPAの規制を遵守

するためコジェネレーション設備に必要な蒸気発生量，のいずれか小さいほうを購入しなければならない．年間の蒸気の料金は，① 固定費用として 7 億 200 万 lb 以下に対して 10 万ドル，② それを超えて 7 億 4500 万 lb 以下に対しては，1000lb 当り 2.20 ドルである．専門コンサルタントはコジェネレーションに必要な最低の蒸気発生量は年間 5 億 2500 万 lb であるとしている．

蒸気購入契約はプロジェクトが商業稼働を始めた年の 1 月から 15 年間の契約である．双方は契約を 5 年間延長する権利を有する．さらに，双方の一致があればその後さらに 5 年間延長できる．

もし Calkins 社が最低蒸気量を受け取らなかったとき，Indiantown 社に最高 1000 万ドルの損害賠償を支払う．これには銀行の信用保証がつく．もし Calkins 社が工場を閉鎖するときには，18 か月以前に Indiantown 社に通告しなけばならない．そのときには Indiantown 社が Caulkins 社の施設を公正な価格で取得あるいはリースすることができる．

11.3.3 建 設 契 約

Indiantown 社と Bechtel 電力はターンキー方式の建設契約を 1992 年 9 月 18 日に締結した．建設契約は，設計，エンジニアリング，設備の調達，原材料購入，建設，セットアップ，検査までを含む．

契約における建設価格は 4 億 3870 万ドルであった．この額はつぎの事項で変更可能である．① 双方の同意する建設範囲の変更，② Indiantown 社の要望による変更，③ 不可抗力の発生による変更，④ 契約に明記された情報の施主側の伝達不足，⑤ Bechtel 電力とその下請けに起因しない環境の変化による設計変更，⑥ 施主とその雇用者の関係による遅延，⑦ 契約変更になる事項．

建設契約にはメカニカル完工，実質的完工，最終完工のレベルが定義される．Bechtel 電力のメカニカル完工の義務は全体への責任まで及ばない．建設は 1996 年 1 月 21 日までの完工保証日以前に終わらなければならない．最終完工は，① 実質完工日，② 1996 年 12 月 1 日のいずれかの遅いほうから 365 日以内に終わらなければならない．Bechtel 電力は完工保証日から実際の完成日まで，デット・サービスの額を遅延損害量として支払わなければならない．Bechtel 電力の損害補償額は 1 億ドルを限度とする．

11.3.4 オペレーション契約

Indiantown 社と US Operating 社は 1992 年 9 月 30 日にオペレーション契約を締結した．US Operating 社は設備のオペレーションとメンテナンスに責任をもつ．契約は 30 年間でいずれかの側の終了希望がない限り 5 年ごとの自動継続である．

US Operating 社は Bechtel 電力でトレーニングを受けた技術者を管理運行に従事させる．オペレーションはパーツの購入から修理にいたるまで完全な運行を保証するものである．実質完工および毎年の新年度の 150 日以前に，US Operating 社は Indiantown 社の承認を得るために予算案を作成しなければならない．

11.3.5 経営管理サービス契約

Indiantown 社と US 発電は 1992 年 9 月 30 日に経営管理サービス契約を結んだ．契約は Indiantown 社のビジネスの経営管理に関してである．その期間は 34 年間で毎日の業務から設備の立上げなど全般である．US 発電は政府の規制変更を常にモニターし，必要な承認を得なければならない．さらに，プロジェクトの契約者に必要な書類および財務諸表を作成しなければならない．

11.3.6 石炭購入契約

石炭購入契約を Costain Coal 社（Costain 社）と 1992 年 4 月 4 日に締結した．その契約は瀝青炭とその灰燼の処理に関する．契約期間は 30 年間であり，専門のコンサルタントは，Costain 社は契約を遂行するに足る十分な埋蔵量とその処理技術を有するとした．

Costain 社はすべての石炭供給および 30 日分の備蓄に責任をもつ．その最大量は年間 120 万 t に達する．Indiantown 社は最少購入義務数量はなく，電力需要に合わせて石炭の購入を決定する．

Costain 社は石炭購入契約条項を遵守しなければならなく，石炭，石灰石の品質，および灰燼の品質の変化は価格交渉に影響する仕組がある．しかも，契約は品質保証規準があり，この規準に満たないものは受取を拒否できる．

11.3.7 石炭および灰燼の輸送契約

Costain 社は 100% 子会社の CSX Transportation 社と 1992 年 8 月 8 日に

輸送契約を締結した．契約期間は30年である．

11.4 プロジェクト・オペレーション予測結果

Stone & Webster 社はコジェネレーション施設の収入と費用の予測結果をまとめた．予測は1996年から2025年までをカバーしている．商業稼働は1996年1月21日を前提としている．

11.4.1 諸　　仮　　定
営業予測は以下の諸仮定に基づく．
1) FPLに販売する電力収入：　長期電力購入契約は電気容量と消費電力に対して30年間の契約を設定している．算定は日々の需要量からと固定費決定される．ベース・ケースは100%稼働率で発電した場合とする．Indiantown社の収益は発電稼働率の影響は比較的少ない．理由は発電量料金がフル稼働でない場合を前提に設定されているからである．

電力容量当り料金は表11.2に示した．容量料金収入は発電容量330 MW ベースで料金収入と維持管理費から算定される．維持管理費は1996年1月では1 MW当り5170ドルとした．この料金は，以降に関してはDRI/McGraw-

表 11.2　電力料金スケジュール

年末 12月31日	料金 （ドル/MW月）
1996〜2015	23,000
2016	12,500
2017	12,220
2018	11,940
2019	11,670
2020	11,390
2021	11,110
2022	10,820
2023	10,560
2024	10,280
2025	10,000

出典：Indiantown Cogeneration, L.P., ICFC, "*Prospectus for $505,000,000, First Mortgage Bonds*" (1994年11月9日, p. B-28).

表 11.3

	1996	1997	1998	1999	2000
生産					
最大出力（net）(MW)	330	330	330	330	330
平均発電量	76.8%	88.3%	88.3%	88.3%	88.3%
フロリダ電力への売電（MW時）	2,099,030	2,553,155	2,553,155	2,553,155	2,553,155
蒸気量（Mlb）	496,233	525,000	525,000	525,000	525,000
石炭消費量（t）	834,719	1,012,269	1,012,269	1,012,269	1,012,269
価格					
電気容量（ドル/kW年）	338.64	340.14	341.88	343.85	345.95
電力量（ドル/MW時）	23.54	24.32	25.22	26.17	27.19
蒸気（ドル/Mlb）	0.19	0.20	0.21	0.23	0.24
石炭（ドル/t）	27.71	28.90	30.26	31.65	33.13
営業収入（1000ドル）					
電気	116,317	123,472	124,101	124,818	125,582
電力	49,404	61,844	63,834	66,094	68,575
蒸気	95	104	110	118	127
合計	165,816	185,419	188,046	191,031	194,284
営業支出（1000ドル）					
燃料費	48,491	60,502	62,716	65,082	67,607
維持運転費	11,546	12,922	13,271	13,669	14,093
その他	14,589	15,605	16,007	17,795	16,757
合計	74,626	89,029	91,994	96,546	98,457
営業収益	91,190	96,390	96,051	94,485	95,828
調整	3,357	4,395	4,160	4,385	4,103
デット・サービス・資金（1000ドル）	94,547	100,785	100,211	98,870	99,931
デット・サービス額	64,317	67,934	67,812	66,860	67,624
利子カバー比率	1.75	1.78	1.79	1.80	1.85
デット・サービス・カバー比率	1.47	1.48	1.48	1.48	1.48

出典：Indiantown Cogeneration, L.P., ICFC, "*Prospectus for $505,000,000 First Mortgage Bonds*"

Hill の価格デフレータで調整される．電気容量当り料金は「容量料金率」ベースで調整され Stone & Webster 社はこの係数を 97.5% と算定した．この「容量料金率」は FPL から Indiantown 社に容量料金が 10% ボーナスで増やされる結果から生じる．

電量料金は 1992 年の kW 時当り 2.153 セントをベースに時間別エネルギー効率を乗じたものが基礎になる．エネルギー効率は電力負荷の限界価格に燃料価格プラスで算定される．エネルギー当りの価格は燃料費用の平均インフレ率で調整される．

11.4 プロジェクト・オペレーション結果

ベース予測

	2001	2002	2003	2004	2005	2010	2015	2020	2025
	330	330	330	330	330	330	330	330	330
	80.7%	88.3%	88.3%	88.3%	88.3%	88.3%	88.3%	88.3%	88.3%
	2,331,719	2,553,155	2,553,155	2,553,155	2,553,155	2,553,155	2,553,155	2,553,155	2,553,155
	525,000	525,000	525,000	525,000	525,000	525,000	525,000	525,000	525,000
	926,237	1,012,269	1,012,269	1,012,269	1,012,269	1,012,269	1,012,269	1,012,269	1,012,269
	348.19	350.58	353.11	355.73	358.44	373.45	390.95	272.55	280.59
	28.26	29.35	30.51	31.73	32.99	39.97	47.50	56.57	67.39
	0.26	0.28	0.30	0.32	0.34	0.45	0.55	0.66	0.80
	34.66	36.18	37.81	39.55	41.33	51.21	61.23	73.43	88.06
	126,394	127,259	128,179	129,131	130,115	135,561	141,916	98,936	101,856
	64,931	73,974	76,819	79,848	82,971	100,347	119,645	142,376	169,400
	137	147	157	169	180	234	288	349	423
	191,462	201,380	205,156	209,148	213,266	236,141	261,849	241,660	271,678
	64,388	72,932	75,809	78,839	81,954	99,222	118,423	140,904	167,689
	14,202	15,024	15,534	16,063	16,609	19,631	23,158	27,372	32,352
	20,025	21,303	18,610	18,286	22,139	22,006	25,233	32,062	31,027
	98,615	109,259	109,953	113,188	120,702	140,859	166,814	200,338	231,068
	92,847	92,121	95,203	95,960	92,564	95,282	95,035	41,322	40,610
	4,442	4,782	4,134	4,536	5,137	5,335	5,533	6,659	7,084
	97,289	96,903	99,337	100,496	97,701	100,617	100,568	47,981	47,694
	65,737	65,025	66,995	67,798	65,693	67,532	67,123	30,821	30,831
	1.83	1.86	1.95	2.30	2.04	2.64	4.61	4.40	28.15
	1.48	1.49	1.48	1.48	1.49	1.49	1.50	1.56	1.55

(1994年11月9日, pp. B-36-B-38).

2) 熱供給からの年間販売収入： 蒸気供給契約では7億2000万lbまでは10万ドルと設定されている．調査会社はCalkins社は年間5億2500万lb購入すると予測した．操業2年度から，価格は消費者物価指数の1/2と天然ガス価格の1/2の和で調整される．

3) 金利収入： デット・サービス・リザーブ口座に維持される資金が稼ぎ出す利息は金利が7.875％で1994年の免税債の金利に等しい．他の支払い口座の資金も多少の利息を稼ぐ．予測では金利はDRI/McGraw-Hillのインフレ率より0.5％低い値に設定されている．

4) 石炭とその灰燼運搬処理費： 石炭の1992年価格をt当り26ドルとし，その後石炭購入契約では石炭価格指数を基礎として調整されるので予測は年間4.1%で増加するとした．石炭の消費量は蒸気供給時は毎時133.4tで蒸気供給がないときは毎時128.2tであるとする．

5) オペレーション費と維持費： US Operating社は契約を完全に履行し全額料金とボーナスを支払うとする．

6) 経営管理費： US発電に年間65万ドルの料金を支払いGDP価格指数でそれ以降調整する．

7) 財務上の仮定： 第1モーゲージ債のデット・サービスは①5億500万ドルを10期の満期の異なる債券に表11.7のとおりに分割し，②1億2501万ドルの免税債は2期の満期に分割する．免税債の1億1300万ドルに対しては金利が7.875%で，残りの1201万ドルは金利8.050%とする．

11.4.2 基準ケースの結果

ベース・ケース予測は表11.3のとおりである．電力および蒸気供給からの収入，オペレーション管理費などを2025年までの予測をまとめた．経常収入は2015年以降は急減する．表11.2にあるとおり電気容量収入が半減する契約だからである．第1モーゲージ債の利子カバー比率の最小値は1.75であり，その加重平均値は2.50である[5]．デット・サービス・カバー比率の最小値は1.47であり，加重平均値は1.50である[6]．

11.4.3 感度分析

Stone & Webster社は種々の感度分析を行った．その結果は表11.4にまとめた．2%の熱効率の向上，1%のインフレ率の増加，10%の発電量の減少，これらはプロジェクトの利子カバー比率，デット・サービス・カバー比率にはわずかの影響しかない．発電設備稼働率をベース・ケースの88.3%から84%に減少すると大きな影響がある．しかしそのときでもデット・サービスは安全圏内にある．たとえS5ケースのようなインフレが1%増加で稼働率84%の場合でも，金利カバー比率は1.64以上だしデット・サービス比率は1.14以上である．感度分析からIndiantown社はかなりよくない諸環境でも債務返済できることが示された．

11.4 プロジェクト・オペレーション結果

表 11.4 感度分析の結果

(a) ケースの条件と内容

ケース	条件	内容
S1	熱効率の下落	2%の熱効率の下落は燃料とその処理費の増加になる.
S2	インフレ率の増加	年率1%で増加.
S3	発電量の減少	年10%の発電量の減少．フル稼働以下では収入に影響がないのはPPAがフル稼働支払してくれるため非効率がカバーされるからである.
S4	稼働率の減少	2001年から2025年まで稼働率を84.0%（88.3%がベース・ケース）にする．ただしメンテナンス率は80.7%にする.
S5	S2, S4の組合せ	年率1%で増加．稼働率84.0%.

(b) 感度分析のまとめ

		1996	1997	1998	1999	2000	2005	2010	2015	2020	2025	最小値	加重平均
営業売上	ベース・ケース	166	185	188	191	194	213	236	262	242	272		
	S1	166	186	189	192	195	215	238	264	244	275		
	S2	168	189	193	197	201	228	261	301	299	355		
	S3	161	180	182	185	188	205	226	250	227	255		
	S4	166	185	188	191	194	197	219	243	226	254		
	S5	168	189	193	197	201	211	242	280	280	332		
営業収益	ベース・ケース	91	96	96	94	96	93	95	95	41	41		
	S1	90	96	96	94	96	92	95	95	41	40		
	S2	90	95	95	93	95	91	94	93	38	38		
	S3	92	97	97	95	96	93	96	96	42	42		
	S4	91	96	96	94	96	81	83	82	33	32		
	S5	90	95	95	93	95	79	81	80	28	28		
デット資金サービスカバー比率	ベース・ケース	95	101	100	99	100	98	101	101	48	48		
	S1	94	100	100	99	100	98	100	100	48	47		
	S2	94	100	100	98	99	97	100	100	46	48		
	S3	95	102	101	99	100	98	101	101	49	49		
	S4	95	101	100	99	100	86	88	88	39	39		
	S5	94	100	100	98	99	85	87	86	37	37		
利子カバー比率	ベース・ケース	1.75	1.78	1.79	1.80	1.85	2.04	2.64	4.61	4.40	28.15	1.75	2.50
	S1	1.73	1.76	1.78	1.79	1.84	2.03	2.64	4.61	4.38	28.01	1.73	2.49
	S2	1.74	1.77	1.78	1.79	1.84	2.02	2.63	4.59	4.26	28.30	1.74	2.48
	S3	1.76	1.79	1.80	1.81	1.85	2.05	2.66	4.65	4.48	28.75	1.76	2.52
	S4	1.75	1.78	1.79	1.80	1.85	1.79	2.32	4.03	3.60	22.88	1.66	2.28
	S5	1.74	1.77	1.78	1.79	1.84	1.77	2.30	3.77	3.36	22.08	1.64	2.25
デット・サービス・カバー比率	ベース・ケース	1.47	1.48	1.48	1.48	1.48	1.49	1.49	1.50	1.56	1.55	1.47	1.50
	S1	1.46	1.47	1.47	1.47	1.47	1.49	1.49	1.50	1.55	1.54	1.46	1.49
	S2	1.47	1.48	1.47	1.47	1.47	1.48	1.49	1.51	1.56	1.56	1.47	1.48
	S3	1.48	1.49	1.49	1.49	1.48	1.50	1.50	1.51	1.58	1.58	1.48	1.51
	S4	1.47	1.48	1.48	1.48	1.48	1.31	1.31	1.31	1.27	1.26	1.26	1.37
	S5	1.47	1.48	1.47	1.47	1.47	1.29	1.30	1.29	1.19	2.21	1.14	1.35

出典：Indiantown Cogeneration, L.P., ICFC, "*Prospectus for $505,000,000 First Mortgage Bonds*" (1994年11月9日, pp. B-32–B-53).

11.5 プロジェクト・ファイナンス

第1モーゲージ債券の5億500万ドルの公募は10回からなる．発行年から満期までの期間が2年以内（A-1）から26年（A-10）まである．スポンサーは第1モーゲージ債券の公開に規則144Aを満たすことにより，流動性を確保しつつ，投資家に収益率をアピールするできるものにしようとしている[7]．

表11.5は1994年6月30日Indiantown社の資金調達を示している．またさらに，その表は以下の修正も示している．①5億500万ドルの第1モーゲージ債券の発行，②1994年の免税債券を1億2501万ドル発行，③以上の債券の発行による既存借入の返済．

11.5.1 初期建設資金調達

初期のプロジェクト資金はつぎの4つの資金源である．①Credit Suisse社とCredit Lyonnais社が幹事であるシンジケート・ローン（1994年6月30日時点で2億260万ドル），②Credit Suisse社が信用保証した免税債券の1億1300万ドル，③GECCからのローンの1億3900万ドル（GECCは株主）④

表 11.5 Indiantown社の1994年6月30日における資本構

		1994年6月30日の予定	修　正
長　期　借　入	銀行借入	202,621,500	0
	抵当証券	0	505,000,000
	免税債 (1992年)	113,000,000	0
	免税債 (1994年)	0	125,010,000
	株担保ローン	139,000,000	0
	新株担保ローン*	0	0
	合計	454,621,500	630,010,000
パートナー出資	Toyan社	48	48
	Palm社	12	12
	TIFD III-Y社	40	40
	合計	100	100
総合計		454,621,600	630,010,100

＊：新株担保ローンでは，完工後借入可能．完工後5日以内に1億4000万ドルの新株担保ローンを発行．
出典：Indiantown Cogeneration, L.P., ICFC, "*Prospectus for $505,000,000 First Mortgage Bonds*" (1994年11月9日, p.54).

11.5 プロジェクト・ファイナンス

10万ドルのパートナーの資金，の4つであり，このようなハイレバレッジは建設中にはよくあることであるが，貸し手は完成保証が確保されていることを要求している．

11.5.2 リファイナンス

Indiantown 社は1994年と1995年にリファイナンスを実施した．表11.5にあるように，5億500万ドルの第1モーゲージ債券と1億2501万ドルの免税債券が1億1300万ドルの1992年の免税債券の返済と初期の株主ローンの返済に用いられた．残りの資金が建設費用の一部の支払に使われた．株主ローンが返済後も，GECC は建設費用の1億4000万ドルを負担することになった．さらに，彼らはプロジェクト完工後にの5日以内に株主出資契約に従って1億4000万ドルのローンを株式に転換するものとした．ジェネラル・パートナーである Toyan 社と Palm 社が GECC にパートナー株で弁済する．

11.5.3 プロジェクト完成の資本構成

表11.1にあった資金源とその用途が，プロジェクト完工後には表11.6の資本構成になる．長期債務が資本構成の81.8%に達している．このうちおよそ4/5が課税債券であり1/5が免税債券である．

11.5.4 金利スワップ契約

Indiantown 社は1992年10月に6つの金利スワップ契約を結んだ．スワップ契約では，初期想定元本は1992年11月の1657万8600ドルから，最終想定元本が1995年12月の5億3500万ドルに増加する．その後，2010年まで想定

表 11.6 Indiantown 社の完工時の資本構成

	金額	比率(%)
長期借入		
抵当証券	505.0	65.6
免税債	125.0	16.2
合計	630.0	81.8
株式		
パートナー	140.0	18.2
総資本	770.0	100.0

出典：表11.1.

元本は変化せず，5億3500万ドルで固定する．パートナーシップ会社は建設中の変動金利のリスクをヘッジするためにスワップを組んだ．1994年末に固定金利のリファイナンスが予定されていた．2010年に満期となるスワップは，固定金利のリファイナンスが遅れる事態に備えたものである．スワップの費用はLIBORと6つの契約の平均金利である8.30%のスプレッドが算定基礎となる．

11.5.5　第1モーゲージ債の公開

表11.7には第1モーゲージ債券の発行条件をまとめた．それは10回に分けられて公開販売で実施された．金利は第1回 (A-1) の7.38%から第10回 (A-10) の9.77%まである．表11.7で明らかなように1億9780万ドルの全体の39%にあたる部分が2010年に満期を迎える．残りの53%の2億6840万ドルが2020年に満期になる．

第1モーゲージ債券は債権投資家に対するつぎのような魅力をもつ．
1) 追加的債務発行の対する歯止め：これは債券価値の逓減を防止する．
2) パートナーシップ配当に対する制限：資金の会社からの流出を制限す

表 11.7　第1モーゲージ債券の発行

発行者：Indiantown Cogeneration, L. P. とIndiantown Cogeneration Funding Corporation (ICFC)
元　金：合計5億500万ドルとなる10種類の抵当証券

種類	元金（ドル）	金利（%）	満期
A-1	4,397,000	7.38	1996年6月15日
A-2	4,398,000	7.56	1996年12月15日
A-3	4,850,000	7.80	1997年6月15日
A-4	4,851,000	7.97	1997年12月15日
A-5	5,132,000	8.19	1998年6月15日
A-6	5,133,000	8.19	1998年12月15日
A-7	4,998,000	8.39	1999年6月15日
A-8	4,999,000	8.43	1999年12月15日
A-9	197,839,000	9.26	2010年12月15日
A-10	268,403,000	9.77	2020年12月15日

利払日：年2回 (6月15日, 12月15日), 1995年6月15日開始

出典：Indiantown Cogeneration, L.P., ICFC "*Prospectus for $505,000,000 First Mortgage Bonds*" (1994年11月9日, pp.13-20).

る．債券保有者はできる限り資金を会社内に留保し，第1モーゲージ債券の安全性の確保を求めるからである．

第1モーゲージ債券の正式証書はデット・サービス支払機関を指定し，いくつかの特定目的のキャッシュ準備口座の開設が求められる．支払機関はこれらの口座の監督をし，支出の正当さとパートナー会社の支出の優先順位をチェックする[8]．

11.5.6 1994年免税債の公開

コジェネレーション施設の開発と建設は1992年の免税債の1億1300万ドルを保証金として資金調達された．免税債はマーチン郡産業開発局によってIndiantown社に対して発行された．これらの資金は1994年に固定金利でその合計が1億2501万ドルとなる2種類の免税債の発行によって返済された．そのうちの1億1300万ドルは第1モーゲージ債券の第1次と同時に発行され，残りは第2次と同時に発行された．1994年の免税債は銀行の信用保証ではなく，第1モーゲージ債券の担保によって発行した．1994年の免税債は免税可能な費用項目対する資金調達として実施された．この債券金利の所得税は免除されるので，第1モーゲージ債券と同じ満期に対しても低い金利で資金調達可能となる．

11.5.7 株　　式

パートナーである3つの機関はIndiantown社に対して1億4000万ドルの株式資金提供をした．この資金支払義務はTIFD社の株式ローンを当初はクリアーするためであった．前節で述べたとおり，株式ローンの返済に第1モーゲージ債券を充当した．Indiantown社はTIFD社と同じ条件で新規のローン契約を契約した．またTIFD社は支払機関と株式資本提供契約を結び，1億4000万ドルの株式資本供与をつぎの条件のもとで実行した．①完工後5日後，②1996年12月1日のいずれかの早い日程．支払機関の存在は株式資本調達の速度を早めることになった．

プロジェクトのスポンサーは建設期間中に資金調達があることを好む．なぜなら調達資金が金利を発生するからである．融資家はスポンサーのローンが完工後に株式に転換される確証をほしがる．さらに重要なこととして，完工できなかったときに，融資資金の返済がスポンサー・ローンからなされることの保

証を求める．株式分担（equity contribution）契約は第1モーゲージ債券保有者のこれらのリスク保証を行う契約である．

11.5.8 運 転 資 金

ほとんどすべてのプロジェクトにおいて運転資金のローン資金枠が必要である．この資金枠がプロジェクトが短期に必要とする資金需要を充足する．Indiantown社は1500万ドルの運転資金枠を保有した．この融資枠から90日間の満期で借入可能である．引出限度額は他の優先債券の額（第1モーゲージ債）に比例して決定される．さらに，運転資金ローンは第1モーゲージ債券および1994年免税債に対して①元利合計と手数料の支払，②売上の受収金および抵当流れ受取について優先権を有する．

11.6 ま と め

インディアンタウン・コジェネレーション・プロジェクトに対するプロジェクト・ファイナンスの適用は米国公社債市場においてスポンサーが十分強固な契約関係を結んでいれば設備完成以前にも資金調達できることを示した．さらに，プロジェクトの債券は投資適格格付となった．公社債市場が資金源として，特に技術的リスクの比較的少ないプロジェクトに対して重要性を増すものと期待される．

12

ケース・スタディ
トリバサ有料道路プロジェクト

　多くの発展途上国では，インフラ建設と修繕，たとえば交通システム（道路，鉄道，飛行場など），通信システム（電話網など），公共施設（発電，上下水道など）などの膨大な需要がある．一般的に，その政府はインフラに必要な資金すべてを自ら調達できないし，しようともしない．発電設備や有料道路などのプロジェクトでは，途上国政府もプロジェクト・ファイナンスに参加している．発電プロジェクトの例は，第8章と第11章で紹介した．本章では有料道路のファイナンスを見てみよう．

12.1　メキシコ政府の有料道路プログラム

　メキシコには広範囲の有料道路網がある．一般的に公共資金によって，あるいは民間投資誘導のための公共のプログラムとして建設されてきた．通常は競争入札し，政府が高速道路の建設修繕の権限を与える．受託業者は資金調達，建設修繕，維持管理を一定の期間内に政府の規制下に委託される．その見返りに，業者はコンセッション期間に有料道路収入を受け取る権利を得る．
　有料道路の資金調達は段階的に行われる．受託業者は短期資金調達を設定し，建設資金調達には株式資本出資者となる．さらに，長期ファイナンスを設定し，営業開始後の収入を返済に割り当てる．受託業者は，コンセッションの委託を政府から承認されなければならない．
　メキシコ政府は有料道路網の設計をし，建設を監視し，営業を規制する．コンセッション契約は，その期間，建設要件，車種ごとの料金，運営基準，維持管理要件，政府に納入するコンセッション料金を決定する．通常は，道路需要が一定レベルに達するまでコンセッション期間が延長される．あるいは，現実

の需要が一定レベル以上のときは，コンセッション期間を短縮するか収入の政府支払を増額する契約である．受託業者はコンセッション期間中，道路の維持管理を行う義務を負う．コンセッション終了後，道路の運営収入は政府に移管される．政府はコンセッション期間中も有料道路の所有権は保持している．

政府はある条件が発生したときには，保証なしにそのコンセッションを終了させる権利を保有する．その条件とは，政府に支払うべき料金を納入しない，道路運営管理を怠る，承認された料金以上の額を設定するなどである．

12.1.1 トリバサ有料道路コンセッション

Grupo Tribasa の子会社がメキシコの有料道路コンセッションを 1993 年に獲得したケースを紹介する．その総延長はメキシコ市近郊エカテペック-ピラミデス間の 13.9 マイルとメキシコ西海岸のアメリア-マンツァニリョ間の 29 マイルである．コンセッションは Grupo Tribasa に，建設，運営，維持を委託するものである．ピラミデス道路は 1965 年に建設されており，Grupo Tribasa は 1991 年から運営を委託された．当初の契約は 4 年であったが，その後 20 年に延長された．一方，マンツァニリョ道路は 1991 年から開始した．当初は 9 年契約であったが，これも後に，13 年に延期された．この 2 つのコンセッション期間延期は通行量が目標に達しないときはコンセッションが延期される契約だったからである．

受託業者の資金調達と地元資本の資本参加が建設費用と初期運営費用を賄った．Grupo Tribasa はこのコンセッションの数年の成功を評価し 1993 年にリファイナンスを行った．

12.2 インフラ・プロジェクトの資金

インフラ・プロジェクトの資金は従来からつぎの資金源から調達されてきた．
・政府融資（供与，ローン，ローン保証）
・サプライヤー（建設会社，設備会社）
・2 国間または多国間融資機関（供与，ローン）
・銀行の貸出枠（国家あるいは企業による信用保証があるとき）
・機関投資家投資（国家あるいは企業による信用保証があるとき）

最後の2つの資金源は，資本市場の状態ばかりでなくスポンサーの信用力の社会的評価にも依存する．不幸なことに，ほとんどの発展途上国は，インフラ投資を実行するために十分な資金も信用力もない．したがって，彼らは民間ファイナンスにとって魅力的となるような条件を設定しようとする．これによって，民間企業に委託し，プロジェクトが発生するキャッシュ・フローに依存した資金調達を可能とするのである．

12.2.1 海外インフラ・プロジェクトのリスク

海外のインフラ・プロジェクトの資本を調達するためには，スポンサーが種々のリスクを回避する方法を見つけなければならない．海外プロジェクトには，通貨リスクと政治リスクに対処できる方法を考えなければならない．

a． 通貨リスク

通貨リスクには，少なくとも3つの重要な要因がある．
1) 投資先通貨の下落．たとえば政府が通貨切下げをするとき．
2) コストと収入の通貨のミスマッチ．たとえばローン返済は強い通貨で収入は弱い通貨のとき．
3) 当該通貨交換不可能．

通貨の下落はローン返済のために必要な収入額を増加させる．大きな下落はプロジェクトの資金返済を著しく悪化させ，支払停止の事態にまで至る．政府の通貨切下げがなくても，為替相場の下落はプロジェクトに有害である．為替管理や資本送還の規制は資金返済の能力を著しく損なう．さらに，通貨の相対的価値が変わらなくても，スポンサーはプロジェクトのデット・サービスに必要な外貨に地元通貨を交換できなければならない．為替管理や外貨準備に対する規制はプロジェクトのデット・サービス機能を著しく妨げる．

b． 政治リスク

海外のプロジェクトは立地国の固有の政治リスクにさらされる．近年では，インドのマハラシュトラ州のエンロン・ダホール発電プロジェクトがこの問題の典型例である[1]．このプロジェクトはつぎの問題に直面した．
1) 現政権がつぎの選挙で敗北し，新政権がプロジェクトを支持しない立場となるリスク．実際インドの例はこのケースである．
2) 政府の政策が変更されプロジェクトに損害をもたらすリスク．たとえ政策が変わらなくても，為替管理政策の変更，約束されていた税の減免措

置の再交渉, プロジェクト資産の収用などのリスクがありうる.
3) 予期できない社会的不安などの展開, たとえばホスト国におけるゼネストなどはプロジェクトに悪影響を与える.

インフラ・プロジェクトはしばしば, 政府の広範な承認を必要とする. もしも政府のプロジェクトに対する態度が変わった場合は, その後の許認可が著しく困難となる. 外部の投資家は, すべての認可が下りるまでは投資しないのが一般的である.

税金は特に重要な要因である. 地方税制の変更は, デット・サービスに必要な税引後キャッシュ・フローを減少させる. たとえば, ホスト国がプロジェクトのアウトプットに消費税を新規に導入したときなどである. また, 友好的な租税条項の撤廃はプロジェクトに悪影響を与える. たとえば海外の投資家に対する配当および利息収入に対して低く設定してあった源泉課税の撤廃などである.

インフラ・プロジェクトに関する重要なリスクはつぎの2つ, 経済リスクと完工リスクである.

c. 経済リスク

インフラ・プロジェクトは本来公共に財サービスを提供するものであるから, たとえば電力のような単一の財や, 有料道路のような単一のサービスの供給はその地域の需要に依存する. 需要のレベルは地域経済の影響を受ける.

あるインフラ・プロジェクトは信用力のある企業から需要を保証する契約がない場合がある. たとえば, 有料道路の場合, ホスト国は最少交通量や通行料収入の最低保証をすることはありえない. 交通量に従ったコンセッション期間の修正には同意する. これはある程度経済リスクを減少させるが, 健全な契約であるテイク-オア-ペイ契約[2]より経済リスクに対する対策としては弱い.

インフラ・プロジェクトでは初期段階に財務予測の信頼できるデータがほとんどない. 一応スポンサーがその調査を行うが, 信頼性が低いので, 融資家は建設期間中の融資のリスクをきわめて高いものとみなす. したがって, インフラ・プロジェクトでは初期融資より一定期間運営後のリファイナンスが一般的である.

インフラ・プロジェクトは, 概して利用期間が長期にわたる. したがって資金は超長期借入が大部分を占める. これは公共に認められる価格で財サービスを供給し, 余裕ある返済をするためである. 民間資金が調達されるためには,

民間企業はコンセッション期間中にプロジェクトの所有権を保有し，債務を返済できる長期間にわたってオペレーションを続けなければならない．

インフラの資金調達においては，借り手が支払不能（デフォルト）のとき通常の賠償が必ずしも可能でない．たとえば有料道路の場合，ホスト国が道路を所有しているので，貸し手が担保権を行使する資産が存在しない．また，現実的にも道路の通行を排除できないし，コンセッション権を他社に譲渡することもできない．

d. 完工リスク

インフラ・プロジェクトは大規模で複雑なことがある．したがって，長期の建設期間を要する．また，新規技術を採用する場合も多い．既存の有料道路のリファイナンスのケースでは，建設完成のリスクも新技術のリスクもない．

建設の資金調達には，地域の資本をできるだけ取り込むのが望ましい．地域の資金の存在は，プロジェクトのメリットを他の資金提供者に訴える．もしも地域資本がないときには，なぜ彼らは参加しないのかという疑問が残る．さらに，独立専門家に資本費用，需要予測，資金計画などのチェックを依頼し，プロジェクトの健全性を証明してもらう．

12.3 トリバサ有料道路トラスト1の資金調達——財務の詳細

1993年にSalmon Brothers社は総額1億1000万ドル，金利10.5％，満期2011年の利付債に投資した．表12.1にこの債券の詳細をまとめた．債券の発行者はメキシコ政府の特定目的（国債）トラストである．2つの有料道路のコンセッションのもとに料金徴収権とその料金収入から債務を返済する．この資金はトリバサ有料道路の債務のリファイナンスとして用いられる．この事例は，海外のインフラ投資の典型的な例である[3]．ユーロボンド規則と並行する米国民間投資規則144Aに準じている．

発展途上国のいくつかのインフラ・プロジェクトは，国際資本市場から資金調達している．SECは1933年の証券法の下の144A規則を採用し，1933年法の登録義務を免除し米国の直接投資を容易にしている．第9章で詳細を説明したとおり，144A規則は認定機関投資家（QIB）が他のQIBに未登録の証券を再販することを許可している．規則144Aは民間投資のセカンダリー・マーケットを提供し流動性を与える．これにより海外の債券発行者，USドルを長期

表 12.1　トリバサ有料道路トラスト1債券の条件の要点

発行者：Tribasa Toll Road Trust 1
額面価格：1億1000万ドル
発行価格：額面の100％
金利：年利10.5％で6月および12月の最初のビジネス日（土日休日以外の日）に返済，1994年6月1日から開始．
計画元金返済期日：2005年12月1日
計画元金返済スキーム：表12.2のとおりに元金返済計画を未払額が累積する方式で返済．
契約返済満期日：2011年12月1日までにすべての債務は返済されなければならない．
契約返済スキーム：表12.2のとおりのスケジュールの返済期日までに未払累積方式で返済しなければならない．返済できない場合はデフォルトとなる．
遅延金利：計画元金返済期日に支払えなかった額を契約返済期日までに返済可能だがその場合には年率1％の金利が追加される．
追加費用：現行の法律では，非居住者に対して利息の15％の源泉課税が適用される．トラストは，例外とする．源泉課税を債権保有者の代わりに支払うための費用．
デット・サービス・リザーブ基金：この基金は金融機関の口座に初期資金から736.1万ドルを設定する．1995年12月1日までに1100万ドルにしなければならない．この額は債券が存在する限り，最少必要額である．利息支払あるいは契約元金返済に使われる一般口座に十分な残高がないときには，この基金が資金を出す．基金は計画元金返済にも，つぎの金利支払と契約返済に必要な資金を残して引出可能である．
債券の中途償還：債券はGrupo Tribasaが途中償還の権利をつぎの条件で保有する．
　1) 最初の5年間はパーバリューに，つぎのプレミアムをプラスする．米国財務省証券の残存期間と債券の平均がほぼ等しいものの最終利回りプラス150ベーシス・ポイント（1.5％）を割引率とした計画元金償還に基づく債券の現在価値の額面との差額分をプレミアムとして追加する．
　2) 5年を経過後には，償還すべき元金に源泉徴収税分をプラスしたもの．
強制的償還：債券は償還費までの金利とパーバリューの元金をつぎの場合に強制的に償還しなければならない．
　1) メキシコ政府が，Grupo Tribasaの過失がないにもかかわらず，2つの有料道路の法定償還を実施するとき．
　2) 2つの有料道路が操業不能になるか，一時的に占用されることが6か月以上続くか，あるいは完全に破壊され，その保険金が修復再建築に不十分なとき．
2つの道路の1つだけでは，債券全体の強制的償還にはならない．対象となる道路相当の元金が次回の利払日に，プレミアムなしで支払われる．
償還の税還付：債券がGrupo Tribasaの償還になった場合30日以降60日以内にパーバリューと金利が支払われるが，そのときにメキシコ政府の税金や手数料が必要な場合は，トラストは源泉課税の15％を超える部分および手数料を追加的に支払う．
妨害：何らかの妨害があったとき，つぎのことを行う．
　1) Grupo Tribasaへの配当の停止．
　2) トラストの付随的支払の停止．
　3) すべての付随的支払残額の支払停止．

出典：Tribasa Toll Road Trust 1, "*Rule 144A Placement Memorandum for US $110,000,000 10 1/2% Notes due 2011*" （1993年11月15日，pp.4-8）．

12.3 トリバサ有料道路トラスト1の資金調達

表 12.2 トラスト1債券の返済スケジュール

資金繰りに応じて,計画返済は1996年6月1日に始まり2005年12月1日に終らせることができる.
契約上の返済は1997年6月以前に始め,2011年12月1日までに完済しなければならない.

支　払　日	計画元金返済額(ドル)	契約元金済額(ドル)
1994年6月1日	0	0
1994年12月1日	0	0
1995年6月1日	0	0
1995年12月1日	0	0
1996年6月1日	1,284,630	0
1996年12月1日	1,384,650	0
1997年6月1日	2,210,660	1,585,860
1997年12月1日	2,333,560	1,669,120
1998年6月1日	3,282,140	1,756,750
1998年12月1日	3,436,150	1,848,980
1999年6月1日	4,344,160	1,946,050
1999年12月1日	4,365,730	2,048,220
2000年6月1日	5,259,840	2,155,750
2000年12月1日	5,278,220	2,268,930
2001年6月1日	6,192,170	2,388,040
2001年12月1日	6,248,590	2,513,420
2002年6月1日	7,237,370	2,645,370
2002年12月1日	7,355,510	2.784,250
2003年6月1日	8,739,840	2,930,430
2003年12月1日	8,949,340	3,084,270
2004年6月1日	10,260,630	3,246,200
2004年12月1日	10,647,280	3,416,620
2005年6月1日	8,590,560	3,596,000
2005年12月1日	2,598,970	3,784,790
2006年6月1日	0	3,983,490
2006年12月1日	0	4,192,620
2007年6月1日	0	4,412,730
2007年12月1日	0	4,644,400
2008年6月1日	0	4,888,230
2008年12月1日	0	5,144,870
2009年6月1日	0	5,414,970
2009年12月1日	0	5,699,260
2010年6月1日	0	5,998,470
2010年12月1日	0	6,313,390
2011年6月1日	0	6,644,840
2011年12月1日	0	6,993,680
合　計	110,000,000	110,000,000

出典:Tribasa Toll Road Trust 1, "*Rule 144A Placement Memorandum for US $110,000,000 10 1/2% Notes due 2011*" (1993年11月15日, p.43).

間借り入れたい海外プロジェクトのスポンサーにとって米国の機関投資家市場が魅力的となっている.

12.3.1 トラスト

コンセッションを保有する Grupo Tribasa の子会社がトラスト (信託会社) に料金徴収権を与える. 子会社が実際に徴収する料金収入, 資産の投資収入, 保険金収入をトラストに提供する.

12.3.2 目的別口座

トラストはつぎの4つの口座を用意した.
1) 総合口座 (GA):通行量収入が入り, オペレーション費用, デット・サービス支払, その他の公認された支出のための口座.
2) 政府への支払口座:コンセッションに規定されたメキシコ政府への年次支払のための口座.
3) 修繕積立口座:道路の大規模修繕のためにペソで積み立てられる口座.
4) デット・サービス基金口座 (DSRF):デット・サービス基金は米国国籍銀行に口座をもち, US ドル建て資金で, 総合口座がデット・サービスに資金不足のときタイムリーに資金を供給できるようにする. トラスト1債券資金からの初期資金としてデット・サービス基金に用いられ, それ以降オペレーションと管理費用を差し引いた残りが, デット・サービス基金に最少資金レベルを維持できるように組み入れられる.

12.3.3 オペレーション契約

債券発行条項の最終項目に, トラストの委員会は Grupo Tribasa の子会社と有料道路の維持管理, 料金徴収, メキシコ政府への付加価値税の支払, 総合口座への週ごとの入金管理, 種々の業績報告の契約を締結した. その遂行は Grupo Tribasa が保証する.

12.3.4 プロジェクト・キャッシュ・フロー

オペレータである Grupo Tribasa の子会社は料金を徴収し, それを目的別口座に入金し, つぎの規則で口座を維持する.
1) 付加価値税を差し引き, メキシコ政府の口座に入金する.

2) 毎週，付加価値税を差し引いた残りの通行収入を総合口座に入金する．
3) 毎月，源泉課税に必要な額を分けて総合口座にペソで準備する[4]．その残りをつぎの順で分ける．
   ① 政府のコンセッション・フィー口座への月々の入金．
   ② 有料道路の管理運営費用とトラストへの費用．
   ③ ペソをUSドルに交換し，デット・サービス基金への最少リザーブを満たすための振込．
   ④ 独立したエンジニアが将来の修繕に必要だと判断する額の修繕積立口座への振込．
4) 半年ごとに，総合口座から資金を受け取り，つぎの順で支払う．
   ① 源泉課税支払．
   ② 資金をUSドルに交換し，債券の金利および元金返済に用いる．
   ③ 債券保有者が元金返済遅れの金利を受け取る場合なら，その額を支払う．
   ④ デフォルトも阻害事件もなく，しかもある財務条件を満たすならGrupo Tribasaへ配当を行う．

12.4 信用分析

トリバサ有料道路の収益性とその債券の信用度は道路の通行量に依存する．表12.3は債券に対する144A規則の投資契約書に従ったベース・ケースの財務予測である．これらの予測はURSコンサルタントの交通量と収入予測および契約書の数値を基礎としている．

12.4.1 基準ケース

このプロジェクトのネット・キャッシュ・フローはすべての年でデット・サービスの最低でも1.4倍であることを財務指標が予測している．収入は毎年のデット・サービスの最低でも1.45倍である．ベース・ケースにおけるこれらカバー比率指標は十分とみなせる．

12.4.2 感度分析

投資契約書には，第2の予測として，減速経済（REA）ケースを含んでい

12. トリバサ有料道路プロジェクト

表 12.3 財務予測ベース・

	1994	1995	1996	1997	1998
資金収支					
ピラミデスのネット収入[*1]	54.4	60.8	68.7	78.0	88.5
マンツァニリョのネット収入[*1]	16.8	18.8	21.1	24.4	27.7
ネット収入合計	71.2	79.6	89.8	102.4	116.2
運営維持費[*2]	(10.0)	(11.1)	(12.6)	(14.3)	(16.3)
保険と管理費	(2.4)	(2.6)	(2.9)	(3.1)	(3.4)
営業キャッシュ・フロー	58.8	65.8	74.4	85.0	96.6
投資収入[*3]	2.8	5.1	8.0	9.1	9.4
デット・サービスのための収入(RADS)	61.6	70.9	82.3	94.0	105.9
管理口座へ入金[*4]	(4.6)	(3.6)	(2.6)	(2.6)	(2.8)
ネット・キャッシュ・フロー(NCF)	57.0	67.3	79.7	91.4	103.1
支払利息[*5]	(38.9)	(38.8)	(40.1)	(40.7)	(40.5)
源泉課税支払[*6]	(2.0)	(4.4)	(7.1)	(7.2)	(7.1)
計画元金返済[*7]	(0.0)	(0.0)	(9.3)	(16.6)	(25.6)
総デット・サービス (TDS)	(40.9)	(43.2)	(56.5)	(64.5)	(73.3)
年度末キャッシュ・フロー	16.2	24.1	23.2	26.9	29.8
Grupo Tribasaへの配当[*8]	0.0	0.0	0.0	24.1	33.6
口座残高					
総合口座 (GA) 残高 (ペソ)	10.3	28.3	52.4	56.9	55.6
総合口座 (100万ドル)	$ 3.2	$ 8.3	$14.8	$15.4	$14.4
DSRF口座残高 (100万ドル)	$ 9.2	$11.0	$10.7	$10.3	$ 9.6
GA+DSRF (100万ドル)	$12.3	$19.3	$25.6	$25.7	$24.0
契約返済口座 (100万ドル)	$ 0.0	$ 0.0	$ 0.0	$ 3.3	$ 3.6
財務比率					
RADS/TDS	1.51×	1.65×	1.46×	1.46×	1.45×
NCF/TDS	1.40×	1.56×	1.41×	1.42×	1.41×
(NCF+GA)/TDS	1.55×	2.43×	2.72×	3.22×	3.05×
(GA+DSRF)/残存元本	11.2%	17.6%	23.8%	25.0%	25.0%
マクロ経済仮定					
インフレ率	7.6%	8.1%	8.9%	8.7%	8.5%
ペソ/ドル為替レート	3.25	3.39	3.53	3.69	3.86

[*1]: 価値の下落に伴う付加税と交通省への支払を含む総課税収入．URSコンサルタントによる交通量と収入についてのレポートに掲載されたベース・ケースに基づく．
[*2]: 運転契約に定める期間と状態において，一律でネット収入の14%とする．
[*3]: GA, DSRF, 大口管理口座 (MMA) の収入からなる．DSRFは年間4%, GA, MMAは，1994年から1996年までは，年間に，メキシコのインフレ率プラス3%, それ以降はインフレ率プラス1%の利子がつくものと仮定している．
[*4]: Indipendent Engineer の見積りによる．

12.4 信用分析

ケース（単位：100万ペソ）

	年　度　末							
1999	2000	2001	2002	2003	2005	2007	2009	2011
100.0	112.2	126.4	142.6	160.0	201.6	252.8	316.3	395.1
31.3	35.2	40.1	44.9	51.0	1.2	0.0	0.0	0.0
131.3	147.4	166.5	187.5	211.0	202.8	252.8	316.3	395.1
(18.4)	(20.6)	(23.3)	(26.3)	(29.5)	(28.4)	—	—	—
(3.7)	(4.0)	(4.3)	(4.7)	(5.1)	(6.0)	—	—	—
109.2	122.8	138.9	156.6	176.4	168.4	—	—	—
9.6	9.5	9.2	8.5	6.9	5.8	—	—	—
118.9	132.3	148.1	165.0	183.3	174.2	—	—	—
(3.1)	(4.2)	(4.5)	(4.9)	(3.9)	(2.5)	—	—	—
115.8	128.1	143.6	160.1	179.3	171.7	—	—	—
(39.3)	(37.0)	(33.6)	(28.8)	(22.5)	(3.7)	—	—	—
(6.9)	(6.5)	(5.9)	(5.1)	(4.0)	(0.7)	—	—	—
(34.7)	(43.8)	(54.0)	(66.0)	(83.5)	(57.2)	—	—	—
(80.9)	(87.3)	(93.4)	(100.0)	(110.0)	(61.5)	—	—	—
34.9	40.8	50.1	60.2	69.4	110.2	—	—	—
41.2	49.7	62.1	75.7	66.8	165.6	—	—	—
48.3	37.7	24.0	5.0	4.7	0.0	—	—	—
$ 12.0	$ 9.0	$ 5.5	$ 1.1	$ 1.0	$ 0.0	—	—	—
$ 9.8	$ 10.2	$ 10.6	$ 11.4	$ 11.9	$ 0.0	—	—	—
$ 21.8	$ 19.2	$ 16.1	$ 12.4	$ 12.9	$ 0.0	—	—	—
$ 4.0	$ 4.4	$ 4.9	$ 5.4	$ 6.0	$ 7.4	$ 9.1	$ 11.1	$ 13.6
1.47×	1.51×	1.58×	1.65×	1.67×	4.01×	—	—	—
1.43×	1.47×	1.54×	1.60×	1.63×	3.95×	—	—	—
2.92×	2.71×	2.52×	2.24×	1.77×	4.28×	—	—	—
25.0%	25.0%	25.0%	25.0%	40.3%	—	—	—	—
8.5%	8.5%	8.5%	8.5%	8.5%	8.5%	8.5%	8.5%	8.5%
4.03	4.20	4.38	4.57	4.77	5.19	5.65	6.15	6.69

＊5：年間10.5％の利率とする．
＊6：1995年6月1日まで4.9％と仮定し，以降は15％とする．
＊7：減価償却予定に基づき設定．
＊8：制限支払方式による．
出典：Tribasa Toll Road Trust 1, "*Rule 144A Placement Memorandum for US $ 110,000,000 10 1/2% Notes due 2011*" (1993年11月15日, p.26).

12. トリバサ有料道路プロジェクト

表 12.4 感度分析の結果 (単位：100万ペソ)

	1994	1995	1996	1997	1998	1999	2000	2001	2002	2003	2005	2007	2009	2011
収入														
ベース・ケース	71.2	79.6	89.8	102.4	116.2	131.3	147.4	166.5	187.5	211.0	202.8	252.8	316.3	395.1
減速経済ケース (REA)	71.2	82.1	95.3	109.7	126.6	145.1	164.4	185.1	208.3	235.2	224.9	281.6	352.2	440.4
デット・サービスのための収入 (RADS)														
ベース・ケース	61.6	70.9	82.3	94.0	105.9	118.9	132.3	148.1	165.0	183.3	174.2	—	—	—
REAケース	62.3	74.0	88.2	102.6	119.0	133.1	149.1	166.1	184.4	204.5	192.9	—	—	—
ネット・キャッシュ・フロー (NCF)														
ベース・ケース	57.0	67.3	79.7	91.4	103.1	115.8	128.1	143.6	160.1	179.3	171.7	—	—	—
REAケース	57.6	70.2	85.3	99.7	115.7	129.4	144.1	160.6	178.3	199.6	189.6	—	—	—
総デット・サービス (TDS)														
ベース・ケース	40.9	43.2	56.5	64.5	73.3	80.9	87.3	93.4	100.0	110.0	61.5	—	—	—
REAケース	42.7	47.3	63.9	75.1	87.8	98.5	107.7	116.9	126.8	141.4	81.1	—	—	—
RADS/TDS														
ベース・ケース	1.51×	1.65×	1.46×	1.46×	1.45×	1.47×	1.51×	1.58×	1.65×	1.67×	4.01×	—	—	—
REAケース	1.46	1.57	1.38	1.37	1.36	1.35	1.38	1.42	1.45	1.45	3.36	—	—	—
NCF/TDS														
ベース・ケース	1.40	1.56	1.41	1.42	1.41	1.43	1.47	1.54	1.60	1.63	3.95	—	—	—
REAケース	1.35	1.49	1.33	1.33	1.32	1.31	1.34	1.37	1.41	1.41	3.30	—	—	—
(NCF+GA)/TDS														
ベース・ケース	1.55	2.43	2.72	3.22	3.05	2.92	2.71	2.52	2.24	1.77	4.28	—	—	—
REAケース	1.47	2.20	2.37	2.86	3.01	2.78	2.55	2.33	2.02	1.53	3.56	—	—	—
(GA+DSRF)/残存元本														
ベース・ケース	11.2%	17.6%	23.8%	25.0%	25.0%	25.0%	25.0%	25.0%	25.0%	40.3%	—	—	—	—
REAケース	10.6	16.1	21.0	26.6	25.0	25.0	25.0	25.0	25.0	40.1	—	—	—	—

出典：Tribasa Toll Road Trust 1, *"Rule 144A Placement Memorandum for US $ 110,000,000 10 1/2% Notes due 2011"* (1993年11月15日, pp. 26-27).

る．REA ケースはベース・ケースよりずっと控えめな予測である．雇用の増加率は，ゆっくりしており 1994 年に 0.4%，1995 年に 0.5% であり，1996 年 1997 年は 0.8% であり，それ以降年率 0.7% で増加する想定である．ベース・ケースでは，ピラミデス地域でのコンセッション期間中の雇用の増加率は 2.6% から 3.9% の間であるのに比べ，REA ケースでは，年率 2.0% から 3.0% の範囲となる．

表 12.4 は，これらの 2 ケースを収入，キャッシュ・フロー，財務指標に関して比較している．REA ケースではメキシコのインフレ率が大きく，ペソ安が急速に起こるとする．収入は REA ケースのほうが多くなるのは，高いインフレーションが通行量の減少を超えるからである．しかし，急速なペソ安は債券のデット・サービスのための必要資金を増加させ，財務指標を悪化させる．

健全な投資家は，この 2 ケース以外の感度分析も必ず行うであろう．たとえば，ペソ安がどこまで進行しても，債券がデフォルトにならずにすむかについてのデット・サービスに関するいわゆるストレステストを実施するだろう．さらに，その他の債券の信用を確保するリスク最小化の手法をすべて慎重に検討するであろう．

12.5 リスク最小化の手法

トリバサ有料道路トラスト 1 のファイナンスのために作り出された信用支援構造には，債券保有者がプロジェクトのリスクにさらされないように種々の工夫がある．

12.5.1 資金返済計画の 2 重化

元金返済には，2 つの支払スケジュールが設定されている．契約返済スケジュールは，2011 年の債券の満期までに元金返済計画となっている．もしもトラストがこのスケジュールどおりに元金返済できなかったときには，債券はデフォルト状態になる．そのときは，債券保有者は債券の満期を早めることができる．そして，これは営業停止をもたらす．トラストがデフォルトになったとき，Grupo Tribasa への配当支払は禁止となる．

もう 1 つの計画元金返済スケジュールは，加速的でかつ条件付となっている．このスケジュールでは 2005 年に元金を完済する．返済を予定どおりでき

ない場合には，デフォルトにはならないで，2つの義務が発生する．第1はGrupo Tribasaへの配当の禁止であり，第2はトラストは債券保有者に延滞追加金利の支払である．この追加金利は年利1％ですべての未支払額に掛かる．かくして，計画返済スケジュールどおり支払えないときには株主にペナルティが掛かり，さらに債券支払の金利の増加にもなる．

2重の元金返済構造は，プロジェクトの料金収入の変動に対しても対応可能となる．もしもプロジェクトのキャッシュ・フローが計画返済スケジュール以下であっても契約返済スケジュールに対して十分であれば，デフォルトはなく，資金の貸し手は延滞に対して追加金利で補償される．同時に，配当の禁止は，トラストが資金をペイアウトしてしまうのを食い止めることになる．これは，債券保有者の費用を削減することになる．したがって，株主資本家であり経営者でもあるGrupo Tribasaに，可能な限り計画返済スケジュールに間に合うように効率的に運営を行うインセンティブになる．

12.5.2 デット・サービス・リザーブ基金

通貨下落は，途上国プロジェクトが主要通貨をその借入金とする場合には，問題となる．デット・サービス基金はこのリスク軽減のために設計されている．基金はペソではなくドルで米国内に維持される．この基金の資金を月々最低水準以上に保つために，一般口座のペソをUSドルに交換し基金に送金する．たとえば，ペソの暴落などの事態で一般口座のデット・サービスに十分でないときに，基金の資金が用いられる．

12.5.3 配 当 制 限

半年ごとに，つぎの状況のときに配当支払がある．
1) すべての支払義務を果たしたとき．
2) 1か月の運営管理費が存在するとき．
3) デフォルト，あるいは以下に定義する阻害事態が起こらないとき．
4) 半年ごとの支払時期4回分のネット・キャッシュ・フローの対デット・サービス比率がいくつかのテストをクリアーしたとき．
5) デット・サービス基金あるいは他の口座がすべて最低水準を越えているとき．

これらのすべての条件が満たされているとき，配当支払がある．

配当制限は米国における企業向けローンによくある慣行である．配当は企業の流動性と資本を減少させる．流動性資産と株主資本は，貸し手をリスクから保護するものである．配当制限は，トラストの流動性危機と債券保有者の債務優位性を損なう事態を予防する．トラストは真に余剰キャッシュが存在するときにだけ，配当を許可する．

ファイナンス契約は阻害事態（ブロック）を規定する．その事態とは，計画償還に対して返済できない，デット・サービス基金の資金不足，修繕積立口座の資金不足，コンセッション受託業者の倒産，信託契約あるいはオペレーション契約の不履行，コンセッションの妨害などがそれに当たる．債券保有者にとっては，阻害事態に対して4つの基本的救済策がある．阻害事態が起こりそうなときか，起こってしまったとき，①配当の禁止，②劣後債務の支払停止，③劣後債権者への支払禁止，④債券保有者への支払を増加するための返済口座への入金回数増加によって対応する．

阻害事態の規定は，債券保有者がデフォルトや重大な結果をこうむることを予防するための救済策である．デフォルトが起こってしまうと債券返済は加速され，救済策は限られたものになるので，この規定は本質的に重要である．有料道路は政府に帰属し，債券保有者はコンセッションに担保権を行使し，売却することはできず，また，債券は Grupo Tribasa へ返済を要求できないからである．

12.5.4 建設および技術的リスク

2つの有料道路はともにすでに稼働しているので，完工リスクは存在しない．さらに，十分長い営業成果とその記録があるので，債券保有者の経済的リスクはほとんどないからである．

12.5.5 詳細交通予測レポート

経済的リスクはほとんどのプロジェクトにとって重要である．特にインフラ・プロジェクトの場合，重大である．インフラの利用者はどのくらいあるのか？　そのサービスや財に対していくら支払えるのだろうか？　これが経済リスクの問題である．

メキシコの有料道路に独特な問題もある．メキシコの有料道路は，他の道路に対して優位にある．しかし，唯一の道路ではなく，おもに商用と観光用に使

われる．この特徴が経済的要因に特に敏感になる．たとえば，水道などには安定的な需要がある．さらに，メキシコにおける道路のコンセッションの条件には，競合する一般道路の存在が必要条件となっている．

　Grupo Tribasaの詳細交通報告は，債券の投資報告書とともに提出された．交通報告書は，投資家が有料道路の経済的リスクを定量化し，債券のリスクを計測可能とする．その交通報告書はこの有料道路の経営の実績を詳しく報告し，2つの道路のビジネスおよび財務の将来性も分析している．このような報告は徹底的に，独立のコンサルタントにより行われなければらない．報告書の綿密さと全体の品質は，外部の投資家と貸し手が資金を提供するかどうかを決定する要因である．トリバサ有料道路トラスト1に関する詳細交通報告書の品質は債券購入者にとって重要な要因の1つである[5]．

12.5.6　コンセッション期間の修正

　メキシコ政府は，資産調達以外の道路能力の向上のため種々の条件に同意した．Grupo Tribasaの条件は修正され，料金の増加と収入の送金条件を緩和した．また，2つの道路ともコンセッション期間は延期された．

12.5.7　税　制　契　約

　第1に，Grupo Tribasaは付加価値税をメキシコ政府に支払う．第2に，政府とのコンセッション料は，月々総合口座から支払う．第3に，メキシコ政府に支払う源泉課税に対して，月々ペソ資金を総合口座に保留しておく．源泉課税は債券の利払に課税される．しかし，トラストはこの税額分を債券保有者に代わって支払う．したがって，債券保有者は，源泉課税の上昇からも完全保護されている[6]．

12.5.8　オペレータ企業の変更可能性

　トラストは，デフォルトが起こったときには，オペレータ企業を変更し，料金を増額したり，管理費の変更を要求することができる．この権利は債券保有者のエージェント費用を削減する．オペレータが道路管理をうまくできなかった場合，その企業は追放され，オペレーティング費用の支払を止める．

12.5.9 保　　険

トラストはある種の事業リスク保険と債務保険を契約した．営業キャッシュ・フローから保険料を支払い，Grupo Tribasaはその費用を保証した．URSコンサルタントは定期的に道路を検査し，2つの有料道路が適正に維持されているかを確かめる．適正な維持管理によって保険支払の可能性を減少するが，道路の管理が悪いときには，重大な事故の原因になったりする．

12.5.10　トラストの構造

債券保有者をGrupo Tribasaとコンセッションを経営するその子会社の倒産のリスクから分離することを，トラストの構造は目的としている．

12.6　ま　と　め

トリバサ有料道路トラスト1のファイナンスは，国際資本市場におけるインフラ・プロジェクトの契約上とその他の信用支援策の実例を示した．さらに重要なことは，このようなプロジェクトにも資本は調達できることを示したことである．多くの発展途上国では，存在するインフラの巨大な需要に対して，地元での資金調達はきわめて限られている．プロジェクト・ファイナンスを利用することで，そうした発展途上国でも開発を促進できるのである．

13

ケース・スタディ
ユーロ・ディズニーランド・プロジェクト

　プロジェクト・スポンサーには計画の初期段階でつぎの2つの検討すべき問題があった．
1) 独立法人が，プロジェクトの資金調達から建設所有運営までのすべてを行えるか？　できるならどのような組織にすればよいか？
2) その資金調達を魅力的にするには，どのような信用供与のための契約をすればよいか？

　ユーロ・ディズニーランドのケース・スタディは第一流の企業が①いかにこの2つの問題に対処したか，②スポンサーのリスクをプロジェクト参加の企業に財務的処理によって分散化するか，③スポンサーがリスク分散でいかなる便益を得るかの実例となっている．

13.1　は　じ　め　に

　ユーロ・ディズニーランドはWalt Disney社（ディズニー社）が米国と日本で35年間かけて開発し完成したテーマパークとリゾートの概念をヨーロッパに導入しようとしたものである．ユーロ・ディズニーランドの第1ステージは完成し，残りのステージは2011年までに終了する．
　このプロジェクトにディズニー社が作り出した複雑な資金構造は，最終的にはハイレバレッジ，借入比率が大きすぎたと結論された．高すぎる借入比率は財務リスクとなり，結局は営業リスクとなった．財務的に成功するかどうかは，プロジェクト会社が債務を支払可能レベルまで下げるために，保有資産を売却できるかに大きく依存した．しかしながら，フランスの不動産ブームは突然終わり，ヨーロッパの厳しい不景気と高金利にみまわれてしまった．

プロジェクト契約当初は，非常に有望な事業とみなされた．ディズニー社とフランス政府の契約締結に関する当時の記事は「利益性が高くその収益は両者に分配されるだろう」と結論していた[1]．他の記事は，その金融構造を賞賛し，カリフォルニア，フロリダ，東京の3つのテーマパークから得られたすべてのノウハウをディズニー社は活用したと記した[2]．1989年ディズニー社は華々しい成功途上にあるように見えた．

13.2 プロジェクトの概要

ディズニー社はパリのおよそ32 km東に4800エーカーの土地にテーマパークとリゾートの計画を立てた．ディズニー社はフランスとスペインの200以上の候補地から，利用者の便利性と土地の入手可能性によりこの土地を選んだ．およそ1700万の人口がここから2時間のドライブ圏内にあり，さらに6時間では1億人に達する商圏である．土地の半分の2115エーカーを娯楽とリゾートとして開発した．残りの1994エーカーは商業，工業，住宅開発のために残された．さらに691エーカーは地域のインフラ，たとえば道路と鉄道用に供された．

完成の暁には，ユーロ・ディズニーランドはヨーロッパ最大のテーマパークとリゾート開発となる予定であった．しかも，巨大な交通ネットワークの理想的なハブの位置であった．ユーロ・ディズニーランドはパリ地下鉄のRER線でパリに結ばれ，道路A4でフランスおよびヨーロッパ全土と結ばれた．さらに，1994年には，フランス新幹線TGVが乗り入れた．

プロジェクトは2つのテーマパークを特徴とし，2段階で建設予定だった．第1段階は，マジック・キングダム・テーマパークで，米国や日本のものと同じである．6つのホテル，エンタテイメント・センター，デビィ・クロケット・キャンプ地，それらの付帯設備が含まれる．第1段階では，テーマパークとそのホテルとその関連設備が建設された．ディズニーは第1段階が完成する1992年4月にマジック・キングダムをオープンする予定であった．その費用は140億フランと推定された．第2段階は，フロリダのMGMスタジオをまねたテーマパーク，ホテル，プール，オフィス，工場，ショッピングセンター，住宅開発までもを含む計画であった．

ディズニーは20棟以上のホテル，18200室を含む総合リゾートを建設する

計画だった．マジック・キングダムがオープンする1992年には，6つのホテルで5200室ができているはずだった．残りのホテルは，その後20年間で完成させる予定だった．リゾートは2つのゴルフコース，プール，2100か所のキャンプ地，大ショッピングセンターを含んだ．さらに，住宅用アパートおよび750万平方フィートのオフィスビル，800万平方フィート以上の工業用地，および100万平方フィートのショッピングセンターが計画にあった．

13.3 ディズニー社

ディズニー社はカリフォルニアのバーバンクに本社のある総合娯楽企業である．その営業はつぎの3つからなる．
1) テーマパークとリゾートが1993年度の総売上85億ドルのおよそ40%を占め，営業収入17億ドルの43%を占める．
2) 映画収入は総売上の43%で営業収入の36%を占める．
3) グッズ販売は総売上の17%で営業収入の21%を占める．

ディズニー社は世界の主要なテーマパーク経営企業とされている．

1960年にディズニー社の経営陣は成長率の目標を年20%に設定した．テーマパーク拡大は，この目標を達成するためにディズニー社にとって不可欠の戦略であり，成長戦略を継続するためには米国外での拡大が必須であった．最初の国際展開は1983年にオープンした東京ディズニーランドで，このプロジェクトは初期段階から成功であった．この成功によりディズニー社は国際展開のつぎの機会を求めることになった．EUの始動はヨーロッパをその理想的サイトに見せた．

13.4 プロジェクトの出資構造

当初の計画では，ユーロ・ディズニーランドは，フロリダのウォルト・ディズニーワールドや南カリフォルニアのディズニーランドと同様に，ディズニー社が，建設，所有，管理を行う計画であった．この投資は，将来の収入の100%をディズニー社にもたらす計画であった．経営陣は過去の2つの失敗を繰り返すまいとした．①南カリフォルニアのディズニーランドの近隣で他社のホテルが儲けた失敗と，②東京ディズニーランドでは所有権が他社にあり，

興行のロイヤルティ収入だけになった失敗である．資本構成を収益が上がる場合のみを考えて株式の100%保有とすることは財務上の大きなリスクをディズニー社が抱えることになる．経営陣は現在の10億ドルの年間利益企業から34億ドルの利益企業に内部資金で成長させようとした．経営陣は，プロジェクトの資本調達をより有利な方法で実施できると考えた．

　初年度の1992年はおよそ2億400万フランの期待利益，42億5000万フランのテーマパーク売上と54億8000万フランの総売上と予想された[3]．1995年には総売上109億3000万フラン，純益9億7200万フランになるとされた．予測は，2001年には総売上224億3000万フラン，純益17億6000万フランに達するとした．これだけの利益が予想されると，ディズニー社は他の株主の参加を望むとは考えられない．しかし，フランス政府との契約では，ディズニー社はヨーロッパの投資家に株式を販売しなければならなかった．

　1989年の春に，ディズニー社は所有権，経営権，財務権を変える一連の手続きをとった．その結果が図13.1にある資本構成となった．ディズニー社は100%株主資本から49%になった．1989年の取引はプロジェクトの開発費用の19億フランが返済され，借入が増加し，株式の公開も行われた．この変更はフランス政府の指導でもあり，株主のリスク軽減策として重要であった．

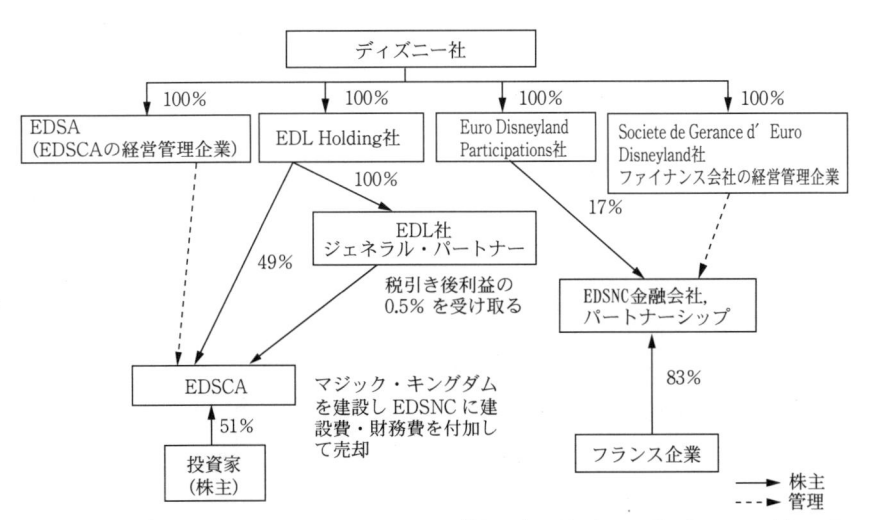

出典：EDSCA, "*Offer for Sale of 10,691,000 Shares*" (1989年10月5日, p. 53); Bruner and Langohr (1994, p. 742).

図 13.1 ユーロ・ディズニーランド・プロジェクトの出資構造

13.4.1 プロジェクト参加企業

資金投資参加企業はディズニー社以外は，60行からなる銀行コンソーシアム，フランス政府，他の融資機関と一般株主である．所有権は，主契約にあるとおり，つぎの2つのフランスの持株会社に限られた．

a．Euro Disneyland S.C.A. (EDSCA)

リミティド・パートナーに似た"societe en commandite par actions"（S.C.A.）とよばれる組織が所有権をもつ企業の1つとして設立された．ディズニー社はこの企業の49％の株式を保有する．残りの51％はヨーロッパの投資家に公開された．EDSCAの目的はプロジェクトの建設と運営である．この企業は"gerant"とよばれる経営管理企業によって経営される．

b．Euro Disney S.A. 株式会社（EDSA）

この企業は経営管理企業であり，ディズニー社の100％子会社として設立される．EDSAは所有権はないがEDSCAの経営を行う．その責任はEDSCAを経営することであり，プロジェクトの日常業務の裁量権を保有する．当初はEDSAはEDSCAの売上の3％をベースの料金に加え，EDSCAの税引後利益の0.5％を差し引いたものを受け取る．この契約はつぎの2つの条件を満たすまで続く．①マジック・キングダムが完成し5年が経過する，②銀行ローンの財務条件を満たす．それ以降，ベース料金は年間売上の6％から税引後利益の0.5％引いた額とした．EDSAは経営インセンティブ・フィーとして，ホテルの売却益の税引前利益の35％とEDSCAの税引前キャッシュ・フローの一部を受け取る[4]．

c．Euro Disneyland S.N.C. 合名会社（EDSNC）

EDSNCは本質的には金融会社である．マジック・キングダム費用に対して税制上有利なリース契約をする．特定目的のパートナー会社として組織されているので，EDSNCがユーロ・ディズニー・テーマパークの所有権をもつことになる．EDSCAがテーマパークを建設し，建設費に土地代を含めてEDSNCに売却する．EDSNCは購入するために資金を借り入れる．そして，EDSNCはリースでEDSCAにテーマパークを20年間貸し出す．リース収入はEDSNCの元利返済と諸費用をカバーする．20年後にEDSNCは債務を完済し，テーマパークをEDSCAにこの時点で初期契約時に決めた価格で売却する．この後EDSNCは解散する．

EDSNCは2次的な所有者であり，ディズニー社の完全子会社である経営管

理企業により経営される．初期にはディズニー社が EDSNC の 17% の株を保有し，残りをフランスの企業が所有した．ディズニーランドが初期に金利と減価償却の税控除を有効に生かせないことに対して，EDSNC が選択した資本構成は，他の節税に使えるフランスの企業に移転することを目的とした．ディズニー社は EDSNC が初期 10 年間の法人所得税の節税を有効に利用できると期待した．

EDSNC のパートナーは法的には EDSNC の負債に対して責任がある．しかし，EDSCA は EDSNC の倒産に対してそのパートナーに対する遡及権を放棄する．さらに，EDSNC の倒産に対してパートナーの損失をディズニー社，EDSCA，Euro Disney Participation 社（ELD）が保障する．

d. ヨーロッパの株主とその他の参加企業

その他の参加企業の理事会と EDL は，EDSA による業績報告に従い監督し，EDSA と EDSCA との契約を承認し，年次報告を作成する．EDSCA の株主は理事会のメンバーを選出し，年次報告と配当政策を承認する．株主には EDSCA の債務に対する義務はない．興味深いことに，理事会は EDSA を更迭する権限はなく，特定の案件において決められた方向に EDSA を強制できるだけである．社外株主は支配権をもてない仕組である．

EDL はディズニー社の子会社が間接的に所有する企業であり，それは EDSCA のジェネラル・パートナーとなる．ジェネラル・パートナーであるから，EDSCA の債務のすべてに無限責任を有する．EDL の直接の親会社である EDL Holding 社はフランスの株式会社であり，ディズニー社が 100% の株を所有する．しかも，EDSCA の 49% の株を所有する．EDL は EDSCA の税引後利益の 0.5% を毎年受け取る．EDL は同意なしには，EDSCA のジェネラル・パートナーから外すことはできない．EDSCA のジェネラル・パートナーの利益を EDSCA の株主の過半数の同意なしに変更することもできない．

13.5　フランス政府とのマスター契約

フランス政府はユーロ・ディズニーランド開発に特記すべき役割を果たした．ディズニー社とフランス政府は 1988 年 2 月につぎのマスター契約を締結した．フランス政府は以下の事項に同意した．
・1665 ヘクタールの土地をテーマパークと商業開発および住宅開発のために

提供する．土地はつぎの条件でディズニー社に売却される．
  ① 価格は1971年の農地価格で決められ，ヘクタール当り11万1000フランスフラン．
  ② 直接費用と道路鉄道以外の間接費用．
  ③ 一定額の固定費用[5]．
を基準に決定された．当時，イル・ド・フランス地域の商業用地の更地はヘクタール当り17万から21万フランで取引されていた．(Bruner and Langgohr, 1994, p.737参照.) EDSCAは決定された固定価格での土地の購入を20年間で完済する予定であった．
・パリから20キロの鉄道の建設，運営，およびその資金調達．パリの中心からマジック・キングダムの入口まで鉄道が延長される．拡張の一環として，2つの鉄道駅と駐車場，バスターミナルを建設する．
・A4高速道路とディズニーランドを結ぶ2つのジャンクションを建設する．
・高速道路と連絡する道路建設費2億フランを寄付する．
・48億フランを金利7.85%で融資する[6]．ローンの返済期間は20年で，元金返済は6年目から開始する．
・ディズニーランドで販売する商品に対して，最も低い消費税率（VAT）の5.5%を適用する[7]．
マスター契約が含む事業に追加して，つぎの事項にも同意する．
・フランスの高速鉄道TGVのディズニーランドまでの延長を1994年に開始する．
・EDSNCがマジック・キングダムの資産の減価償却を10年ではなく20年間可能とする．
  フランス政府からのコンセッションは33億から60億フランと見積もられた．これは創出される新しい職種当り5万4000ドルから9万8000ドルに相当する．(Bruner and Langgohr, 1994, p.737.)
  マスター契約の調印に際してEDSCAとEDSNCの代理としてディズニー社はつぎの事項に同意した．
・マジック・キングダムは1992年4月までにオープン．
・オープン後5年間に最低片道鉄道利用者数を913万人を保証[8]．
・電気および上下水道に4500万フラン支払う．
・セーヌ・マーン県に最低税収を保証する[9]．

- ヨーロッパ市民（EEC 市民）の EDSCA 株の購入を促進する．
- フランスおよびヨーロッパの建設会社と設備会社を優先的に使う．
- フランスとヨーロッパの文化を表すアトラクションをマジック・キングダムに少なくとも1つは建設する．
- マジック・キングダムの開園5年以内にユーロ・ディズニーランドから 800 km 以内に他のテーマパークの開園を許可しない．
- EDCSA と EDSNC の少なくとも 17% の株式を5年以上保持する．

13.6 プロジェクト・ファイナンス

1989 年の春に開始されたプロジェクト・ファイナンスは内部資金によって 100% の株式を保有する原案から，ディズニー社の株式持分が少なく借入比率が高く，しかも株主が一般に広がった資本構造に変化した．ディズニー社の持株は限られたものになったが，テーマパークの建設と運営には影響力があり，ホテルとその他の不動産開発権を保持した．

ユーロ・ディズニーランドは2段階を経て開発され，多くの投資家が参加した．IA フェーズには，私募株主，転換社債（obligations rembourables en actions；ORA）とよばれる債券保有者，4つの銀行，EDL Holding 社であった．EDL Holding 社は EDSCA の 49% を保有する．II フェーズでは，EDSCA の株式公開を行った．50.5% の株が公開され，残りの 0.5% を4つの銀行が保有した．

ユーロ・ディズニーランドの IA フェーズでは，資本費用は 140 億フランと推定された．その内訳はつぎのとおりである．（単位 100 万フラン．）

	EDSNC	EDSCA	合計
銀行ローン	4,300	200	4,500
政府ローン	3,000	1,800	4,800
EDSNC 株式資本	2,000	—	2,000
EDSCA 株式資本	1,000	1,700	2,700
合計	10,300	3,700	14,000

株式の公開は表 13.1 にある資産に対応して2回に分けて実施された．

1) 1989 年3月に株式と ORA の売却： EDSCA は4つの銀行，Banque Indosuez 社，BNP（Banque Nationale de Paris），S.G. Warburg 社，Crédit Agricole 社に対して，総株数 51 万株を1株 15 フランで売却した．同時に

EDL は，1 株 10 フランで 46 万 5000 株購入した．4 つの銀行と EDL は EDSCA が発行した ORA を購入する．銀行の ORA は EDSCA の株式公開（IPO）の収入によって支払われる．EDL の ORA は EDSCA の株式に転換可能である．

2) EDSCA の 1989 年 10 月発行の初期株式公開： IPO によって 57 億 3000 万フランのネットの収入を得る．IPO に続いて，EDSCA は 17 億株を公開する予定だった．

ディズニーの EDSCA への投資はおよそ 8 億 3300 万フランになる．その内訳は，① 1985 年 2 万 5000 株を 25 万フランで，② 1989 年 3 月に 46 万 5000 株を 465 万フランで，③ 1989 年 3 月に ORA に対して，8 億 2810 万フランである．IPO を始めて以降に EDSCA は総資産 93 億フランの企業となった．

13.6.1 借　　入

表 13.1 の見込貸借対照表を基礎とすると 1989 年 9 月 30 日の EDSCA の予測総資産は 48 億 3259 万 6000 フランになる．内訳は，負債が 26 億 9176 万 2000 フランで株式が 21 億 4083 万 4000 フランである．したがって，債務株式比率は 1.26 となる．オプションとワラントの行使と EDSCA の IPO によって，結果的には 65 億 7798 万 4000 フランの株式資本になる．この増加によって債務株式比率は 0.41 までに減少する．しかし，ディズニーは 1994 年までのプロジェクトの IA フェーズの終了時に，2.00 までに増加させる予定であった．EDSCA はこのレベルの債務も可能であると判断したのは，ホテル開発とその売却によって，その債務を返済する計画があったからである．しかし今となっては，この戦略は不動産市場の崩壊で完全な失敗となり，借入比率は高すぎたと結論された．

13.6.2 初期株式公開

1989 年の秋，EDSCA は営業実績のない企業としてはじめて最大規模の株式公開を実施した．1 株価格は 72 フランである．その公開株式収入の 57 億 3000 万フランは，投資銀行の保有する ORA，ディズニー社が事前にしたローン 19 億フラン，および建設費用の資金に対する債務の返済に用いられた．株式公開は成功であった．およそ 8590 万株が売られ，3 日間の需要は売出数の 10 倍であった．株式はブリュッセル，ロンドン，パリの取引所で行われた．

13.6 プロジェクト・ファイナンス

表 13.1 1989 年 9 月 30 日における EDSCA の見込貸借対照表（単位：1000 フランスフラン）

	実数 (1988年12月31日)	修正	予想 (1989年9月30日)	修正	見積り (1989年9月30日)
資産					
無形資産	0	8,644*1	8,644		8,644
有形資産	0	475,630*1	475,630		475,630
預金	0	4,232*1	4,232		4,232
固定資産合計	0		488,506		488,506
建設中資産	0	1,748,653*1	1,748,653		1,748,653
流動資産					
売掛金	0	761,994*1	761,994		761,994
現金・投資	251	(1,010,518)*1 2,133,250*2	1,122,983	(1,292,850)*3 5,730,000*4	5,560,133
流動資産合計	251		1,884,977		6,322,127
未払費用	0	710,460*1	710,460		710,460
総資産	251	4,832,345*1,2	4,832,596	4,437,150*3,4	9,269,746
資本と負債					
株式資本	250	9,750*2	10,000	828,100*3 3,100*5 858,800*4 1,550*5 4,866,550*4	1,700,000
株価	25	2,550*2	2,575		4,870,675
累損	(24)		(24)		(24)
収入	0	7,333*1	7,333		7,333
小計	251		19,884		6,577,984
転換社債とワラント	0	2,120,950*2	2,120,950	(2,120,950)*3	0
未払税	0	4,688*2	4,688		4,688
借入					
E DSA	0	1,908,567*1	1,908,567		1,908,567
その他	0	537,124*1	537,124		537,124
負債合計	0		2,445,691		2,445,691
未払収入	0	241,383*1	241,383		241,383
資本・負債合計	251	4,832,345*1,2	4,832,596	4,437,150*3-5	9,269,746

*1：プロジェクトの開発進展による。 *2：ORA と株の売却による。
*3：ORA 転換と現金化による。 *4：ワラントの影響による。
*5：IPO の影響による。
出典：Bruner and Langohr (1994, p.748).

表 13.2 プロジェクトベースで資金調達したときのキャッシュ・フロー（単位：100万フランスフラン）

	ベース・フィー	インセンティブ・フィー	ロイヤルティ	参加利益	配当	EDSNC収入	償還支払	投資支出	税引前最終価値	ディズニーへのキャッシュ・フロー 税引前	税引後
1989						(340.0)	1,909.0	(833.0)		(833.0)	(833.0)
1990							360.0			1,569.0	900.0
1991							493.0			360.0	234.0
1992	197.4	55.0	302.0	1.0	137.0	61.3				1,246.6	810.3
1993	244.8	171.0	333.0	1.9	281.0	61.3				1,093.0	710.5
1994	320.5	477.0	387.0	2.5	419.0	61.3				1,667.3	1,083.8
1995	393.5	963.0	422.0	4.8	606.0	61.3				2,450.6	1,592.9
1996	573.4	1,820.0	717.0	5.6	775.0	61.3				3,952.3	2,569.0
1997	614.1	1,976.2	778.9	6.1	850.1	61.3				4,286.7	2,786.4
1998	657.6	2,145.8	846.2	6.7	932.6	61.3				4,650.1	3,022.6
1999	704.1	2,329.9	919.3	7.3	1,023.0	61.3				5,045.0	3,279.3
2000	754.0	2,529.9	998.7	8.0	1,122.2	61.3				5,474.1	3,558.2
2001	807.4	2,747.0	1,085.0	8.8	1,231.0					5,940.5	3,861.3
2002	851.2	2,948.9	1,159.0	9.6	1,306.9					6,275.5	4,079.1
2003	897.4	3,165.6	1,238.0	10.4	1,387.4					6,698.8	4,354.2
2004	946.1	3,398.2	1,322.5	11.4	1,472.9					7,151.0	4,648.2
2005	997.4	3,647.9	1,412.7	12.4	1,563.6					7,634.0	4,962.1
2006	1,051.5	3,916.0	1,509.0	13.5	1,660.0					8,150.0	5,297.5
2007	1,099.3	4,204.9	1,615.2	14.5	1,843.6					8,777.4	5,705.3
2008	1,149.2	4,515.1	1,728.8	15.5	2,047.6					9,456.2	6,146.5
2009	1,201.4	4,848.2	1,850.4	16.6	2,274.1					10,190.7	6,624.0
2010	1,256.0	5,205.9	1,980.6	17.7	2,525.6					10,985.9	7,140.8
2011	1,313.0	5,590.0	2,120.0	19.0	2,805.0					11,847.0	7,700.6
2012	1,356.9	5,986.7	2,241.6	20.7	2,989.8					12,595.8	8,187.3
2013	1,402.3	6,411.6	2,370.2	22.5	3,186.8					13,393.5	8,705.8
2014	1,449.2	6,866.7	2,506.2	24.5	3,396.7					14,243.3	9,258.2
2015	1,497.7	7,354.1	2,650.0	26.6	3,620.5					15,148.9	9,846.8
2016	1,547.8	7,876.0	2,802.0	29.0	3,859.0				134,281.7	150,395.5	110,462.9
									NPV 12%		24,169.7

出典：Euro Disneyland S.C.A., *"Offer for Sale of 10,691,000 Shares"* (1989年10月5日)；Bruner and Langohr (1994, p. 749).

13.6.3 ディズニー社への予想収益

ディズニー社の株式出資比率は 49% まで下がったにもかかわらず，ディズニー社の NPV は本質的にあまり変わらない．表 13.2 と表 13.3 につぎのそれぞれのケースを示した．①ユーロ・ディズニーランドだけでのプロジェクト・ベースの現在価値と，②プロジェクト全体に投資した場合である．これらの表は EDSCA が IPO を実施した 1989 年 10 月 5 日の情報である．

ディズニー社に対する NPV は，プロジェクト全体として投資に対する割引率 12% で 259 億 2310 万フランであり，ユーロ・ディズニーランドだけのプロジェクト・ベースの NPV は 241 億 6970 万フランである．その差は 17 億 5340 万フランで，プロジェクト全体のときはおおむね 6.8% の NPV が増加する．したがって，プロジェクト・ファイナンスを採用するとディズニーは株式出資を 49% まで減少しても，期待 NPV はおよそ 6.8% だけの減少にとどまる．ディズニー社は利益を犠牲にせずに，リスクを実質的に減少できた．その結果，管理費やインセンティブ料，ロイヤルティなどの形で財務利益を得た．これらの支払いは，たとえプロジェクトが部分的な成功であってもディズニー社の利益を保証するものである．

13.7 プロジェクト参加企業の利益

プロジェクト・ファイナンスはすべての参加企業の利益条件が満たされるときだけ成功する．すべての企業にとっては，プロジェクト参加に伴うコストに利益が勝るという条件である．成功のためにはプロジェクト・ファイナンスはプロジェクトのそれぞれのリスクに相応しい利益を分配しなければならない．

13.7.1 ディズニー社の関心

ディズニー社は魅力的な収益の機会を温存しつつ，リスクへのイクスポージャーを実質的に削減した．ディズニー社は，経営，リース，インセンティブ，物品販売についてきわめて有利な料金を交渉で手にした．EDSCA は 1992 年度に 3 億 3000 万フラン，1993 年度に 4 億 8200 万フランをディズニー社に支払った．

フランス政府はおよそ 50 億フラン相当の利権をディズニー社に譲渡した．ディズニー社は 19 億フランの開発費を回収し，IPO で現金を手に入れた．

表 13.3 ディズニー社がプロジェクト全体に投資した場合のキャッシュ・フロー（単位：100万フランスフラン）

	営業収入	減価償却	純利息	法人税	資本支払	借入資金 (返済額)	最終価値	ディズニーへのキャッシュ・フロー
1989					3,800.0	2,767.5		(1,032.5)
1990					5,100.0	2,767.5		(2,332.5)
1991					5,100.0	2,767.5		(2,332.5)
1992	2,043.0	700.0	(219.0)	791.7	392.0	990.0		2,768.3
1993	2,464.0	684.6	(213.0)	937.0	610.0	669.0		2,483.6
1994	3,312.0	680.9	(11.0)	1,163.1	3,408.0	2,410.0		1,842.9
1995	4,590.0	817.2	(70.0)	1,631.0	3,461.0	2,169.0		2,554.2
1996	6,800.0	949.4	376.0	2,248.4	886.0	(1,600.0)		2,639.0
1997	7,203.3	946.2	360.6	2,394.9	830.5	(1,498.6)		3,064.8
1998	7,630.4	940.5	345.8	2,549.6	778.4	(1,397.2)		3,499.9
1999	8,082.9	932.4	331.6	2,713.0	729.6	(1,295.8)		3,945.3
2000	8,562.2	922.2	318.0	2,885.5	683.9	(1,194.4)		4,402.6
2001	9,070.0	910.3	305.0	3,067.8	641.0	(1,093.0)		4,873.6
2002	9,553.8	896.8	314.8	3,233.7	692.6	(962.0)		5,247.6
2003	10,063.3	886.6	324.8	3,408.5	748.3	(831.0)		5,637.3
2004	10,600.1	879.7	335.2	3,592.7	808.6	(700.0)		6,043.3
2005	11,165.5	876.2	345.9	3,786.9	873.7	(569.0)		6,466.2
2006	11,761.0	876.0	357.0	3,991.4	944.0	(438.0)		6,906.6
2007	12,432.6	879.4	356.0	4,226.8	922.4	(438.4)		7,368.4
2008	13,142.5	881.6	355.0	4,475.6	901.4	(438.8)		7,853.3
2009	13,893.0	882.6	354.0	4,738.7	880.8	(439.2)		8,363.0
2010	14,686.4	882.5	353.0	5,016.7	860.7	(439.6)		8,898.9
2011	15,525.0	881.4	352.0	5,310.6	841.0	(440.0)		9,462.9
2012	16,469.3	879.4	43.4	5,749.1	688.8	(352.0)		10,515.4
2013	17,471.1	869.8	5.3	6,113.0	564.2	(264.0)		11,394.4
2014	18,533.8	854.6	0.7	6,486.6	462.1	(176.0)		12,263.0
2015	19,661.1	834.9	0.1	6,881.4	378.5	(88.0)		13,148.1
2016	20,857.0	812.1	0.0	7,300.0	310.0	0.0	86,733.5	100,792.6
							NPV 12%	25,923.1

出典：Euro Disneyland S.C.A., *"Offer for Sale of 10,691,000 Shares"* (1989年10月5日)：Bruner and Langohr (1994, p.750).

IPO 後に，ディズニー社は EDSCA の 49% の株式を保有するが，簿価の 13% しか支払っていない．さらに，プロジェクト経営管理企業の 100% の株式を所有し，経営を完全にコントロールした．

13.7.2 フランス政府の関心

いくつかの要因がフランス政府を動機づけた．建設が予定された地域は失業率が高かったが，ユーロ・ディズニーランドの建設はおよそ 3 万人の雇用を創出した．フランス政府は新規の税収も見込んだ．初年度だけでも，1100 万人の入場者があれば，入場料 40 ドルだけで 4 億 4000 万ドルの課税収入がある．収入増は，地下鉄ばかりかガス電気水道などからも期待できた．政府は海外旅行者が 10 億ドルを地域経済に落とし，フランスがヨーロッパ観光産業の中心になることを期待した．

かくして，ユーロ・ディズニーランドは ① 地域に雇用を付与し，② 建設期間中は地域経済に金を落とし，③ 膨大な数の来客の支出が地域経済を活性化し，④ その地域の地価によい影響を与え，⑤ フランスおよびその他のヨーロッパ市民がその作り出す価値を共有することになると期待した．

13.7.3 融資銀行の関心

ディズニー社はおよそ 60 行の銀行コンソーシアムと建設費のローンを締結した．これらのローンはディズニー社にとって，ノンリコースであった．手数料収入，金利収入，株式保有への動機と，「ディズニー」の名前に魅せられて，銀行団は進んで融資を締結した．しかしながら実は銀行のリスクは大きかった．デフォルト時に，担保となっている資産の流動化は困難であった．資産は土地，ディズニー・ショーのための設備，乗り物など，どれも簡単に売却できないものであった．他の融資家はホテルも担保にとっていた．ローン開始直後に，不動産不況になり，その流動化は困難となった．また，テーマパークが閉鎖後にこれらのホテルに価値があるか問題であった．

銀行団は疑いなくディズニー社によるユーロ・ディズニーランド経営を信頼していた．ディズニー社がここに膨大な資金を投じたことは有名であった．このプロジェクトの失敗は将来のディズニー社の事業展開に重大な影響を与えることになるとされた．

13.7.4 株式投資家の関心

ヨーロッパの投資家はディズニー社の株式の51%に当たる資金提供をした。ディズニー社は1989年9月30日までの株式資産65億7067万5000フランのうちの12.76%に当たる83億3000万フランの投資にとどまった。ヨーロッパの投資家は全資本の87.33%に当たる57億3767万5000フランである。これは株式資本の出資比率51%を含んだ額である。したがって，ヨーロッパの投資家は初めから増資による株価減少となった。つまり，ディズニー社の事業が成功する以前に，ヨーロッパ株式投資家は惹きつけられた。この事実はユーロ・ディズニーランド・プロジェクトは成功すると投資家は信じたことを示している。初期の株式公開において，EDSCAの1株が72フランでもきわめて人気があったことから，ヨーロッパの投資家にとって，ディズニー投資が歓迎されたことは明らかである。

13.8 財務予想

EDSCAは初期株式公開IPOのために，詳細な財務予測を公表した。表13.4は収入予測と株主の配当の予測を1992年から1996年の毎年と2016年までの5年ごとに示した。表13.5には同一の年度にEDSCAのキャッシュ・フローを掲載した。

13.8.1 企業評価

伝統的なスピンオフ企業の株式新規発行，つまり個人企業の株式公開では，投資銀行は過去の実績を基礎として将来予測が可能となり，企業評価をする。過去の産業のパターンが評価され価格づけする企業はその産業内の他社と比較できる。さらに，その企業の経営陣はそのままいるから，重要で数値化できない価値も含まれる。このときの企業のビジネス・プランは現実味をもって評価できる。過去の豊富な情報があっても，株式公開価値の評価は経験に基づいた推測が必要である。EDSCAの評価は冒険的でさえあった。株式公開時に，ディズニーの予測を基礎に，英国の投資銀行S.G. Warburg社はEDSCAの1株はおよそ70フランであるとした。

13.8 財務予想

表 13.4 EDSCAの利益予測（単位：100万フランスフラン）

	1992	1993	1994	1995	1996	2001	2006	2011	2016
収入									
マジック・キングダム	4,246	4,657	5,384	5,853	6,415	9,730	13,055	18,181	24,118
（ホテルを含む）									
第2テーマパーク	0	0	0	0	3,128	4,565	6,656	9,313	12,954
不動産開発	1,236	2,144	3,520	5,077	6,386	8,133	9,498	8,979	5,923
総収入	5,482	6,801	8,904	10,930	15,929	22,428	29,209	36,473	42,995
営業費用									
マジック・キングダム	2,643	2,836	3,161	3,370	3,641	5,504	7,384	10,175	13,097
第2テーマパーク	0	0	0	0	1,794	2,644	3,695	5,020	6,830
不動産開発	796	1,501	2,431	2,970	3,694	5,210	6,369	5,753	2,211
総営業費用	3,439	4,337	5,592	6,340	9,129	13,358	17,448	20,948	22,138
営業収益	2,043	2,464	3,312	4,590	6,800	9,070	11,761	15,525	20,857
営業費用（収益）									
ロイヤルティ	302	333	387	422	717	1,085	1,509	2,120	2,802
元本返済	341	341	341	341	341	0	0	0	0
減価償却	255	263	290	296	625	658	723	842	228
利払	567	575	757	708	1,166	920	623	352	0
利息収入	(786)	(788)	(768)	(778)	(790)	(615)	(266)	0	0
リース代	958	950	958	962	975	1,242	882	83	0
経営手数料	55	171	477	963	1,820	2,747	3,916	5,590	7,876
合計	1,692	1,845	2,442	2,914	4,854	6,037	7,387	8,987	10,906
税引前利益	351	619	870	1,676	1,946	3,033	4,374	6,538	9,951
税額	147	260	366	704	818	1,274	1,837	2,746	4,180
純利益	204	359	504	972	1,128	1,759	2,537	3,792	5,771
配当可能金	275	425	625	900	1,100	1,750	2,524	3,379	5,719
税還付	0	138	213	313	450	536	865	1,908	2,373
総収益	275	563	838	1,213	1,550	2,286	3,389	5,287	8,092

出典：Euro Disneyland S.C.A., *"Offer for Sale of 10,691,000 Shares"* (1989年10月5日, p. 36).

13.8.2 割引率

S.G. Warburg 社の第1の難問はキャッシュ・フロー分析に使うべき割引率の推定であった．EDSCA と直接比較できる企業は市場には存在しないとの結論に達した．しかし，フランスに存在する2社に，同様なリスク・プロファイルとして注目した．

第1は Club Mediteranée 社（Club Med）であり世界的に広がるリゾート施設を保有している．しかしユーロ・ディズニーランドは単一のテーマパークである．Club Med はそのリスクを地域分散（ある地域で政治的問題が発生し

表 13.5　EDSCA のキャッシュ・フロー予測（単位：100万フランスフラン）

	1992	1993	1994	1995	1996	2001	2006	2011	2016
資金源									
税引前利益とインセンティブ料	406	790	1,347	2,639	3,766	5,780	8,290	12,128	17,827
インセンティブ料	(55)	(171)	(477)	(963)	(1,820)	(2,747)	(3,916)	(5,590)	(7,876)
減価償却	597	604	631	638	967	658	723	842	228
長期借入	990	693	2,950	2,950	0	779	1,146	0	0
合計	1,938	1,916	4,451	5,264	2,913	4,470	6,243	7,380	10,179
資金使途									
資本支出									
マジック・キングダム	(310)	(326)	(293)	(313)	(334)	(335)	(471)	(658)	(114)
第2テーマパーク	0	0	(2,950)	(2,950)	(102)	(101)	(134)	(178)	(196)
不動産開発	(31)	(139)	(62)	0	0	0	0	(5)	0
土地購入	(51)	(145)	(103)	(198)	(450)	(205)	(339)	0	0
元本返済	0	(24)	(540)	(781)	(1,600)	(1,872)	(1,584)	(440)	0
短期借入	0	24	47	71	94	259	0	0	0
支払税額	(139)	(414)	(519)	(858)	(971)	(1,280)	(1,843)	(2,746)	(4,180)
配当可能金	(275)	(425)	(625)	(900)	(1,100)	(1,750)	(2,524)	(3,379)	(5,719)
合計	(806)	(1,449)	(5,045)	(5,929)	(4,463)	(5,284)	(6,895)	(7,406)	(10,209)
運転資金の変化									
不動産売却代金	(979)	(678)	507	785	1,527	656	65	0	0
短期借入	200	10	9	212	21	27	35	45	57
合計	(779)	(668)	516	997	1,548	683	100	45	57
純流動資産変化	353	(201)	(78)	332	(2)	(131)	(552)	19	27

出典：Euro Disneyland S.C.A., *"Offer for Sale of 10,691,000 Shares"* (1989年10月5日, p. 37).

たときにツーリストを他の地域に割り当てること）によって分散化する．さらに，同じリゾートに行きたがらないツーリストでも，世界に広がるリゾートが存在することによってリピーターとして確保している．

　第2は Accor 社であり，フランスの主要なホテル企業である．この企業も類似性があるが，やはりその差異は大きい．Accor 社のホテルは地理的に広がり，特定の地域の問題の影響を企業としては軽減できる．ユーロ・ディズニーランドのホテルの価値は，疑いなくテーマパークの営業不振によって下落する．S.G. Warburg 社は，プロジェクトのリスクを勘案して，期限付プロジェクトであることから，株式投資家が開園前には20%の収益率を要求すると予測した．開園後は12%とした．12%の割引率はディズニー社，Accor 社，Club Med に対する資本費用を分析して求められた．これらの会社の資本コス

トは，それぞれ 9%，11.3%，11.9% であった．12% は Accor 社や Club Med よりも高い．つまり，すでに確立された企業と EDSCA のような新規企業とのリスクの差を反映したものであった．EDSCA の株式のリスク・プレミアムはテーマパークの建設以前であり，その営業にはさらに数年を必要とすることを考慮した結果となっている．また，S.G. Warburg 社は不動産販売をリスクの低い物件と評価した．追加的リスクが存在すれば，割引率は数パーセント高くなるとした．

S.G. Warburg 社が 12% の割引率を決定するときに，資本構成を適切に考慮したかは明らかでない．株式公開時には EDSCA の債務資本比率は 40% であった．しかし，1995 年までにそれは 200% 以上に増加される．借入比率の増加は他の企業と比較して，EDSCA の株式の財務リスクを増加する．S.G. Warburg 社が推定した 12% の割引率では，この財務リスクが適正に評価されているとは考えられない．

13.8.3 予測来場者数

1989 年当時ユーロ・ディズニーランドの成功のためにはつぎの 2 つが重要であると考えられた．① テーマパークとその関連施設の来場者数，② 不動産開発．テーマパークの来場者数は成功の重要な要因であり，予想以上になると信じられた．ディズニー社は初年度に 1100 万人と予想した．この数は一般的には控えめな予測とされた．コンサルタントの Athur D. Little 社は初年度は 1170 万人で，1780 万人に達する可能性もあるとした[10]．ある記事によると，初年度の 1100 万人の過少見積りはディズニー社によく見られる現象であるとしている[11]．

13.8.4 予測価格

ディズニー社は，入場料，ホテルやキャンプなどの収入源はフランスの物価水準に 1.5% プラスした率で増加すると仮定した．米国では入場料は 17 年間平均で 2.6% で増加した．したがって，インフレーション以上の料金の増加は，入場者数やホテル予約などの激減を伴わずに可能であると考えられた．

13.8.5 実現した結果

投資家はテーマパークの入場者が目標の 1100 万人に達すると，EDSCA は

利益が出ると考えた．目標は達成されたが，ユーロ・ディズニーランドの収益性は予想をはるかに下回った．ディズニー社とそのアドバイザーはヨーロッパの1人当りの消費の減少となる不景気が予知できなかった．ホテルの空室率も予想より高かった．さらに，客の滞在日数も支出も食べ物やみやげ物の価格が割高だったために，予想までには届かなかった．不動産不況のためにホテルの売却はほとんど不可能となった．ホテルの売却益はユーロ・ディズニーランド・プロジェクトの重要な収益源であった．

13.8.6 季 節 変 動

カリフォルニアのディズニーランドとフロリダのディズニーワールドはともに気候の温暖な地域に位置し，すべての乗り物とアトラクションは一年中仕様可能である．したがって，年間の強気の入場者数予測が現実となる．これがフランスでは異なり，年中温暖で快適な気候というわけではない．後述のS.G. Warburg社が行った感度分析では，初年度の入場者数が1000万人のケースも検討された．この減少は2001年からの配当の減少につながった．

13.8.7 その他の問題

ヨーロッパの人々の習慣に関する仮定が甘かった．たとえば，EDSCAはヨーロッパの人は朝食をとらないものと仮定していた．EDSCAが驚いたことに，2000人以上の客が300人を想定したホテルのレストランに押し寄せた．またEDSCAの役員たちはアメリカの親がするように，ヨーロッパの親も学校期間中に子供をつれてくるようになると考えていた．これらの錯誤は事態を悪化させた．バス運転手のトイレの不足や，テーマパーク内でアルコール類を販売しないことがランチにもワインを飲むお国柄にはなじまなかったことなども，多くのミスの中の一部であった．

13.8.8 不動産所有権と開発

カリフォルニアとフロリダの経験から，ディズニー社はユーロ・ディズニーランドの周辺の土地とホテルの開発は成功に必須であると考えた．カリフォルニアにおけるディズニーパークは大成功であった．しかし，ディズニー社は周辺の土地を所有していなかった．したがって施設の拡大もホテルなどの周辺開発もできなかった．周辺地域ではホテルやファーストフードがテーマパーク来

場者からの恩恵に浴した．一方，フロリダでは十分な周辺地域の土地を所有したが，ホテルの客室が十分ではなかった．ディズニー社は7000室のホテルを建設したが，この地域のホテルの部屋数は1971年の4000室から1989年の7万室に増加した．これらのホテルの平均利用率は92%であり，ルームチャージは平均166ドルである[12]．さらに，来場者がディズニーホテルにもう1泊すれば，ホテルの収入プラス1人当り食費やみやげ物で90ドル増加する．

テーマパークの地価は高騰した．カリフォルニアでは地価は25年間に年平均20%で増加した[13]．フロリダでは年30%の増加率である[14]．ユーロ・ディズニーランド・プロジェクトでは，土地不動産開発を支配してこの経済的便益を獲得しようとした．しかし，プロジェクトの財務的成功がEDSCAのリゾート開発と不動産売却によって得られる利益に依存していた．

13.8.9 不動産価格予測

ディズニー社が用意した不動産開発とその販売予測は，楽観的な仮定によっていた．たとえば，表13.4の1995年からの税引前所得の74%が不動産販売によるとされた[15]．もし，1992年から1995年までの不動産開発が不振に終わったときには，EDSCAはキャッシュ不足に悩まされると予測された．実際この事態が発生した．

13.8.10 配当予測

EDSCAの配当額は1995年以降は純利益に等しく支払われることになっていた．この配当政策のためにEDSCAの借入が増加することになる．債務の変化が配当額の変化量を上回ることが表13.4からもわかる．したがって，EDSCAの配当政策では，将来に予想されるキャッシュ・フローが配当と借入返済に十分であるとの予測から，初期においては借入によって配当が支払われしまった．

13.8.11 感度分析

S.G. Warburg社はディズニー社が定めた基本仮定に対して投資家の収益に関する感度分析を実施した．表13.6にその結果をまとめた．感度分析はキーとなる要因を10%変化させたときの2017年までの内部収益率で評価している．ベースケースの仮定が楽観的過ぎたことがわかる．S.G. Warburg社は要

表 13.6 感度分析

ケース	仮定	1株当り配当						1993年の価値*1	2017年までの内部収益率(%)
		1992	1995	2001	2006	2011	2016		Issue Price (FF72)
ベース・ケース		1.6	5.3	10.3	14.8	19.9	33.6	131	13.3
入場者減少	初年度1000万人	1.6	5.3	9.4	13.8	18.4	31.7	119	12.7
入場者増加	初年度1200万人	1.6	5.3	11.1	15.9	21.3	35.6	141	13.8
入場者の支出減	10%減	1.6	4.8	8.9	12.9	17.4	30.3	112	12.3
入場者の支出増	10%増	1.6	5.3	11.6	16.6	22.3	37.0	147	14.1
完工遅れ	6か月遅れ	1.6	4.5	9.7	12.6	21.8	33.6	122	12.8
建設費増加	10%増	1.6	5.3	10.2	15.1	20.4	34.0	129	13.2
リゾート,不動産収入減	10%減	1.6	5.3	9.8	14.3	19.3	33.0	126	13.0
リゾート,不動産収入増	10%増	1.6	5.3	10.8	15.4	20.4	34.3	135	13.5

*1：1993年4月時点での実勢価値は同時点での配当総額に等しい．2017年時点の残存価値は12%を割り引いて算出している．
*2：2017年時点での最終的なEDSCAの価値を決定するため，EDSCAは2017年3月31日時点で配当可能な収益の12.5倍の額で現金化されるものと仮定される．
出典：Euro Disneyland S. C. A., "*Offer for Sale of 10,691,000 Shares*" (1989年10月5日, p.38).

因の変化率を15%から20%にしてもよかったのである．最も影響力の大きい要因は1人当りの支出額の減少であった．S.G. Warburg社は1要因ごとの収益率の変化を求めた．感度分析はいくつかの要因が同時に10%ずつ悪くなる「最悪のシナリオ」を計算すべきであった．

13.8.12　楽観的過ぎたか？

EDSCAの1株が72フランの株価は今や気前のよすぎた価格であると判明した．ディズニー社のアドバイザーであるLazard Frères社を含むヨーロッパのいくつかの金融機関は，プロジェクト計画が巧妙すぎることを明らかにした．つまり，この企業は借入過多であった．公開株価は高すぎ，将来の不動産売却のキャピタル・ゲインに依存している財務体質はリスキーであった[16]．プロジェクトは以下の問題を抱えることになった．①EDSCAの借入を増加するときに金利が上昇した．②ヨーロッパの不景気が長引いた．③フランスの不動産市場は低迷した．④EDSCAの開園当初の業績，特にホテルには失望させられる結果となった．

いまになってみれば，EDSCAに対するS.G. Warburg社の設定株価を非難することはたやすい．しかし，当時のヨーロッパの投資家は適正な価格と判断

した．1989年の公開以来，EDSCAの株価は1992年の開園ごろまで上昇し続け，一時は160フランを記録した．EDSCAの損失が累積してはじめてその株価は下落した．

13.9 コーポレート・ガバナンス問題

EDSCAの組織構造が状況を悪化させた．ディズニー社はEDSAに経営管理企業として，トップ・マネージメントにおいた．彼らのインセンティブ・ボーナスは，ストック・オプションとして，ディズニー株の発行で行われた．しかし，EDSCAおよびディズニー社の株主は全面的に反対であった．オプションはEDSCAの株価をベースにして，経営のインセンティブと株主の利益の調整をするべきであった．さらに，経営の停滞となる潜在的要因もあった．ディズニーがコントロールする企業はテーマパークの運営に責任があった．ディズニー社の監督責任側は経営管理企業が契約したすべての契約を検査承認した．しかし，彼らは経営管理企業に行動を起こさせる権限も，支配人を更迭する力もなかった．彼らは経営管理企業の経営に反対なときは契約承認を拒否するだけであった．この設定が企業に経営不能な状態をもたらした．

13.10 運営業績

ユーロ・ディズニーランドは1992年4月15日に予定どおり開園した．マジック・キングダムへの入園者は期待どおりでないことは2か月後に明らかになった．1992年の夏に農民とトラック運転手が，ユーロ・ディズニーランドの利益に浴さない腹いせに駐車場をブロックすることがあり，入場者数に響いた．

初年度は売上が7億3800万フランで1億3500万フランの損失となった．1993年度の業績はさらに悪かった．売上げは8億7300万フランで11億フランの損失，これは会計上の累積額を除くと5億2800万フランの損失となる．1993年9月の年度末には，EDSCAは53億3700万フランの損失，およそ90億2000万ドルに相当しフランスの株式会社史上最大の損失となった．

ホテルとその他のリゾート開発運営は予想以下にとどまった．不動産投資からのキャッシュ・フローはさらに低かった．ユーロ・ディズニーランドの成功

は不動産投資の収益が借入返済に当てるキャッシュ・フローにかかっていたので，不動産不況は深刻なキャッシュ不足を生んだ．再建策が終了するまでは，EDSCAが永続できる企業になるかさえもわからなかった．

予想と現実の結果を比較すると，不動産事業はきわめて悪い．IPO段階でEDSCAはフロリダのディズニーホテル90％以上の予約率と比較して，80から85％と予測した[17]．しかし，ユーロ・ディズニーランドはパリから35マイルの距離であり，まったくユーロ・ディズニーランドのホテルに泊まらないか，滞在を最小限にしパリに宿泊することをEDSCAは予測していなかった．当初の予測と比べると，実際の予約率は著しく低く，55％と報告されている[18]．ホテルの失望的な結果は，その売却価格にも影響した．

第2の問題はホテルのルーム・チャージであった．たとえば，ディズニー社の系列のホテルは1泊2000フラン（340ドル）であった．この料金はパリの最高のホテルとほぼ同額であった．ホテルの予約率を増やすために，料金を下げた．たとえば，低料金のホテルであるサンタフェなどでは，76ドルのホテルを51ドルに下げる32％以上の割引をした[19]．他のホテルでも同様に割引をしたので，ホテルの売上は予測をはるかに下回った．

マジック・キングダム自体は成功であった．入園者数は初年度の予測の1100万人に達した．しかし，この数を達成するために，EDSCAは入園料割引を実施した[20]．フランス人の料金を割り引いて入園者数を押し上げたが，収入は減少した．冬季の入園者の70％は，フランス人向けの割引料金を利用したと推定される[21]．

不動産とリゾート開発の問題に加えて，ユーロ・ディズニーランドの費用が見積りを大きくオーバーした．IAフェーズで140億フランの費用と推定されたが，実際は180億フランであった．この追加費用は借入で賄われ，EDSCAの財務問題は悪化した．結局，EDSCAの債務総額は210億フランに達し，37億5000万ドルという巨大な額になった[22]．

13.11 その後の展開

今日，一度は倒産寸前まで至ったユーロ・ディズニーランドは，好転する途上にある．1994年5月14日に，ディズニー社とEDSCAとEDSCAの債権者を代表する委員会は，EDSCAの財務再建策を明らかにした．ディズニー社は

再建案の一部として7億5000万ドルの追加投資を承認した．EDSCAにかかわる63銀行中61行に承認された再建策は，EDSCAのおよそ35億2000万ドルの債務を約17億3000万ドルに削減するものであった．再建策では，ディズニー社は5年間のマネジメント・フィー，ロイヤルティとみやげ物売上の5年分を罰として没収された．さらに，銀行コンソーシアムに18か月の利払の免除，元金返済の3年の繰延べと5億ドルの追加融資を含んでいる．再建策では60億フラン（10億7000万ドル）の新株発行をし，ディズニー社がその費用の49％の5億800万ドルを出資する．融資銀行団は残りの51％の株式増資の引受を行う．

救済策はEDSCAの株主の承認を得た形になった．資本構成の変更となる増資はEDSCA存続の確率を増加した．しかしながら，発行株数の4倍以上を増資することは，増資引受権を行使しない株主には著しい価値の減少となった．けれども，倒産になると彼らの株も無価値になることは明らかだった．

増資は成功だった．保有2株に対して7株の増資は1株10フランで6億株を新規に発行した．増資の80％は既存株主（ディズニー社は49％）が引き受けた．銀行団，BNP，Banque Indosuez社，CDC（Caisse de Dépôts et Consignations社）が残りの株を引き受けた．サウジアラビアの裕福な投資家が，EDSCAのこの残りの24％となる株に5億ドルの投資をした[23]．これが投資家たちに好材料となり増資の成功に貢献した．

EDSCAの現在までの収益不振にもかかわらず，ディズニー社はユーロ・ディズニーランドからの投資収入を確保している．1970年代初めに，オルランドのディズニーワールドは立ち上がりが遅かったが，その後世界で最も高収益を上げるリゾートとなった．ディズニー社はユーロ・ディズニーランドをヨーロッパの人の好みに変えて成功するように見えた．これらの変更は経営を好転させると期待された．EDSCAは1996年3月31日に終わる上半期の損失は，1年前の2億4100万フランから1億6900万フラン（3300万ドル）までに縮小した．ユーロ・ディズニーランドの入場者数とホテルの予約率は年ごとに増加している．

13.12 ま と め

ユーロ・ディズニーランドの収益性は，ディズニー社がプロジェクトをうま

く構造化したことを示しているように見える．結果的に，ディズニー社はプロジェクトのリスクをよく理解しており，独立した企業を株主から独立に設立し，リスクにさらされる危険をうまく制限した．

14

ケース・スタディ
ユーロトンネル・プロジェクト

　イギリス-フランス間のドーバー海峡にリンクを作る最初の構想は 1753 年であった[1]．19 世紀初頭以来，大陸と英国を結ぶ計画は何度も作られてはお蔵入りになった．1882 年には英国側でトンネルの掘削が始められたが，開始後すぐに放棄された．いまだにドーバー近くのチョーク岩盤にはトンネルの入口が大きな口がぽかりと開いている．

　ユーロトンネル・プロジェクトは 1984 年に開始した．建設は 2 つ穴の鉄道トンネルで，付帯インフラと車両および駅を含んだ設計である．1993 年の完成が計画され，その後英仏および欧州の鉄道網に連結される．英仏間，ドーバー海峡の下に快適，確実，快速な連絡サービスが生まれる．技術的には建設上の困難さはなかった．規模の巨大さが綿密な輸送ロジスティック計画を必要とした．

　プロジェクトにはシンボル的価値があった．1992 年は欧州経済委員会（EEC）のメンバー国が統合ヨーロッパ経済圏に関する条約を批准する年であったからだ．またプロジェクトは財務的なイノベーションであった．長期的インフラ開発プロジェクトを民間資本が引き受けることは，資本市場で試されたことのない新しい資金調達法であった[*1]．

[*1] 本章は Eurotunnel 社の年次報告（1987 年，1990 年，1994 年）およびつぎの資料による．
　(1) Roy C. Smith and Ingo Walter, "Eurotunnel-Background", Case Study, New Yok University, (2) Roy C. Smith and Ingo Walter, "Eurotunnel-Debt", Case Study, New York University, (3) Roy C. Smith and Ingo Walter, "Eurotunnel-Equity", Case Study, New York Universty.

14. ユーロトンネル・プロジェクト

14.1 歴史的背景

1973年に，フランス大統領ジョルジュ・ポンピドーと英国首相エドワード・ヒースはドーバー海峡の2つ穴の鉄道用トンネル建設条約に調印した．掘削は1974年に始まった．しかしヒースの保守党が破れたとき，条約は英国議会で批准されずに失効した．掘削は再び放棄された．

1980年代初頭にドーバー海峡に固定的リンク，つまり橋梁かトンネルを完全な民間資金で建設する可能性を調査した．英国とフランス政府の調査委員会ができ，1982年にはついに英仏調査グループによるレポートが提出された．レポートは鉄道のリンク建設を推奨した．しかし，当時レポートは決して実施されないと広く信じられた．

1984年5月，Banque Indesuez社，BNP，Credit Lyonnais社，Midland Bank社，NatWest（National Westminster Bank社）（以下これらを「協調銀行」とよぶ）が2つ穴の鉄道トンネルの完全民間資金による建設の可能性の詳細レポートを英仏政府に提出した．協調銀行はその後，英仏両国における最大級の建設会社となるCTG（The Channel Tunnel Group社）を英国に，FM（France Manche社）をフランスに設立した．CTG-FMはユーロトンネル・システムを開発するためのジェネラル・パートナーとして組織された．1985年4月に英仏政府が共同で入札をしたときに，CTG-FMは最も先進的なコンソーシアムであった．

1985年10月末以前に，関心のある企業は融資，建設，事業経営の入札参加に招待された．10種類の建設案が1985年10月に提出された．その主要な4案は，つぎのとおりである．
1) ユーロルート：48億ポンドの橋梁トンネル併用で道路と鉄道のリンク．
2) CTG-FMのユーロトンネル：26億ポンドの2つ穴の鉄道リンク．
3) ユーロブリッジ：50億ポンド，23マイルのつり橋．
4) 海峡高速道路：25億ポンドの2つ穴の道路と鉄道のリンク．

1986年1月に，ユーロトンネルが入札で選ばれた．同年2月，英仏両政府はユーロトンネル建設条約に調印し，コンセッションに第1次株式調達として，5000万ポンドの初期資本を与えた．

このコンセッションはCTG-FMに条約批准日から55年間にわたってユー

ロトンネルの建設とオペレーションの権利を供与した．CTG-FM はトンネル通行料と運営政策の決定権をもつことになった．英仏政府は CTG-FM の了承なしに 2020 年までは，ドーバー海峡固定リンクの代替ルートを計画しないことを約束した．コンセッションが終わる 2042 年に，ユーロトンネルの所有権は英仏政府に移譲される．

プロジェクトの初期に，フェリー会社，港湾利益団体，環境保護団体は反対同盟 Flexlink を結成した．Flexlink はトンネルの完成に伴いフェリーとトンネルの激しい価格競争があると予測した．彼らは，CTG-FM がトンネルの資本費用と通行料，交通料を誤推定していると攻撃した．海峡交通は勢いがなくなり，トンネルは非採算的となり，英国納税者の税の無駄使いになるとアピールした．

14.2 ユーロトンネル・システム

ユーロトンネル・システムの構成はつぎのとおりである．
・複線の鉄道トンネルとサービス・トンネル．
・英国にはドーバー近郊フォーストーン駅とフランスにはカレー近郊コケイユ駅の 2 駅．
・2 駅間で乗客と貨物を運ぶ特別仕様車両（シャトル）．
・フランスおよび英国に貨物デポ．
・鉄道および道路の接続インフラ．

2 つのトンネルは内径が 7.6 m，全長およそ 50 km であった．さらに，内径 4.8 m のサービストンネルがある．サービス・トンネルはメイン・トンネルの換気をし，非常時に避難用として，また維持管理用にも用いられる．メインの 2 つのトンネルは鉄道用として計画された．トンネルが 2 つあるのは，修繕工事中も通行を続けるためである．

14.3 プロジェクトの出資構造

ユーロトンネル・プロジェクトの出資構造は図 14.1 のとおり，多国籍の 2 法人の連携になっている共通の株主をもつグループ企業の関係を示した 2 つのグループ企業がそれぞれ，英国には Eurotunnel P.L.C. として，フランスには

14. ユーロトンネル・プロジェクト

```
Eurotunnel S.A.      Eurotunnel P.L.C     100%  ユーロトンネル
 (フランス)            (英国)                    開発社
        |100%    |100%     |79%          |100%
        |        Eurotunnel Finance S.A. ─21%─ Eurotunnel Finance社
        |                  |                        |
       FM              Eurotunnel General           CTG
     (フランス)          Partnership              (英国)
```

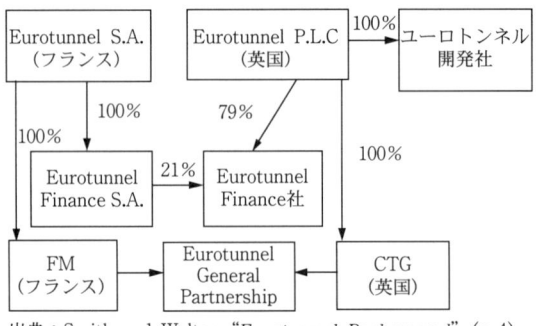

出典:Smith and Walter, *"Eurotunnel-Background"* (p. 4)

図 14.1 ユーロトンネル・プロジェクトの出資構造

Eurotunnel S.A.として登記した．2企業は共同でジェネラル・パートナーである．以後彼らを Eurotunnel 社とよぶ．

CTG と FM はそれぞれ英国法とフランス法でのパートナーシップとしてユーロトンネル・システムを建設運営するためにすでに設立されていた．減価償却，法人税引前利益および損金は CTG と FM がそれぞれ二等分する．

Eurotunnel Finance 社の英国およびフランスの各社は，ファイナンスを担当する．ユーロトンネル開発社はユーロトンネル本体でない事業を第三者とジョイント・ベンチャーとして実施する．つまり，ユーロトンネルとその交通から発生するビジネスチャンスのために開発を進める．

14.4 建　　　設

建設は Transmanche Link として知られるコンソーシアムによって行われた．コンソーシアムは契約後7年以内に設計，建設，試験を済ませ，完全に鉄道が運行するまでシステムをただ1本の契約で締結した．建設契約は1986年8月に行われた．Transmanche Link は英国の主要5社とフランスに主要5社の建設会社のジョイント・ベンチャーである．

建設契約は以下の3つの部分に分けられる．

a．ターゲット・ワーク

トンネルと地下構造物の建設がターゲット・ワークである．契約費用の約50%を占める．契約者はコストプラス・ベースで12%の利益を含めて支払う．建設契約はつぎのインセンティブ構造がある．実際の費用が目標値より少

ないときは，その分の50%を受け取ることができ，コスト超過のときはその30%をTransmanche Linkが，目標値の6%以内に限って支払う．

b．一括ワーク

このワークはユーロトンネルに付随する駅，固定設備，機械および電気工事である．これらの契約は一括ベースで支払われる．Transmanche Linkは予算以下でこれらが入手できたときはその差額をすべて自分のものとできるが，コスト・オーバーランの場合すべての費用は自己負担となる．

c．資材調達

機関車や客車はこの項目に入る．Transmanche Linkはこれらを下請に発注する．ユーロ・トンネルは下請の入札価格に対して直接支払う．Transmannche Linkは入札を監視し下請企業を監督する．資材調達に関しても12%のマージンを費用にプラスして支払ってくれる．

Transmanche Linkは完成遅延の場合6か月までは，1日当り35万ポンド支払わなければならない．さらに，最終完成期限からの遅延に対しては，50万ポンド/日の負担となる．このリスクに対してTransmanche Linkはパフォーマンス・ボンドとよばれる保証をした．これは総契約費用の10%の額の契約であり，遅延支払に使われる．プロジェクトが予定どおり完成すると，この保証契約は消滅する．さらに建設期間中に対してもTransmanche Linkの支払義務の5%はパフォーマンス・ボンドが保証する．この保証契約による支払はプロジェクト終了後12か月と24か月の2回行われる．Transmanche Linkのフランスおよび英国のそれぞれ5社の親会社はその支払義務の100%保証をする．フランスの親会社の連帯債務は50%までであり，英国の親会社の単独債務は10%までに限られていた．

Transmanche Linkは自社の労働者のストライキによる債務返済義務の免除はない．しかし，財サービスの全面的停止となるゼネストは不可抗力とみなされ，完工のデッド・ラインを遅らせうる．同様に，Transmanche Linkは事故や洪水によるコスト・オーバーランに対しては責任をとらなければならない．しかし，つぎの事項により生ずる費用超過と遅延に対しては責任がない．① Eurotunnel社の設計変更，② 英国あるいはフランス政府の政策，③ ユーロトンネルが計画していたものがデッド・ロックになる場合．

一般的にユーロトンネル工事は技術的に困難であるとは考えられていなかった．その建設条件はむしろすばらしかった．さらに，設計の明快さが英仏両政

府を建設に踏み切らせた要因であった．これがユーロトンネルを予算内でスケジュールどおり完成できると予想させたのである．

完成後のサービスの停止のリスクは，低いものと見込まれた．Eurotunnel 社と Transmanche Link はいったんトンネルが完成すれば，巨大地震だけがトンネル洪水と破壊の原因となると信じた．

14.5 プロジェクト・ファイナンス

ユーロトンネルの建設費用はおよそ 48 億ポンドと見積もられた．

建設費用	28
グループ費用	5
推定インフレ	5
借入費用	10
合計	48　（単位：億ポンド）

表 14.1 にこれらの費用の 7 年間の推定を示した．これらの費用とコスト・オーバーランに備えて，Eurotunnel 社は 60 億ポンドの調達を計画した．

株式資本	10
ローン	50
合計	60　（単位：億ポンド）

第三者の保証なしに新規事業にこれだけの資金調達をするために，つぎの 6 段階の資金調達をした．

1) 英仏政府のプロジェクト選択以前に，協調銀行は 43 億ポンドを調達す

表 14.1 ユーロートンネルの費用見積り（単位：100 万ポンド）

	1986	1987	1988	1989	1990	1991	1992	1993	合計
建設[1]	14	168	504	575	671	507	300	22	2,761
グループ費用[2]	37	103	81	74	70	66	73	61	565[2]
インフレ[3]	0	3	30	68	118	130	110	30	489
財務費用[4]	8	49	29	95	160	245	327	111	1,024
総費用	59	323	644	812	1,019	948	810	224	4,839

[1]：1987 年当時の価格によるユーロトンネル開業までのコスト．
[2]：内訳は経営（146.8），オペレーション（38.1），事務（20.6），財務（51.6），保険（65.0），地代（29.1），英国議会（Parliamentary）(15.1)，フランス委員会（Maitre d'Oeuvre）(72.7)，仮払（126.3）である．（単位：100 万ポンド．）
[3]：1993 年 6 月 30 日までの為替相場へ．
[4]：マージン抜きの借入額の 9％と投資資金収支に対する 8.5％の金利を想定した．
出典：Smith and Walter, *"Eurotunnel-Background"* (p. 23).

べく 33 の銀行に強力に依頼した．
2) プロジェクト選択に引き続き，1986 年 1 月に設立株主が 5000 万ポンドを CTG-FM の株式として出資した．（株式出資 I．）
3) 協調銀行は 1986 年春には銀行シンジケートのメンバーを 40 行にし，50 億ポンドのシンジケート・ローンを組む．協調銀行は，建設契約と第 2 株式出資の終了後にこのシンジケート契約を完了する．
4) 1986 年 6 月 Eurotunnel 社は 1.5 から 2.5 億ポンドの追加資金調達のために第 2 期株式出資を計画した．（株式出資 II．）
5) 協調銀行は 50 億ポンドのプロジェクト・ローンのシンジケート・ローンとしての契約をする．ローンの資金からの引出が可能となるのは，10 億ポンドの株式が調達され，そのうちの少なくとも 7 億ポンドがプロジェクトに投資された後とした．
6) 1987 年の 6 月までに，第 3 次株式出資が募集され，10 億ポンドに達した．

稼働初年度は総費用に資本的費用（金利と減価償却）の占める比率は 79% になることが予測された．資本的費用の比率はその後減少し続ける．Eurotunnel 社は，完工リスクがなくなった後にはより安い資金調達が可能になるので，債務返済の比重を軽減できる．

14.6 経済リスク

2 つの国営鉄道会社，英国鉄道（Brtish Rail；BR）とフランス国営鉄道（SNCF）がユーロトンネル・システムの直接最大の顧客である．その関係は契約で規定されている．Eurotunnel 社の収入の半分は，これら 2 社からである．残りの半分は，自動車の交通からである．自動車は，乗客とともにシャトルとよばれる車両で時速 160 km でトンネルの駅間を往復する．

ユーロトンネルは他の海峡交通に対して比較優位が存在する．従来交通はフェリー，ホバークラフト，航空機である．フェリーやホバークラフトが欠航する悪天候でも，トンネルはその心配はない．さらに，その運行は時期によらず，はるかに頻度の多いサービスである．図 14.2 に，好天で通常需要時のフェリー，ホバークラフトとの海峡通行時間を比較した．

フランスの SNCF はパリ–ブリュッセル間に高速鉄道の建設を計画し，その

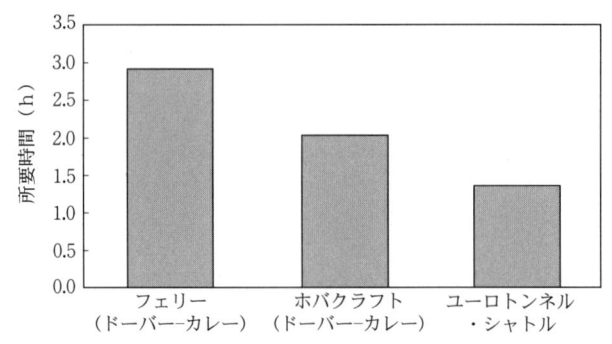

出典：Eurotunnel P.L.C, Eurotunnel., "*Offer for Sale of 220,000,000 with New Warrants*" (1987年11月16日, p. 28)；Smith and Water, "*Eurotunnel-Background*" (p. 11).

図 14.2 ドーバー海峡交通時間比較

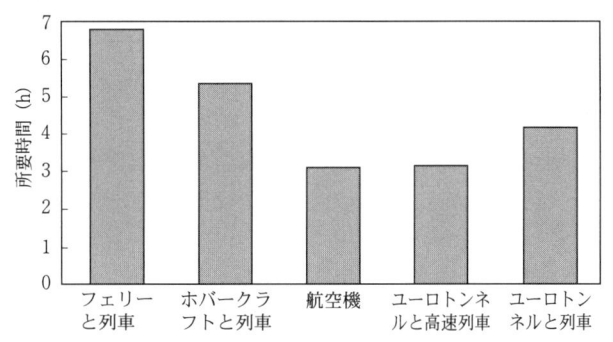

出典：Eurotunnel P.L.C., Eurotunnel S.A., "*Offer for Sale of 220,000,000 Units with New Warrants*" (1987年11月16日, p. 29)；Smith and Walter, "*Eurotunnel-Background*" (p. 12).

図 14.3 パリ-ロンドン間交通時間比較

支線をユーロトンネルのフランス側の駅に連結する．新しい鉄道ではフランスとベルギーを時速 300 km で走行する．英国側の軌間の改良をすると，ロンドン-パリ間がおよそ3時間で，ロンドン-ブリュッセル間は2時間半で結ばれる．図14.3はロンドン-パリ間の高速鉄道の導入前と後の通行時間を比較した．ユーロトンネルと高速鉄道を使うと航空機の通行時間と競争的になる．

ユーロトンネル・システムの将来の需要とコンセッション期間の収入を評価するために，Eurotunnel 社は市場調査を委託した．市場調査コンサルタントは ① 英国とヨーロッパ大陸間の航空機旅客交通量と海上の旅客および貨物交通量の過去の傾向を調べ，② 1993年以降の総交通量を予測し，③ この市場の

ユーロトンネルのシェアを推定する．(転向交通需要とよぶ．) ④ さらに，ユーロトンネルによって発生した新規交通を予測し，⑤ 交通サービスと副次的サービスから得られる収入を推定する．

表14.2にコンサルタントの予測結果を示した．この予測の前提として，① ロンドン，パリおよびブリュッセル間に高速鉄道が開通しており，さらに ② Eurotunnel 社はコンセッション期間中では設備に関して無税であることとし

表 14.2 ユーロトンネルへの需要

(a) 海峡交通の過去の傾向と予測

	1975-1985		1985-1993		1993-2003		2003-2013	
	成長率(%)	実数(1985)	成長率(%)	予測(1993)	成長率(%)	予測(2003)	成長率(%)	予測(2013)
旅客 (100万人/年)	6.5	48.1	3.7	64.3	3.2	88.1	2.4	111.9
貨物 (100万t/年)	5.0	60.4	4.3	84.4	3.8	122.1	3.4	169.8

(b) ユーロトンネルの市場シェア

	1993		2003		2013	
	トンネル交通	市場シェア(%)	トンネル交通	市場シェア(%)	トンネル交通	市場シェア(%)
旅客 (100万人/年)						
シャトル	12.4		16.1		18.2	
列車	14.5		17.9		21.6	
合計	26.9	42	34.0	39	39.8	36
貨物 (100万t/年)						
シャトル	7.5		10.3		13.0	
列車	7.3		10.3		14.2	
合計	14.8	17	20.6	17	27.2	16

(c) 新規需要

	1993		2003		2013	
	価格による	その他	価格による	その他	価格による	その他
旅客 (100万人/年)	2.8	—	3.6	1.9	4.3	2.5
貨物 (100万t/年)	—		0.5		0.6	

(d) 総収入予測 (単位：100万ポンド (1987年価格))

	1993*			2003			2013		
	転向	新規	合計	転向	新規	合計	転向	新規	合計
シャトル	241.2	9.7	250.9	314.7	24.0	338.7	367.7	31.2	398.9
列車	192.0	15.4	207.4	221.2	26.2	247.4	243.6	25.0	268.6
その他	40.3	2.1	42.4	50.9	5.0	55.9	57.2	6.5	63.7
合計	473.5	27.2	500.7	586.8	55.2	642.0	668.5	62.7	731.2

出典：Smith and Walter, "*Eurotunnel-Background*" (pp. 24-25).

ている.

　市場調査はユーロトンネル・システムは経済的にフィージブルであるとの結論を出した.海峡間交通は1985年の4810万人の旅客と6040万tの貨物から,2003年には8810万人の旅客と1億2210万tの貨物になると予測している.ユーロトンネルはこの増加する交通の多くの部分を獲得すると予測されている.ユーロトンネル・システムは事前予約を必要とせず,既存のフェリーより速く,より便利で信頼できる.さらに,航空機と比べても価格および時間で競争的である.調査結果は1993年の海峡間旅客交通の42％を獲得する.貨車貨物に関しては,ユーロトンネルが初めて乗換なしのサービスを提供する.したがって,英国往来の道路貨物と競争的となる.1993年には海峡間貨物交通のおよそ17％を鉄道が占める.旅客と貨物の市場シェアはそれぞれ,36％と16％に2003年までに減少すると予測されている.

　市場調査はさらに,ユーロトンネル・システムは交通費用を下げるので新たな需要を発生すると結論する.調査によれば,開業初年度には3000万人の旅客と1500万tの貨物を運搬する.

　収入はつぎの3つ,①シャトル料金(開業当初はドーバー-カレー間フェリ

表14.3 GDP成長率,フェリー料金,トンネル通行料金の感度分析

(a) GDP成長率の収入への影響(％)

	1993		2003	
	+0.5％/年	−0.5％/年	+0.5％/年	−0.5％/年
旅客	+4.9	−4.9	+7.0	−7.0
貨物	+6.2	−6.2	+12.4	−12.4
合計	+5.1	−5.1	+8.5	−8.5

(b) フェリー料金,トンネル通行料金の収入への影響(％)

	両方減少	フェリー減少	トンネル減少	トンネル増加	フェリー増加	両方増加
ベース・ケースからの変化率						
フェリー料金	−10.0	−10.0	—	—	+10.0	+10.0
トンネル通行料金	−10.0	—	−10.0	+10.0	—	+10.0
収入の変化率						
自動車	−10.5	−19.6	+11.3	+10.7	+22.0	−9.2
バス	−10.5	−8.7	−2.0	+10.7	+8.7	+1.9
トラック	−9.7	−10.5	+0.9	+9.7	+10.5	−0.8
コンテナ	−11.2	−8.0	−3.4	+11.3	+7.9	+3.1
総収入	−6.4	−9.0	+3.3	+6.5	+9.8	−2.6

出典:Smith and Walter, "*Eurotunnel-Background*" (p.14).

ー料金に対抗)，②鉄道利用料，③副次的収入(チャーター料，旅客への無税商品の販売，トンネルのケーブルなど他の目的のための利用料)である．

表14.2にあるように，1993年の完全開業年には収入は1987年4月価格で5億ポンドで，2003年には6億4200万ポンドまで上昇する．収入の内訳はシャトルが50％，鉄道料金が41％，副次収入が9％である．

経済成長のベース・ケースは，英国が1985年から2003年までGDP年成長率は2.15％で，フランスが2.25％，ベルギーが1.9％とする．表14.3に経済成長の年率が0.5％変化したときとフェリー料金とトンネル交通料を10％変化させたときの収入の増減を示した．

市場調査後に，スイスのPrognos社は，ユーロトンネルに対抗するフェリー会社の料金カット戦略は実行性が乏しいという市場調査と一致する結論を出した．料金闘争は長期的にはフェリー会社の不利益になるとしている．

Eurotunnel社はBRとSNCFから12年間契約の保証を得た．この保証契約はユーロトンネルにとって不可欠である．

14.7 財務予測結果

表14.4にユーロトンネル・プロジェクトの収入予想を示した．開業は1993年5月とし，その他の仮定はつぎのとおりである．
・英国の国内総生産が1985年から2003年までは年率2.15％で成長し，2004年から2013年までは2％とする．交通の成長率は2013年以降は毎年減少し，2042年に成長率0になる．
・コンセッションが終了する2042年までは英国海峡に代替的連絡路はできない．
・ユーロトンネルの通行料はドーバー-カレールートのフェリー料金と平均的に等しく実質価格で将来も一定とする．
・鉄道の利用料鉄道利用契約で決定され，ブリュッセルとパリを結ぶ高速鉄道との連絡およびフランス側のターミナル施設は開業までに稼働しているものとする．
・ユーロトンネルで関税および付加価値税の免税を乗客に適用する．免税品販売が表14.4のその他の収入の主要部分である．
・交通と収入は，ユーロトンネル交通・収入コンサルタントが予測した量を採

表 14.4 ユーロト

	1993*1	1994	1995	1996	1997	1998	1999
収入							
シャトル	251	384	423	463	505	551	599
鉄道	194	314	341	368	396	430	459
その他	43	64	71	77	85	91	100
合計	488	762	835	908	986	1,072	1,158
オペレーション・コスト							
固定費用	(53)	(88)	(92)	(99)	(107)	(117)	(126)
変動費用	(33)	(57)	(63)	(69)	(76)	(89)	(90)
合計	(86)	(145)	(155)	(168)	(183)	(206)	(216)
減価償却	(103)	(158)	(159)	(160)	(162)	(167)	(169)
金利	(229)	(351)	(322)	(307)	(291)	(277)	(265)
税引前収入	70	108	199	273	350	422	508
税金	(7)	(18)	(38)	(53)	(69)	(88)	(198)
税引後収入	63	90	161	220	281	334	310
留保資金	(1)	(2)	(3)	(3)	(4)	(6)	(7)
可処分収入	62	88	158	217	277	328	303
支払可能総額	—	149	169	217	277	328	303
1株当たり配当（ポンド）	—	0.39	0.44	0.56	0.71	0.85	0.78

*1：1993年の数値は5月の開業以降のものである．

用する．
- ユーロトンネル・ローン契約の制限に従い，毎年の利益は配当として株主に分配する．
- スターリングとフランの為替比率はコンセッション期間中は一定で1ポンド＝10フランとする．
- 収入，初期費用，オペレーティング費用，資本費用におけるインフレ率は毎年一定とする．仮定されているインフレ率は，1987年は4.0％，1988年は5.0％，1990年は5.5％，1991年以降は6.0％で一定とする．
- キャッシュ・バランスの利子率は，コンセッション期間中一定の8.5％とする．
- CTGとFMはコンセッション期間中すべての収入と費用を折半する．
- 第3期株式の応募者に与えられる通行上の利権は，実質的にはEurotunnel社の収入，オペレーティング費用，税制上の特典に影響しない．

ンネルの収益予測（単位：100万ポンド）

2000	2001	2002	2003	2013	2023	2033	2041
652	709	770	836	1,763	3,527	6,682	10,650
493	530	569	612	1,191	2,105	3,641	5,526
109	117	127	138	282	552	1,033	1,648
1,254	1,356	1,466	1,586	3,236	6,184	11,356	17,824
(137)	(148)	(161)	(174)	(314)	(562)	(1,006)	(1,604)
(98)	(107)	(116)	(130)	(317)	(645)	(1,240)	(2,000)
(235)	(255)	(277)	(304)	(631)	(1,207)	(2,246)	(3,604)
(171)	(173)	(176)	(184)	(234)	(271)	(328)	(383)
(234)	(212)	(190)	(171)	39	173	370	616
614	716	823	927	2,410	4,879	9,152	14,453
(240)	(279)	(321)	(361)	(934)	(1,893)	(3,547)	(5,573)
374	437	502	566	1,476	2,986	5,605	8,880
(9)	(5)	—	—	—	—	—	—
365	432	502	566	1,476	2,986	5,605	8,880
365	432	502	566	1,476	2,986	5,605	8,880
0.94	1.11	1.29	1.46	3.80	7.70	14.44	22.88

出典：Eurotunnel P.L.C., Eurotunnel S. A., "*Offer for Sale of 220,000,000 Units with New Warrants*" (1987年11月16日, pp.54-55).

14.8 負債資金計画

1986年2月，協調銀行であるNatWest, Midland Bank社, Banque Indosuez社, BNP, Credit Lyonnais社が50億ポンドのシンジケート・ローンを組み（プロジェクト・ローン枠とよばれる），およそ40の引受銀行に細分化した．これらの引受銀行は，以下の事態に対して条件をつけている．プロジェクトの規模と複雑性，さらにシンジケーションと実施の時間的長さによって，協調銀行は引受銀行に実行の誓約を取り付ける．協調銀行は，この誓約を実際の引受契約に切り替えて，シンジケート・ローンを補強した．1986年2月には引受銀行がまだ決まらず，建設契約もできていない時点なので，英国政府とフランス政府はCTGとFMにコンセッションを与えていない．したがって，引受銀行が公式な契約を締結できる状態ではない．

協調銀行は，少々非正統的なやり方で市場にアプローチする理由があった．

引受契約を増加する必要があったのである．50億ポンドの資金を確保すべきところ，43億ポンドが必要資金であるといううわさがあった．引受契約の増加は政治的シンボルであり，ユーロトンネルの債務計画が確固としていることを資本市場に示した．そこで，はじめてユーロトンネルが資本市場で成功することが期待された．

14.8.1 引受契約調印前の条件

ローン引受銀行の公式の引受契約以前に，つぎの事象がクリアーされていなければならない．
1) 英仏政府によるコンセッションの供与．
2) 英国 Eurotunnel 社とフランス Eurotunnel 社が協力し，いっしょにジェネラル・パートナーとなること．
3) 建設契約の交渉と締結．
4) 条約とコンセッションの批准のための海峡トンネル法の英国議会通過．
5) フランス国会の法律の承認．
6) フランス側ターミナルの土地収用政令の承認．
7) トンネル建設に伴う土石の処分場の確保．
8) 第2次株式発行額1億5000万ポンドの消化終了．

14.8.2 プロジェクトローンの期間と条件

協調銀行のプロジェクト・ローン枠の期間と条件はつぎのとおりである．
1) 総額： ローンは3つの通貨で行い，その総額の英国通貨評価ではつぎのとおりである．なお英国通貨1ポンドは10フランスフランであり，1.5USドルである．

借入額	ポンド表示
26億ポンド	26億ポンド
210億フラン	21億ポンド
4億5000万USドル	3億ポンド

2) 調達資金の使途： その8割を予算化された資本費用に当て，残り2割をコスト・オーバーランに備える．
3) 引出に必要な条件： ユーロ・シンジケート・ローン市場の通常の条件に加えて，つぎの条件を必要とする．

① 第3次株式調達は払込済資本金を10億ポンドに増資する．
② 資本支出の少なくとも7億ポンドは資本金から調達しなければならない．
③ 与信契約にあるように建設途中経過が順調に進んでいなければならない．
④ 銀行が資本コストの推定が正しいことに満足しなければならない．

4) 返済とリファイナンス： プロジェクト・ローン枠は7年間存在する．資金の引出はキャッシュまたは信用状で行われる．

元利返済はキャッシュ・フローで支払われ，最終返済期日はローン契約締結日から数えて18年以内でなければならない．表14.5のキャッシュ・フロー予定表では開業後の11年間で全額返済をする．Eurotunnel 社はこの期限前に，プロジェクト・ローン枠をリファイナンスする．

Eurotunnel 社はトンネルが開通後はいつでも，借入ローンを返済してよいものとする．本稼働の開業2年後から，1年間に借入額の20％までを手数料なしで返済できる．ユーロトンネル事業は高収益と判断されていたので，早期返済が可能としていた．

5) 手数料： Eurotunnel 社はシンジケート銀行につぎの手数料を支払う．
① 協調銀行：調達資金の1/8％．

表 14.5 ベース・ケースの資金収支（単位：100万ポンド）

	1993	1994	1995	1996	1997	1998	1999	2000	2001	2002	2003
資金源											
税引前収入	70	108	199	273	350	422	508	614	716	823	927
減価償却	103	158	159	160	162	167	169	171	173	176	184
長期借入	321	0	776	352	361	452	0	0	0	0	0
株式発行	0	52	25	0	0	0	0	0	0	0	0
合計	494	318	1,159	785	873	1,041	677	785	889	999	1,111
資金使途											
購入資産	262	37	—	—	—	39	—	—	—	9	108
デット・サービス	0	0	799	493	478	561	111	102	111	122	133
配当	0	0	181	173	229	290	318	308	377	442	513
支払税額	0	15	84	103	128	158	175	192	251	290	331
合計	262	52	1,064	769	835	1,048	604	602	739	863	1,085
非流動運転資金	(3)	(7)	(11)	(11)	(10)	(12)	(7)	(14)	(10)	(12)	(20)
キャッシュ・フロー	229	259	84	5	28	(19)	66	169	140	124	6

出典：Eurotunnel P. L. C., Eurotunnel S. A., "*Offer for Sale of 220,000,000 Units with New Warrants*" (1987年11月16日, pp. 54–55).

② 引受銀行：引受額の 7/8％，銀行の引受額に比例して支払う．
③ ローン前契約料：1986年3月14日から契約日までの期間，契約額に対して年率 1/4％．
④ 一般利用料：引出額に対して年率 1/8％，一般利用料は契約開始からその終了年まで毎年支払われる．
⑤ 追加契約料：計画された額が年度の前半までに引き下ろされない部分に対して年間 1/4％，さらに計画額を超える引出に対しては 5/16％とする．

6) 利率： プロジェクト・ローン枠の 80％ 以内の引出額に対して，完工前は銀行の調達金利プラスマージン分 1.25％ であり，完工後はマージンは 1％ に減少する．もしも開業3年後にさらに資金調達を行えない交通量であれば，マージンは再び 1.25％ に戻る．

プロジェクト・ローン枠の 80％ を超えて借り出す場合，つまりスタンバイ枠を使うと，金利は完工前は銀行調達金利プラス 1.75％ であり，完工後は 1.25％ 減少する．もしも開業3年後にさらに資金調達を行えない交通量であれば，マージンは再び 1.50％ に戻る．

プロジェクト・ローン枠の 90％ を超えて借り出す場合，スタンバイ・マージンはさらに 1/8％ 増加する．

7) 担保： ユーロトンネルのすべての資産，トンネル自体，コンセッション契約，建設会社のパーフォマンス・ボンドなどはプロジェクト・ローン枠を銀行に保証する担保である．

8) 禁止条項： Eurotunnel 社は銀行の許可なしに，トンネル行以外のビジネスを行えない．また，プロジェクト・ローン枠以外の借入もできない．

9) デフォルト： Eurotunnel 社につぎの事態が発生したときに，プロジェクト・ローン枠はデフォルトとされる．① デフォルト・カバー比率のテストが1つでも満たされない．② ユーロトンネルの開業が1年以上遅れる．③ 修復不可能な法的違反が発生する．④ 返済を開始した後に，プロジェクト・ローン枠の限度額を超える．

10) デフォルト・カバー比率： Eurotunnel 社は，つぎの条件のときに資金の引出ができない．① ネット・キャッシュ・フローの総現在価値の銀行借入残高に対する比率がデフォルト・カバー比率であり，これが 1.2 以下のとき．② この比率が 1.3 以下でリファイナンスしたとき．③ この比率が 1.25 で

あるのに配当を支払ったとき．この比率が1.00以下を90日間以上続けると，デフォルトと判定される．

11) 第三者ローン： EECの国際融資機関であるヨーロッパ投資銀行 (EIB) が10億ポンドまで固定金利で長期間貸し出すものとEurotunnel社は見積もっていた．しかし，EIBは完工リスクをとらない．したがって，建設期間中はEIB資金の前受はプロジェクト・ローン枠の信用状で保証される．建設完成後は信用状は失効する．1987年5月EIBはユーロトンネル・プロジェクトに10億ポンド貸出を決定し，その契約は7月に行われた．

12) 多通貨使用権： 借入契約は英国ポンド，フランスフラン，USドルとされているが，ローン枠はその他の通貨の借入も可能である．

英国とフランス間の条約は批准され，1987年7月コンセッションは実効された．その直後に，50億ポンドのプロジェクト・ローンの引受が決定された．プロジェクト・ローン枠は1987年に世界中からの130銀行によってシンジケートされた．

14.9 プロジェクトの株式資金調達

1987年11月16日に第3次株式発行趣意書が以下の条件を示した．国際シンジケート引受団が英国のEurotunnel社の総株式の45.9%相当株をワラント付株式として2億2000万株発行する．第3次発行は7億7000万ポンドを調達し，プロジェクトの株式資本総額を10億2300万ポンドにする．

第2次株式発行は，1986年10月に2億ポンドの私募形式で調達された．それは英国で引き受けられたが，米国の需要が期待できなかった．政治的，組織的不確実性，つまりユーロトンネルは本当に建設されるのかという疑念が最大の原因であった．英国の引受金融機関は以下の取引で損失をヘッジした．① フランス，日本，ドイツに再引受をさせた．② 英国銀行がロンドンのシティにある投資銀行に引き受けるように圧力をかけた．

14.9.1 1987年11月のユーロトンネル

1987年11月に政治的および法的なすべての障害が取り除かれた．50億ポンドのプロジェクト・ローン枠は1987年の9月に完成した．しかし，1987年10月の株式市場のクラッシュ（ブラック・マンデー）は新しい不確実要素となっ

た．

14.9.2 第3次株式公開

第3次株式公開はユニット型入札からなる．各ユニットは英国およびフランスのEurotunnel社のそれぞれの1株に分離できるワラントがついている．ワラントは，1990年11月15日から1992年11月15日の期間に，10単位のワラントと230ペンスと23フランの合計をユーロトンネルの英国およびフランス会社の株1株ずつと交換できる．ロンドンとパリの株式市場でこのユニットとしての株を取引できる．2つの企業の定款により，英国とフランスの会社の株に分離できない．

14.9.3 引　　受

第3次株式公開の引受はつぎの3つ，①フランス区分，②英国区分，③国際区分に分割発行される．1986年12月にEurotunnel社は引受の主幹事をBanque Indosuez社とRobert Fleming社に与えた．主幹事金融機関はフランスと英国の主要金融機関を含めた引受シンジケートを組織した．1987年4月に主幹事銀行は第3次株式公開を1987年10月まで延長することを決定した．Eurotunnel社は7億3500万ポンド換算のフランスフランを含めた繋ぎ融資を契約した．この融資は第3次株式公開の資金で返済される．1987年11月に，主幹事はフランス区分は1単位当り35フランで，1億100万単位発行するものとした．英国区分は1単位350ペンスで1億100万単位発行し，国際区分は175ペンスと17.50フランで1800万単位発行することとした．

14.9.4 株　式　割　当

株式引受は英国区分もフランス区分もそれぞれの国の通常の発行慣習によって行われた．英国では，4200万単位が機関投資家に割り当てられ，残りの5900万単位が再引受および入札に掛けられた．フランスでは銀行を通して，ファーストカム・ファーストサービスで処理された．

14.9.5 株主収益率の予測

投資家はEurotunnel社の株式のキャピタル・ゲインと配当に注目する．投資家から見ると，ユーロトンネル事業は3つのフェーズに分かれる[2]．

1) 1987年から1992年までの建設期間：資金投入期間．
2) 1993年から1995年までのセットアップ期間：最終検査が実行され，操業開始，配当支払が始まる時期．
3) 1995年から2042年までの本格稼働期間：配当支払がある期間．この時期には元金返済が進み，インフレーションも含めて収入は増加するので，配当の増加が見込める．

表14.6に第3次株式公開の目論見書の配当の予測を載せてある．
配当に加えて，無料通行券のつぎのとおりの提供をした[3]．

購入単位	無料通行券
100	開業後1年以内の1往復券
500	10年に毎年1往復券
1000	コンセッション期間中毎年2往復券
1500	コンセッション期間中の無制限シャトル利用券

14.9.6 株式公開の市場からの反応

パリでは第3次公開は手ごたえのあるものだったが，ロンドンでは警戒感があった．収益率を重視する投資家，たとえば投資信託などは，投資と初期配当受取までに7年を要することから手控えた．年金基金の機関投資家は，リスク・レベルが適格かどうかに関心があった[4]．いずれにしても，第3次株式公開は成功裏に終了した．

表14.6 株主の配当予測（単位：100万ポンド）[*1]

年	1993	1994	1995	1996	1997	1998
収入	488	762	835	908	986	1,072
税引前利益	70	108	199	273	350	422
可処分利益	62	88	158	217	277	328
配当：合計	—	149	169	217	277	328
：1株当り	—	0.39	0.44	0.56	0.71	0.85
	2003	2013	2023	2033	2041	
収入	1,586	3,236	6,184	11,356	17,824	
税引前利益	927	2,410	4,879	9,152	14,453	
可処分利益	566	1,476	2,986	5,605	8,880	
配当：合計	566	1,476	2,986	5,605	8,880	
：1株当り	1.46	3.80	7.70	14.44	22.88	

[*1]：インフレ率は1987年が4％，1991年まで6％，それ以降も6％と仮定した．
出典：Eurotunnel P. L. C., Eurotunnel S. A., "Offer for Sale of 220,000,000 Units with New Warrants"（1987年11月5日，pp. 54-55）．

表 14.7 感度分析

ケース	銀行最大借出額 (単位:10億ポンド)	元本完済年	初年度デット・サービス比率	リファイナンス可能年	配当可能年
ベース・ケース	4.068	2005	1.29	1996	1995
1	4.654	2005	1.15	2002	1998
2	4.646	2005	1.14	2002	1999
3	4.116	2005	1.10	2004	2001
4	4.058	2005	1.25	1996	1995
5	4.347	2005	1.15	2000	1999
6	4.709	2005	1.26	1996	1996
7	5.193	2008	0.85	不可	2008

出典：Eurotunnel P. L. C., Eurotunnel S. A., "*Offer for Sale of 220,000,000 Units with New Warrants*" (1987年, pp. 56–57); Smith and Walter, "*Eurotunnel-Debt*" (p. 7).

14.10 感度分析

Eurotunnel 社は推定キャッシュ・フローの最良値をベース・ケースとして，数多くの感度分析を行った．そのシナリオはプロジェクトの収益性に関する要因であり，それぞれつぎのようにテストされた．

ケース　シナリオ
1　建設費用と資材価格の10%の変化
2　開業が6か月遅れ，建設と稼働費用のコスト・オーバーランが2億7000万ポンド
3　コンセッション期間中の年間収入が15%減
4　ブリュッセル-パリ間の高速鉄道がない
5　金利が年間実質2%で増加，つまり当初8.5%が終了年に10.5%になる
6　インフレーションが87年の5%から年間1%で増加し91年に9%に，その後1%減少し94年に6%に，これ以降6%とする
7　ケース2, 3, 5の組合せ

表14.7に感度分析の結果を比較した．

14.11 その後の展開

ユーロトンネルの開業は1993年5月を予定していた．建設コストに影響する，装置設置の遅れ，試運転の問題などによって発生した数々の遅延の後，1994年5月6日に貨物から運行が始まった．旅客サービスは1994年の11月14日から始まった．当初の建設費見積りは48億ポンドであったが，最終的に

は105億ポンドと2倍以上になった。（およそ160億ドル[5]。）Trnsmanche Link と Eurotunnel 社との調整が長引き建設の遅延となり，コスト・オーバーランとなった。1990年には5億3200万ポンドの資金調達が必要となった[6]。この発行には英仏両国の主要10社が引き受けた。

ユーロトンネル自身の問題の他に，料金値下げをするフェリー業者との競争は将来の収入減となった[7]。1993年10月の開業が近づくと，Eurotunnel 社は1998年が損益分岐する年であり，それまでに資金が枯渇することが明らかとなった[8]。同時に Eurotunnel 社は10億ポンドの追加資金調達をした。半分は220銀行の国際コンソーシアムからで，残りは2次株式公開 (second right offering) からである[9]。推計された必要資金は16億から18億ポンドであった[10]。

Eurotunnel 社は1994年5月と6月に8億1600万ポンドの資金調達をした[11]。引受銀行は Robert Fleming 社, Banque Indosuez 社, BNP, CDC であった。また株主には保有5株に対して新株3株を購入する権利を与えた。同時に Eurotunnel 社は6億4700万ポンドの信用枠を設定した。

1994年の夏には，通行料金値下げ戦争が始まった[12]。フェリーが料金の大幅値下げを行った。その結果 Eurotunnel 社も料金カットに踏み込まざるをえなくなった。また，旅客交通の遅れにより1994年5月に予定していた収入を確保することができなくなった[13]。収入不足は銀行ローン契約の条件を満たさなくなる恐れが出た[14]。この契約違反は，つぎのキャッシュ・クライシスのための新しい信用枠から資金の引出を不可能にしてしまう可能性があった。

Eurotunnel 社の状況は1995年にはさらに悪化した。ロンドン-パリ間における航空各社の強引なプロモーションと交通量の多い8月の始まる頃にフランス鉄道のストライキ，さらに英国のフェリーの料金カットがすでに不安定なユーロトンネルの財務を悪化させた。最終的に1995年9月に Eurotunnel 社は80億ポンド以上の銀行ローンの金利支払を一方的に延期した[15]。1996年の夏までには，債務のリストラ協定が225の債権者，76万の株主と交渉される予定となっている[16]。

14.12 ま と め

ユーロトンネル・プロジェクトは巨大で野心的な交通プロジェクトにおける

コスト・オーバーランと経済リスクによる失敗の例となった．特に競争的なフェリーの存在がリスクを拡大した．第13章のユーロ・ディズニーランド・プロジェクトのように，高い借入が引き起こす財務問題をユーロトンネルの経験も示している．

　財務的問題にもかかわらずヨーロッパの金融界はユーロトンネルの営業の継続を支援している．しかし，ユーロトンネルは債務を削減するために，財務的リストラを必要としている[17]．最近の関連する発表から見て，その実施は行われると予想される．結局，英仏政府と融資銀行は規模が大きすぎたために失敗したユーロトンネル・プロジェクトに投資する結果になった．

15 結論

プロジェクト・ファイナンスの重要な点は企業がその資産ポートフォリオの一部としてのプロジェクトに投資する通常のファイナンスではないことである．プロジェクト・ファイナンスはつぎの条件のとき有効である．
1) プロジェクトが巨大で独立した主体として営業可能なとき．
2) スポンサー企業がプロジェクトに必要な資金の借入能力に問題があるとき．
3) スポンサー企業がプロジェクトのリスクを回避したいとき．
4) スポンサー企業がプロジェクトの運営に参加し，プロジェクト・ファイナンスから生じる複雑な契約を締結し監視する能力があるとき．

15.1 プロジェクト・ファイナンスの便益

以上の条件が満たされるとき，プロジェクト・ファイナンスは伝統的な直接金融より数多くの有利な点がある．その便益を獲得するためには慎重な分析と巧みな金融工学が必要である．プロジェクトの法的組織と資金調達計画は，プロジェクトの性質とリスク，収益率，参加企業の信用力，借入資金に対する安全装置，税控除の便益，スポンサーの財務的地位，ホスト政府のニーズなどのプロジェクトに資金提供する融資家や投資家の関心を得る事項に反映する．プロジェクト・ファイナンスは多くの参加者の利益をまとめなければならない．分析の最終段階では，プロジェクトが進行したときに，負担するリスクに見合った経済的利益が各参加者に分配されなければならない．この条件が満たされるときだけに，プロジェクトが実行可能となる．

プロジェクト・ファイナンスは通常の資金調達よりリスクとリターンの分配

を効率的に行える．プロジェクト・ファイナンスの契約は，プロジェクトに関連するリスクを最小費用でとれる参加主体に分散させる．したがって，建設会社は建設リスクをとり，原供給リスクは供給業者がとり，価格リスクは製品一括購入者がとるなどである．

プロジェクト・ファイナンスは信用リスクの影響をスポンサーにとって最小にする．プロジェクトの借入契約がスポンサーへの影響を最小にするように設計されているからである．格付機関は信用度調査が巧みになっており，プロジェクト・スポンサーにとってリスクの遡及が制御されているか評価する．

借入をスポンサー以外に求めるので，プロジェクト・ファイナンスはスポンサー自身が借り入れるよりはるかに大きいレバレッジが可能となる．大きいレバレッジはリスクが大きくなるが，それだけ高収益となる．また，リミティド・パートナーシップやリースを用いると税制上の便益を参加企業に分配でき，その見返りに財務コストを減少できる．

近年の数百にものぼる独立発電所プロジェクトを経験して，プロジェクト・ファイナンスは特殊な技術を必要としない比較的リスクの低いプロジェクトに向いていると認められた．特別な技術のあるプロジェクトはその情報の漏洩を防ぐためにも内部資金によってファイナンスされなければならない．情報の非対称性から生じる費用がプロジェクト・ファイナンスの有効性を高める．特別な技術のあるプロジェクトは電力開発などのルーチン的なプロジェクトに比べ超高収益を市場から要求される．ルーチン・プロジェクトがプロジェクト・ファイナンスによって実施されることは，特別な技術のあるプロジェクトをもつ貴重な成長企業であるというポジティブシグナルを市場に送ることになる．

プロジェクト・ファイナンスにはあと2つ潜在的な便益がある．第1は，スポンサーの現在の債務に対する影響を少なくとも最小化するために使われる．しかしながら，プロジェクトの借入契約はプロジェクト自体には種々の制約がある．第2にプロジェクト・ファイナンスはプロジェクト債務をオフバランスにする（貸借対照表に出さない）効果がある．しかし，近年の情報開示（ディスクロージャー）義務の厳格化はこの効果を減少させつつある．

プロジェクト・ファイナンスは通常の直接金融より高い手数料がかかる．原則的にはプロジェクト・ファイナンスのテーラーメードの契約作成による費用である．モニタリング費用もより高価になる．したがって，十分規模の大きいプロジェクトはこの経費以上に便益があるために，プロジェクト・ファイナ

ンスの価値がある．

　高価な手数料にもかかわらず，プロジェクト・ファイナンスはそのふさわしい条件下では，全体の資本費用を縮小できる．したがって，プロジェクト・ファイナンスは資金調達において関心を集めてきたのである．その最大のポテンシャルは，途上国および先進国の数多くのインフラ・プロジェクトにある．そのプロジェクトは巨大で，高価で，しかもリスクも大きい．しかしながら，その潜在利益も膨大である．プロジェクト・ファイナンスはその解決策となる．

15.2　プロジェクト・ファイナンスの評価

　プロジェクトの資金調達のための複雑な設定をするためには，スポンサーはプロジェクト全体のリスク，必要な投資額，その収益率を知らねばならない．さらに重要なことは，最も対費用効率的な資金調達であるかを計画当初に決定することである．

　プロジェクト・ファイナンスは，多くの企業が参加する巨大資源開発プロジェクトに伝統的に使われてきた．たとえばTAPSは世界の巨大石油資本のジョイント・ベンチャーであった．近年では，カナダのニューファンドランド沖でのヒベルニア油田開発のプロジェクト・ファイナンスもその例といえる．

　大規模なプロジェクトの建設とそのプロジェクト・ファイナンスは社会的便益がある．たとえばヒベルニア油田では雇用を生み，経済不況地域の振興に役立った．社会的影響は原油生産が開始する前から存在する．さらにプロジェクトは油田近隣にも開発の経済的条件を作り出す．これらの結果カナダ連邦政府，ニューファンドランド州政府がプロジェクトをさらに展開する役割を果たすことになった．プロジェクト・ファイナンスはTAPSやヒベルニア油田のように世界の資源開発の中心的役割をとり続けると考えられる．

15.3　将来の新しい適用

　プロジェクト・ファイナンスの便益がある事業分野は増加するだろう．プロジェクト・ファイナンスは地域の産業たとえばBev-Pak社のように，地域の市場向けの種々の製品の製造業にも当てはまる．多くのスポンサーのニーズと合致するなら，地域企業は規模の経済性を達成可能となり，経済性がある投資

となる．リスクは能力いっぱいまで設備を稼働できるかどうかである．独立の企業体ならば，利益水準以上の生産を多くの企業からの注文で維持可能である．

　潜在的には，インフラ・プロジェクトは最も成功しやすい分野である．先進国におけるインフラの再建設，途上国のインフラ建設にも膨大な資金を要する．インフラは基本的には公共部門の責任とされてきた．しかし，米国においても，インフラ投資額はその必要額よりはるかに少なくなってることがよく知られている．財政学者は建設のためには公共と民間のパートナーシップによる，BOO (build-own-operate) 方式の開発を提案している．このための試みは成功してきた．しかし，必要となる資金の大きさとリスク-リターンの複雑な構造のために，インフラ・プロジェクトは公共の責任者と民間の融資家にとっていまだに尻込みするようなチャレンジである．

15.4　組織の変革

　プロジェクト・ファイナンスは組織の変革も必要とする．それは無限の寿命をもつ株式会社とは本質的に異なる．典型的な株式会社は収益が完全には相関しない資産のポートフォリオであり，経営者はフリー・キャッシュ・フロー分配の広範囲の決定を行う．そしてフリー・キャッシュ・フローを新しい資産や新事業に再投資し，会社を永続させる．プロジェクト・ファイナンスは特定の資産だけに投資する．企業組織としては株式会社，パートナーシップ，有限会社などである．企業体は有限期間存在しフリー・キャッシュ・フローは再投資されず株主に分配される．この有限期間はある種のビジネスには最適である．プロジェクト・ファイナンスは資金調達の一方法であり，株式会社の組織と管理にとって革命的なものではない．

15.5　金融工学

　プロジェクト・ファイナンスは資産ベースの金融工学である．資産ベースとは，特定の資産ごとにテーラーメードのファイナンスを意味する．「金融工学である」とは財務構造を単純な他のプロジェクトのコピーで済ませることはできずプロジェクトごとに手作りの作業を要するからである．

15.5 金融工学

　本書ではプロジェクト・ファイナンスの長所と短所を述べてきた．プロジェクトが株主に有利になる条件やプロジェクト参加者の共通の利益になる条件も強調した．したがって企業がプロジェクト・ファイナンスを選択している理由は単一な論理ではなく多くの要因でしか説明できない．今後金融工学はプロジェクト・ファイナンスの新しい応用分野を開発し続け，資金調達の分野でプロジェクト・ファイナンスは将来も中心的位置にあり続けるであろう．

注　釈

第1章
1) 多くの場合，借入などの債務はプロジェクトのキャッシュ・フローだけで返済する契約となっている．このときプロジェクトの債務はプロジェクトのスポンサーに「ノンリコース（nonrecourse）」であるという．一般的には，プロジェクト・スポンサーはある状況におけるキャッシュ・フローの補塡義務を負う．このときは「リミティド・リコース（limited recourse）」とよばれる．
2) この例は Gimpel(1976, p.76) からである．Kensinger and Martin(1988)はこの例を取り上げ，プロジェクト・ファイナンスの歴史について興味深い要約を書いている．
3) 金利の徴収は，当時のキリスト教世界では厳格に禁じられていた．Frescobaldi家のローン契約は教会法を犯してはいなかった．今日では金融工学が「問題となる」規制に対抗できる金融新商品の設計を可能とする．
4) 生産支払ローン契約は特定の鉱物資源，多くの場合石油か天然ガスの開発によるキャッシュ・フローから返済される．ローン総額と返済期限はそれぞれ埋蔵量の規模と計画採掘期間を基準に決定される．
5) Chen, Kensinger and Martin(1989) と Kensinger and Martin(1988) はこの例を取り上げている．
6) 比較優位はもう1つある．たとえば，ペプシ・コーラ社はコカ・コーラ社が所有する缶製造プラントの余剰能力に依存するより独立メーカーとの契約を好む．
7) PURPAはコジェネレーション設備として発電設備を認定するためには，蒸気利用の最低必要量を規定している．
8) この契約はテイク-イフ-オファー（take-if-offered）契約とよばれる．第4章でプロジェクト・ファイナンスにおける種々の契約について詳述する．

第2章
1) Chemmanur and John(1992), Chen, Kensinger and Martin(1989), John and John(1987), Kensinger and Martin(1988), Nevitt(1989), Shar and Thakor(1987), Wynant(1980) および Zanoni and Martarano(1988) を参照．
2) 研究者はこの問題を最適企業体に関する問題とよぶ．しかし，他の法人組織，たとえばジェネラル・パートナーとリミティド・パートナーはある状況下では有利である．第5章で種々の法人組織の長所と欠点を議論する．

注　釈

3) 彼らが取り上げたプロジェクトの1つが第14章にあるユーロトンネル・プロジェクトである．
4) インフラ・プロジェクトはチャレンジである．たとえば，政府が民間企業に有料道路の契約を与えたとしよう．しかし，政府機関は道路交通量の最低レベル保証をすることはほとんどない．第12章で紹介するように，コンセッションの条件では，通行料が予想以下であるときはコンセッション期間が延長される．経済性を確保するために，契約締結企業はコンセッション契約を注意深く確認しなければならない．
5) スピンオフ企業の場合には，企業は子会社の株式を外部の投資家に販売するか，現在の株主に配当として株式を分配する．
6) 経営者の自由裁量権は限られている．株式会社に対しては市場はある種の規制がある．しかしながら，大企業に対する規制は，中小企業に対しての規制と同じではない．この点に関しては，Jensen(1986 a, b) と Jensen and Ruback (1983) を参照．
7) 経営者が投資家より多くの情報をもっているときは，株主は経営者に裁量権を与えたほうがよい．しかし，経営権が天然資源や一般的生産設備やその他の集中的な経営が必要でない業種については，経営の裁量権は再投資に対する裁量となり，株主の不確実性を増加するだけとなる．
8) Williamson(1988) は契約によって経営権が制約されているとき，プロジェクト・ファイナンスは事業価値を高める．もしもプロジェクトの経営環境が安定的であれば，経営の自由裁量権は不確実性を増す．しかし，不安定な経営環境化では，自由裁量権は再契約費用を節約する．したがって，プロジェクトの経営環境がプロジェクト・ベースでのファイナンスの価値に影響する．
9) 原油や天然ガス開発を考えてみよう．プロジェクト・ファイナンスは投資家が情報を収集分析する費用を軽減する．地質学上の油田やガス田の埋蔵量に関するデータは入手困難で分析も難しい．もしプロジェクトが株式会社で実施されたなら，これらのデータの入手は困難である．しかし，プロジェクトを独立させることによって，スポンサーはデータを一部に公開し，他の投資家の情報費用節約に役立てる．
10) この問題は Leland and Pyle (1977) によって指摘された．
11) 評価時点には違いがある．Shar and Thankor (1987) は完成したプロジェクトに焦点を設定したのに対し，Chen, Kensinger and Martin (1989) はスポンサーが計画中のプロジェクトに焦点を合わせた．
12) 「資産代替問題」とは，株主がハイリスクのプロジェクト，負の現在価値のものでさえ実行しようとする問題である．これは企業が借入比率が高いときに重大な問題である．もしもプロジェクトが失敗したときには，債権者は大損害をこうむるが，成功したときには株主はそのほとんどの利益を受ける．この場合に株主はハイリスクのプロジェクトに投資する．Emery and Finnerty(1991, pp. 226-229) を参照．

13) 株主に関係しない資産へフリー・キャッシュ・フローを投資するリスクを「フリー・キャッシュ・フローのエージェンシー費用」とよぶ．
14) これに関する重要な例外がある．スポンサーが借入に十分な信用支援をすると，スポンサーの倒産はプロジェクト企業の返済能力を損なう．
15) コジェネレーションでは2種類のエネルギーの生産，電力と熱源（蒸気または熱湯）を燃料から得る．伝統的には熱源の開発が主で，電力が副であった．

第3章

1) "Conversion is considered for faulty smelter"（*Wall Street Journal*, 1993年4月30日, p. A2）を参照．
2) リスク管理の詳細は本書では触れない．興味ある読者はSmithson, Smith and Wilford(1995)を参照．
3) 同上．
4) キャップ契約は金利が上昇したときにある金利を超えない契約である．
5) 先渡し，先物，スワップはすべての主要通貨に対して存在する．数年以上の満期のものもありうる．先物は主要通貨以外は存在しない．先渡しとスワップ契約は，たとえば新興国通貨に対して設定可能であるが，その満期は数か月を越えることはない．
6) Duddy(1995)はチリにおけるガコルダ発電所で用いた通貨リスク・ヘッジの他の方法を書いている．
7) "Enron Project is scrapped by India State"（*Wall Street Journal*, 1995年4月4日, p. A3）および"Enron pursues arbitration in dispute over project canceled by Indian State"（*Wall Street Journal*, 1995年8月7日, p. A9B）を参照．
8) "Enron Project is scrapped by India State"（*Wall Street Journal*, 1995年4月4日, p. A3）を参照．1995年10月にはプロジェクトは再生するかに見えた．しかし，Enron社は電力契約を再交渉しなければならなくなった．Enron社側は競争入札で得たマハラシトラ州のプロジェクトの電力料金に合わせるとした．"Enron Project is reconsidered in India"（*New York times*, 1995年10月6日）を参照．
9) BPAは故意の失敗条項に反するした．詳細はAnne Schwimmerの"Project financings unravel despite 'Ironclad' contracts"（*Investment Dealers' Digest*, 1995年9月4日, pp. 12-13）を参照．
10) ときにはその要請は極端である．北アイルランドのキルルート発電所の債権者はつぎの条項を強制した．「もしも発電所の労働者がストを行ったなら，パラシュートで代わりの労働者を送り込むこと．」

第4章

1) 第2の実例として，液化天然ガス・プロジェクトがある．それは①輸出企業と

米国の購入企業とにはテイク-オア-ペイ契約，② 運輸企業と購入企業間の契約，たとえば万難排除契約，③ ターミナル設備とガス化の企業と購入企業間のコスト-オブ-サービス契約，④ 購入企業と消費者間のコスト-オブ-サービス契約，つまり1つ以上のガス供給業者の存在するとき．
2) 第1章のとおり，電力会社はそのベース・ロード発電容量に蒸気発生コジェネレーションを含める．地域エネルギー会社はコジェネレーション・プロジェクトの出資者である．この2要因が事業中断のリスクを減らす．

第5章

1) Fama and Jensen (1983) はエージェンシー費用が法人制度の選択に影響するかを検討している．
2) 設備はスポンサー間で分割可能な生産物を生み出さねばならない．
3) 企業が他の関連企業でない企業から得た配当の70%は控除できる．したがって，法人税率が35%であれば，企業間投資の税率は10.5%（つまり，0.3×35%）である．持株比率が20%以上で80%以下なら控除は80%となりうる．
4) Indiantown Cogeration, L. P. と ICFC による "*Prospects for 505,000,000 First Mortgage Bond*"（1994年11月, p. 13）を参照．
5) 個人と関連企業はリスクと行動に関してさらに制約がある．
6) ジェネラル・パートナーは資産をほとんどもたない「シェル企業」になりえない．「適切な資本」について租税法には規定がない．税理士はジェネラル・パートナーはパートナーシップ資本の少なくとも5%の資本所有を奨める．
7) パートナーシップ課税とされる活動は，鉱物および天然資源の探査，開発，生産，精製，輸送，販売である．鉱物および天然資源には肥料，木材，地熱も含まれる．パートナーシップとして課税されるために，MLP は90%以上の収入を認定された活動から得なければならない．
8) 有限パートナーシップ株式公開による資金調達の MLP の最近の例は，Kaneb Pipe Line Partners, L. P. による1995年9月18日の "*Prospects for 3,500,000 Units*" を参照．Kaneb Pipe Line Partners, L. P. は精製石油の運搬のパイプラインと石油製品を貯蔵するターミナルを保有し運営した．
9) 1995年末，米国の50州のうち48州とワシントン特別区が有限会社法の整備をした．残りの2州は検討中である．
10) 有限パートナーシップ経営に参加するリミティド・パートナーは無限責任を負う．

第6章

1) 短期約束手形は1933年の証券法の免除項目を満たすように作られる．一般的に，最良の金利を得るためには，格付は Moody's の P-1 か S&P の A-1 でなければならない．この格付は支援企業の与信枠が必要であり，さらに本書の種々のプロジェクト証券に関する契約も必要である．

第7章

1) 非計数項目は資本投資プロジェクトにおいて大変重要な要因である．しかし，これらの要因は直接のキャッシュ・フローの計算の後に評価されなければならない．非計数の項目が評価されて，潜在的なコンフリクトが最小化される．
2) 収入は減価償却が終了した後に全額課税対象となる．インフレーションのときには資産価格は取得時より高くなるので，取得価格以上の価値はキャピタル・ゲインとして課税される．
3) つぎのキャッシュ・フローの現在価値がゼロとなる点が損益分岐点と一致する．年度ごとのAとBの差額は，

年	0	1	2	3	4	5	6
キャッシュ・フローの差	0	50	50	0	-25	-50	-100

このキャッシュ・フローの現在価値を0とするとIRRは15.3985であることを確かめよ．

第8章

1) 図5.4はコジェネレーション・プロジェクトの出資関係を示している．
2) 融資家は通常，建設期間には株式の所有を要求される．ここでは，融資家はプロジェクトの建設費用の全額を要するものと仮定する．それは長期投資家によってリファイナンスされるからである．
3) この投資額回収の事態はリバージョン（reversion）とよばれる．
4) 表8.4の10%の固定金利はスワップ契約によって可能となった．この契約費用は長期資本調達手数料200万ドルに含まれる．
5) 通常の所得税は連邦と州税を合わせて40%となる．キャピタル・ゲイン税は33%である．
6) 税引後キャッシュ・フローは表8.5の最終列のキャッシュ・フローと建設2年前の1419万ドルの投資を除いて同じである．
7) 表8.1には建設2年前に1671.9万ドルが使われたことが示されている．建設前費用の620万ドルを加えると2291.9万ドルなり，その12.5%が28.65万ドルになる．表8.1はまた，13か月から24か月までの建設と財務費用合計が9058.9万ドルが建設1年前に使われ，その12.5%が1132.4万ドルとなることを示している．

第9章

1) Hadley(1995)はこれらの法的側面を検討している．
2) Hadley(1995, p.11)を参照．
3) Scudder, Stevens & Clark 社の"*Scudder Latin American Power*"に，このことに関する詳しい記述がある．ラテン電力は劣後債，転換社債，優先株に投資する権限ももっていた．しかし，資金は主に普通株に投資された．新興市場の債券と株に投資する投資信託は1つだけ公開市場に上場された．Templeton

Emerging Markets Appreciation Fund 社による "*Prospectus for 4,000,000 Common Shares*"（1994年4月29日）では公開で，6000万ドルを調達した．

4) EGP&P, "*Prospectus for 8,700,000 Common Shares*"（1994年11月15日）および Tom Pratt, "Warburg Strucures Nobel LLC for Enron's foreign projects"（*Investment Dealers' Digest*, 1994年11月21日, p.13.）によれば，EGP&Pは，実際は1000万株を販売した．これは，引受機関がグリーン・シュー・オプション（green shoe option）を行使したためにさらに130万株購入した．集積株式投資の他の例としてはAES China Generating 社が中国のエネルギー・プロジェクトのための株式投資資金として2億ドル調達している．AES China Generating 社は44％の株式をAES社が保有する企業で，独立発電設備の開発，経営，運営を行う．

5) 有限責任会社については第5章を参照．

6) Moody's の Baa3 か S&P の BBB よりよい信用格付．

7) 満期が20年以上の前例がないのではないが，めったにない．

8) シンジケート・ローンは投資銀行による証券のシンジケートのやり方と同様である．シンジケート・ローンは全額を貸し出すことによってローンを引き受ける．その貸出債権を他の銀行に売却する．シンジケートとリスク負担に対して手数料を稼ぐ．

9) NAIC-2 は Duff&Phelps 社の格付では BBB, Fitch 社では BBB, Moody's では Baa, S&P では BBB である．

10) S&P の格付システム "*Global Project Finance*"（1995年3月, pp.140-141）には6つのカテゴリーがあり，最上は PPR1 で最低は PPR6 である．適格 PPR による格付はプラスとマイナスをつけて調整する．

11) 適格機関投資家（QIB）は生保や銀行などの金融機関であり，自己勘定で投資し，売買一任勘定で最低1億ドルをマネー・マーケット商品や市場取引可能な債券や株などの適格証券に投資していることが条件である．個人は QIB になれない．米国にはおよそ 150 の QIB が存在し，1992年には300億ドル以上の投資を非公開証券を購入している．

12) 規則144A に従った売却は4つの基本的条件を満足しなければならない．（Forrester, 1995.）最も重要なことは，証券が QIB だけへの販売に限ることである．

13) Sithe 社と Independence Funding 社は興味ある取引をした．彼らは伝統的な私募債として構造化案を数か月にわたって作り上げた．Sithe 社はそれを規則144A 市場で低い金利で調達した．Maher（1994）は私募債市場における規則144A の意義を検討している．

14) IFC は最高の格付トリプル A である．

15) World Bank, "*Annual Report 1992*" p.60）を参照．

15) IDB, "*IDB Projects*"（1995年10月, p. iii）を参照．

17) IDB, "*IDB Projects*"（1995年10月, p. vii）を参照．

第10章

1) *Wall Street Journal*(1998年7月19日, p.17) を参照.
2) 米国運輸省, "*Financing the Future*"(1993年2月) を参照.
3) 官民パートナーシップ事業には既存法に存在する種々の障壁を取り除く新しい法律が必要となる. 障壁の例は, 政府の発注手続きに関する, 地方, 州, 連邦すべてにおける公共事業に対する民間投資が許されない体系になっている点である. 既存法では民間企業をコントラクターとして扱うために, 民間企業と政府が財務および運営責任をとるプロジェクトにはそぐわないものとなっている.
4) "*Public-Private Partnership in Transportation Infrastrucure*"(Price Waterhouse, 1993年1月, p.4) を参照.
5) カリフォルニアのAB680民間有料道路は過剰利益を州立ハイウエイ財団に支払うべきである. "*PublicPivate Partnership in Transportation Infrastructure*"(Price Waterhouse, 1993年1月, p.4) を参照
6) 4) と同じ. "*Public-Private Partnership in Transportation Infrastructure*"(Price Waterhouse, 1993年1月, pp.13-18) を参照.
7) "*Public-Private Partnership in Transportation Infrastructure*"(Price Waterhouse, 1993年1月, p.13) を参照.
8) すでに紹介したヴァージニア州ルドン郡の有料道路もBOTモデルの例である. "*Public-Private Partnership in Transportation Infrastructure*"(Price Waterhouse, 1993年1月, p.4) を参照. 第12章のトリバサ有料道路もまたBOT方式に適合する. フィリピンの独立電力開発(Ferreira, 1995)にもBOTモデルは用いられた. ハンガリーのM5道路など多くが"*Directory of Inovative Financing*"(1995)に紹介されている.
9) カリフォルニアAB680民間有料道路がこの例である. "*Public-Private Partnership in Transportation Infrastructure*"(Price Waterhouse, 1993年1月, p.14) を参照. ホスト政府は政府の監督を確保するために, 法的権利を保持する.
10) これが米国における民間有料道路一般的なケースとなった. Price Waterhouse, "*Public-Private Partnership in Transportation Infrastructure*"(1993年1月, p.20) を参照.
11) それにもかかわらず, 過剰利益を民間企業があげることに対する経済的規制がある. しかし, 伝統的な収益率規制はインフラ・プロジェクトに対して以下のとおり不適切である. 収益率規制は収益検査を行い, 安定した予測可能な需要があるビジネスにふさわしい. 多くの官民パートナーシップはこれとは異なる方法が必要である. その需要は初期に低く, 後で大きくなるので, 投資家は初期の低い収益率を後期の高い収益率で補う. 有料道路やその他の交通プロジェクトは独占価格になりにくく, 収入は不確実で, その需要の価格弾力性が高い. インフラ・プロジェクトは一般的な電力などの投資よりハイリスクなので, リスクを補償する高い必要収益率となる. 収益率の定義に関しての不確定要素がある. 収益率ベースは費用合計に対する収入であるが, 官民協調の場合には新

しい定義が必要である。ハイリスクであるインフラ・プロジェクトは定期的な収益率検査規制を受け，政治的リスクまで受けるので，さらにリスクは高くなる。"Public-Private Partnership in Transportation Infrastructure"（Price Waterhouse, 1993年1月, p. 40）を参照。
12) カリフォルニア有料道路条例では，民間デベロッパーが州政府から州道と同様なハイウェイ・パトロールのサービスを受けるオプションを与えた。
13) 代替案として，販売税を課す場合には，その徴収はプロジェクトが稼働するまで延期される。
14) カリフォルニア州ではプロジェクトの不法行為に対する割増補償をする権限を民間有料道路に与えた。

第11章

1) パートナーとして融資していない金融機関が共同発行企業となった。
2) Calkins社はPURPAがコジェネレーション設備と認定する蒸気量を契約した。具体的には，年間最低購入量は5億2500万ポンドかPURPAの規制量の少ない方とした。
3) コジェネレーション設備が商業稼働を始めたとき，1995年12月が最終完成である。
4) この期日は不可抗力として5か月より長くない期間延期される。
5) 利子カバー比率の加重年平均は年間キャッシュ・フローを支払利息で割ったもので計算される。
6) デット・サービス・カバー比率の加重年平均は年間キャッシュ・フローをデット・サービスで割ったもので計算される。
7) "Indiantown Project Financing, op. cit."（p. 14）を参照。
8) "Prospectus, op. cit."（pp. 105-115）を参照。

第12章

1) ダホール電力プロジェクトは第3章を参照。
2) 第14章のユーロトンネル・プロジェクトでは，スポンサーが想定していた経済性リスクより大きい結果となった交通プロジェクトである。
3) このファイナンスの特徴と契約は，Darrow, Bergman Fong and Forrester (1994) を参照。
4) 債券の条件には，債券保有者は源泉課税を免れるとされる。したがって，源泉課税分を金利から徴収できないので，キャッシュ・フローから総合口座に蓄え，政府にコンセッションが支払う。
5) Darrow, Bergman Fong and Forrester (1994, p. 18) を参照。
6) 債券所有者は源泉課税が高騰し，デット・サービスのキャッシュ・フローを圧迫する事態以外の点で保護されているといえる。

第13章

1) "Mickey Goes to the Bank"（*The Economist*, 1989年9月16日, p. 78）を参照．
2) "Le Defi Mickey Mouse"（*Financial World*, 1989年10月17日, pp. 18, 21）を参照．
3) 利益予想は表13.4に示した．
4) EDSAの受け取るパーセントは①キャッシュ・フローが第1段階の費用の10％未満のときにはゼロ，②キャッシュ・フローが第1段階の費用の10％以上で15％未満のときには30％，③キャッシュ・フローが第1段階の費用の15％以上で20％未満のときには40％，④キャッシュ・フローが第1段階の費用の20％以上ときには50％．これらの比率はインフレが5％以上あると比例して増加し，インフレが4％未満であると比例して減少する．
5) Bruner and Langohr (1994, p. 737) はヘクタールあたり14万フランの価格で追加的土地を購入したとする．
6) 当時フランスの20年満期国債の金利は9.1％であった．
7) 一般の消費財の消費税率は18.6％であり，奢侈品では33％であった．
8) EDSCAは契約上の最小交通の75％以下のときには，1986年価格で1交通当り4フランから7フラン支払う．
9) 1986年フランで1999年までに支払われる税の総額は2億フランであり，この額はセーヌ・マーン県が行ったプロジェクトに関連するインフラへの投資額に等しい．
10) "Maximising the mouse"（*Management Today*, 1989年9月 p. 56）を参照．
11) "Le defi Mickey Mouse"（*Management Today*, 1989年9月 p. 21）を参照．
12) 同上．
13) "Le defi Mickey Mouse"（*Management Today*, 1989年9月, p. 18）を参照．
14) 同上．
15) この図は不動産収入からその建設費用とインセンティブ料とを引いた推定値である．インセンティブ料は不動産販売収入とキャッシュ・フローの1％である．ひかえめに見て，インセンティブ料は不動産事業の収入とみなせる．1992年から1995年までの税引前利益の総額は35.16億フランと予測された．リゾートと不動産からのこの4年間の収入は26.13億フランとされた．
16) "Fans like Euro Disney but its parent's goofs weigh the park down"（*Wall Street Journal*, 1994年3月10日, p. A12）を参照．
17) "Maximising the mouse"（*Management Today*, 1989年9月, p. 56）を参照．
18) "Mickey n'est pas fini"（*Forbes*, 1994年2月14日, p. 42）を参照．
19) 同上．
20) オフシーズンのチケットは38ドルから30ドルに値下げされた．"Mickey n'est pas fini"（*Forbes*, 1994年2月14日, p. 42）を参照．
21) "Waiting for Dumbo"（*The Economist*, 1993年5月1日, p. 74）を参照．

22) "Montgomery quits top financial post at EuroDisney" (*Wall Street Journal*, 1994年8月19日, p. A6) を参照.
23) EDSCA の 24% 以上の株式保有を制約した. "Saudi to buy as much as 24% of Euro Disney" (*Wall Street Journal*, 1994年6月2日, p. A3) および "Two big issues likely to face major hurdles" (*Wall Street Journal*, *European edition*, 1994年6月8日, p. A6) を参照.

第14章

1) フランス人エンジニア, Albert Mathieu が構想した. "Eurotunnel dig is done" (*Wall Street Journal*, 1993年12月10日 p. A8) を参照.
2) すべての期間において, 株主はその売却によってキャピタル・ゲインかロスが発生する.
3) 株主優待は英国の一般投資家に人気があった.
4) 1987年11月7日の *Financial times* の記事によれば, 第3次株式公開は特記すべき事件であった. 株式市場の逆風, 発行株式数の多さ, 不確定な建設費と完成時期, 将来の需要予測の難しさ, 投資時期から配当を受けるまでの時間などから考えると特別であった.
5) "Eurotunnel passenger runs begin" (*Wall Street Journal*, 1994年12月15日, p. A18) を参照.
6) "*Eurotunnel Rights Issue, Offering Circular*" (1990年12月, p. 36) を参照.
7) "Eurotunnel lowers revenue forecast, needs more funds'" (*Wall Street Journal*, 1993年10月12日, p. A17) を参照.
8) 同上.
9) "*Eurotunnel Rights Issue, Offering Circular*" (1994年5月) を参照.
10) "Eurotunnel shares fall further amid worries over fund-raising" (*Wall Street Journal*, 1994年5月24日, p. 7) 参照.
11) "*Eurotunnel Rights Issue, Offering Circular*" (1994年5月, p. 8) および "Two big issues likely to face major hurdles" (*Wall Street Journal, European edition*, 1994年6月8日, p. 9) を参照.
12) "Eurotunnel rejects report of imminent fare cuts" (*Wall Street Journal*, 1994年8月22日, p. A5B) を参照.
13) ユーロトンネル社は夏のピーク需要を逃し, 1994年の収入は予想の4分の1となる. "Eurotunnel, citing start-up delay, say revenue to fall short of forecasts" (*Wall Street Journal*, 1994年10月18日, p. A14) を参照.
14) 同上.
15) "Eurotunnel suspends interest payments" (*Wall Street Journal*, 1995年9月15日, p. A11) を参照.
16) "Eurotunnel posts wider loss for 1995, say debt accord is possible by summer" (*Wall Street Journal*, 1996年4月23日, p. A18) を参照.

17) "Eurotunnel, citing start-up delay" (*Wall Street Journal*, 1995年9月15日, p. *A*11)を参照.

文　　献

Beidleman, Carl R., Donna Fletcher and David Vesbosky, "On allocating risk : the essence of project finance," *Sloan Management Review* (Spring 1990), 47-55.
Berger, Allen N. and Gregory F. Udell, "Collateral, loan quality, and bank risk," *Journal of Monetary Economics*, **25** (January 1990), 21-42.
Berlin, Mitchell and Jan Loeys, "Bond covenants and delegated monitoring," *Journal of Finance*, **43** (June 1988), 397-412.
Berlin, Mitchell and Loretta J. Mester, "Debt covenants and renegotiation," *Journal of Financial Intermediation*, **2** (June 1992), 95-133.
Blackwell, David W. and David S. Kidwell, "An investigation of cost differences between public sales and private placements of debt," *Journal of Financial Economics*, **22** (December 1988), 253-278.
Boot, Arnoud W. A., Anjan V. Thakor and Gregory F. Udell, "Secured lending and default risk : equilibrium analysis, policy implications and empirical results," *Economic Journal*, **101** (May 1991), 458-472.
Brickley, James A., Ronald C. Lease and Clifford W. Smith, Jr., "Ownership structure and voting on antitakeover amendments," *Journal of Financial Economics*, **20** (January/March 1988), 267-291.
Bruner, Robert F. and Herwig Langohr, "Euro Disneyland S. C. A. : the project financing", in Robert F. Bruner, *Case Studies in Finance*, 2nd ed., Irwin (1994), ch. 49.
Carey, Mark S., Stephen D. Prowse and John D. Rea, "Recent developments in the market for privately placed debt," *Federal Reserve Bulletin*, **79** (February 1993), 77-92.
Carey, Mark S., Stephane D. Prowse, John D. Rea and Gregory Udell, "The economics of private placements: a new look," *Financial Markets, Institutions & Instruments*, **2** (August 1993a), 1-67.
Carey, Mark S., Stephen D. Prowse, John D. Rea and Gregory Udell, The Economics of the Private Placement Market, Board of Governers of Federal Reserve System (連邦準備制度理事会, December, 1993b).
Carr, Josephine, Robert Clow, and Christina Morton, "Weaving the Disney spell," *International Financial Law Review*, **19** (January 1990), 9-11.

Castle, Grover R., "Project financing — Guidelines for the commercial banker," *Journal of Commercial Bank Lending*, **57** (April 1975), 14-30.

Chan, Yuk-Shee and George Kanatas, "Asymmetric valuations and the role of collateral in loan agreements," *Journal of Money, Credit and Banking*, **17** (February 1985), 84-95.

Chemmanur, Thomas J. and Kose John, "Optimal incorporation, structure of debt contracts, and limited-recourse project financing," New York University Working Paper FD-92-60 (1992).

Chen, Andrew H., John W. Kensinger and John D. Martin, "Project financing as a means of preserving financial flexibility," University of Texas Working Paper (1989).

Chrisney, Martin D., "Innovations in infrastructure financing in Latin America," Innovative Financing for Infrastructure Roundtable, Inter-America Development Bank (米州開発銀行, Ocober 23, 1995).

Cooper, Kerry and R. Malcolm Richards, "Investing the Alaskan project cash flows: the Sohio experience," *Financial Management*, **17** (Summer 1988), 58-70.

Darrow, Peter V., Nicole V. F. Bergman Fong and J. Paul Forrester, "Financing infrastructure projects in the international capital markets: The Tribasa Toll Road Trust," *The Financier*, **1** (August 1994), 9-19.

Davis Polk & Wardwell, "Adoption of Rule 144A and amendments to Rule 144A," in Edward F. Greene, *et al.* (eds.), *Rule 144A : The Expanded Private Placement Market*, Prentice-Hall, (1990).

Diamond, Douglas W., "Monitoring and reputation: the choice between bank loans and directly placed debt," *Journal of Political Economy*, **99** (August 1991), 689-721.

Directory of Innovative Financing, Inter-America Development Bank (October 1995).

Duddy, John, "Managing the risks inherent in infrastructure projects," Innovative Financing for Infrastructure Roundtable, Inter-America Development Bank (October 23, 1995).

Easterwood, John C. and Palani-Rajan Kadapakkam, "The role of private and public debt in corporate capital structures," *Financial Management*, **20** (Autumn 1991), 49-57.

El-Gazzar, Samir, Steven Lilien and Victor Pastena, "The use of off-balance sheet financing to circumvent financial covenant restrictions," *Journal of Accounting, Auditing and Finance*, **4** (Spring 1989), 217-231.

Emery, Douglas R. and John D. Finnerty, *Principles of Finance with Corporate Applications*, West (1991).

Enron Global Power & Pipelines L. L. C., *Prospectus for 8,700,000 Common Shares*

(November 15, 1994).
Euro Disney S. C. A., *Annual Report 1990*.
Euro Disney S. C. A., *Annual Report 1993*.
Euro Disney S. C. A., *Prospectus for Rights Offering of 595,028,994 Shares of Common Stock* (June 17, 1994b).
Euro Disney S. C. A., *Proxy Statement for Extraordinary General Meeting* (June 8, 1994a).
Euro Disneyland S. C. A., *Offer for Sale of 10,691,000 Shares* (October 5, 1989).
Eurotunnel P. L. C./ Eurotunnel S. A., *Offer for Sale of 220,000,000 Units with New Warrants* (November 16, 1987).
Eurotunnel P. L. C./ Eurotunnel S. A., *Rights Issue of 199,435,068 New Units* (November 1990).
Eurotunnel P. L. C./ Eurotunnel S. A., *Rights Issue of 323,884,308 New Units* (May 1994).
Fama, Eugene F. and Michael C. Jensen, "Agency problems and residual claims," *Journal of Law and Economics*, **26** (June 1983), 327-349.
Ferreira, David, "The public sector as a facilitator of private infrastructure investment," Innovative Financing for Infrastructure Roundtable, Inter-America Development Bank (October 24, 1995).
Figlewski, Stephen, *Hedging with Financial Futures for Institutional Investors*, Ballinger (1986).
Financing the Future, Report of The Commission to Promote Investment in America's Infrastructure, Department of Transportation (米国運輸省, February 1993).
Fitch Investors Service, Inc., "Covenants enhance private placements," Corporate Finance Industrials: Special Report, FIS, (October 28, 1991).
Forrester, J. Paul, "Terms & structure of debt instruments issued to finance infrastructure projects," Innovative Financing for Infrastructure Roundtable, Inter-America Development Bank (October 23, 1995).
Forrester, J. Paul, Jason H. P. Kravitt and Richard M. Rosenberg, "Securitization of project finance loans and other private sector infrastructure loans," *The Financier*, **1** (February 1994), 7-19.
Gimpel, Jean, *The Medieval Machine : The Industrial Revolution of the Middle Ages*, Holt, Rinehart, and Winston (1976).
Global Project Finance, Standard & Poor's (March 1995).
Hadley, Joseph, "Structuring equity investments for infrastructure projects," Innovative Financing for Infrastructure Roundtable, Inter-America Development Bank (October 23, 1995).
Indiantown Cogeneration, L. P./Indiantown Cogeneration Funding Corporation,

Prospectus for $505,000,000 First Mortgage Bonds (Novermber 9, 1994).

James, Christopher, "Some evidence on the uniqueness of bank loans," *Journal of Financial Economics*, **19** (December 1987), 217-235.

Jensen, Michael C., "Agency costs of free cash flow, corporate finance and takeovers," *American Economic Review*, **76** (May 1986a), 323-339.

Jensen, Michael C., "The takeover controversy: analysis and evidence," *Midland Corporate Finance Journal*, **4** (Summer 1986b), 6-32.

Jensen, Michael C. and William H. Meckling, "Theory of the firm: managerial behavior, agency costs and ownership structure," *Journal of Financial Economics*, **3** (October 1976), 305-360.

Jensen, Michael C. and Richard S. Ruback, "The market for corporate control: the scientific evidence," *Journal of Financial Economics*, **11** (April 1983), 5-50.

John, Teresa A. and Kose John, "Optimality of project financing: theory and empirical implications in finance and accounting," *Review of Quantitative Finance and Accounting*, **1** (January 1991), 51-74.

Johnston, Russell and Paul R. Lawrence, "Beyond vertical integration—The rise of the value-adding partnership," *Harvard Business Review*, **88** (July/August 1988), 94-101.

Kapner, Kenneth R. and John F. Marshall, *The Swaps Handbook*, New York Institute of Finance (1990).

Kensinger, John and John Martin, "Project finance: raising money the old-fashioned way," *Journal of Applied Corporate Finance*, **3** (Fall 1988), 69-81.

Kwan, Simon, and Willard T. Carleton, "The structure and pricing of private placement corporate loans," University of Arizona Working Paper, (February 1993).

Leland, Hayne E. and David H. Pyle, "Informational asymmetries, financial structure, and financial intermediation," *Journal of Finance*, **32** (May 1977), 371-387.

Maher, Philip, "Adapt or die," *Investment Dealers' Digest* (January 3, 1994), 16-20.

Mao, James C. T., "Project financing: funding the future," *Financial Executive* (April 1982), 23-28.

Millman, Gregory J., "Financing the uncreditworthy: new financial structures for LDCs," *Journal of Applied corporate Finance*, **5** (Winter 1991), 83-89.

Myers, Stewart C., "Determinants of corporate borrowing," *Journal of Financial Economics*, **5** (November 1977), 147-175.

Myers, Stewart C. and Nicholas S. Majluf, "Corporate financing and investment decisions when firms have information that investors do not have," *Journal of Financial Economics*, **13** (June 1984), 187-221.

Nevitt, Peter K., *Project Financing*, 5th ed., Euromoney Publications (1989).

Phillips, Paul D., John C. Groth and R. Malcolm Richards, "Financing the Alaskan Project: the experience at Sohio," *Financial Management*, 8 (Autumn 1979), 7-16.

Press, Eric G. and Joseph B. Weintrop, "Accounting-based constraints in public and private debt agreements," *Journal of Accounting and Economics*, 12 (January 1990), 65-95.

Public-Private Partnerships in Transportation Infrastructure, Price Waterhouse (January 1993).

Ronen, Joshua and Ashwinpaul C. Sondhi, "Debt capacity and financial contracting: finance subsidiaries," *Journal of Accounting*, Auditing and Finance, 4 (Spring 1989), 237-265.

Sandler, Linda, "The surge in nonrecourse financing," *Institutional Investor*, 16 (April 1982), 149-161.

Schipper, Katherine and Abbie Smith, "A comparison of equity carve-outs and seasoned equity offerings; share price effects and corporate restructuring," *Journal of Financial Economics*, 15 (January/February 1986), 153-186.

Segars, Douglas and Osman Qureshi, "Infrastructure finance and financial guarantee insurance," Innovative Financing for Infrastructure Roundtable, Inter-America Development Bank (October 24, 1995).

Shah, Salman and Anjan V. Thakor, "Optimal capital structure and project financing," *Journal of Economic Theory*, 42 (June 1987), 209-243.

Shapiro, Eli and Charles Wolf, "The role of private placements in corporate finance," Harvard University, School of Business Administration, Division of Research (1972).

Smith, Clifford W., Jr., "Investment banking and the capital acquisition process," *Journal of Financial Economics*, 15 (January/February 1986), 3-29.

Smith, Clifford W., Jr. and Jerold B. Warner, "On financial contracting: an analysis of bond covenants," *Journal of Financial Economics*, 7 (June 1979), 117-161.

Smith, Roy C. and Ingo Walter, "Eurotunnel—Background," Case Study C03/04, New York University.

Smith, Roy C. and Ingo Walter, "Eurotunnel—Debt," Case Study C03, Ney York University.

Smith, Roy C. and Ingo Walter, "Eurotunnel—Equity," Case Study C04, New York University.

Smith, Roy C. and Ingo Walter, "Project financing," *Global Financial Services*, Harper & Row (1990), 191-238.

Smithson, Charles W., Clifford W. Smith, Jr. and D. Sykes Wilford, *managing Financial Risk*, Irwin (1995).

Stulz, René M., "Managerial control of voting rights; financing policies and the market for corporate control," *Journal of Financial Economics*, **20** (January/March 1988), 25-54.

Stulz, René M. and Herb Johnson, "An analysis of secured debt," *Journal of Financial Economics*, **14** (December 1985), 501-521.

Szewczyk, Samuel H., and Raj Varma, "Raising capital with private placements of debt," *Journal of Financial Research*, **14** (Spring 1991), 1-13.

Tribasa Toll Road Trust 1, *Rule 144A Placement Memorandum for $110,000,000 10 1/2% Notes Due 2011* (November 15, 1993).

Tucker, Alan L., *Financial Futures, Options, & Swaps*, West (1991).

U. S. Securities and Exchange Commission, "Staff report on Rule 144A" (September 30, 1991).

U. S. Securities and Exchange Commission, "Staff report on Rule 144A" (January 23, 1993).

The Walt Disney Company, *1993 Annual Report*.

Webb, David C., "Long-term financial contracts can mitigate the adverse selection problem in project financing," *International Economic Review*, **32** (May 1991), 305-320.

Williamson, Oliver E., "Corporate finance and corporate govenange," *Journal of Finance*, **43** (July 1988), 567-591.

Wolf, Charles R., "The demand for funds in the public and private corporate bond markets," *Review of Economics and Statistics*, **56** (February 1974), 23-29.

Worenklein, Jacob J., "Project financing of Joint ventures," *Public Utilities Fortnightly*, **108** (December 3, 1981), 39-46.

Wynant, Larry, "Essential elements of project financing," *Harvard Business Review*, **58** (May/June 1980), 165-173.

Zanoni, Ronald A. and Louis A. Martarano, "Project financing—case study," in Dennis E. Logue (ed.), *Handbook of Modern Finance : 1988 Update*, Warren, Gorham & Lamont (1988), ch. 27A.

Zinbarg, Edwsrd D., "The private placement loan agreement," *Financial Analysts Journal*, **31** (July/August 1975), 33-35, 52.

Zwick, Burton, "Yields on privately placed corporate bonds," *Journal of Finance*, **35** (March 1980), 23-29.

訳者あとがき

　最近の米国経済のスキャンダルである Worldcom 社や Enron 社の問題は，不景気で情緒的になっているわが国の投資家に米国流の財務分析に対する不信を抱かせた．その結果，投資家にも理論的根拠の弱い過去の分析方法に回帰したり，さらにリスクの大きい基準に飛びついたりする混乱が見られる．しかし，本書で展開したキャッシュ・フロー分析は，実務家が長期的に使ってきた概念を理論的に整理したものであり，その信頼性は頑健である．

　ただ，プロジェクト・ファイナンスにおけるキャッシュ・フローは，それぞれの用途に従って概念が異なるので，ここに整理しておく．
1) EBITDA＝売上(cash revenue)－売上原価(cash expense)
2) EBIT＝EBITDA－減価償却費
3) フリー・キャッシュ・フロー＝EBITDA－税額－デット・サービス
4) 税額＝(EBIT－利息)×(1－税率)
5) デット・サービス＝返済元金＋利息
6) CFAT(税引後キャッシュ・フロー)＝EBIT×(1－法人税率)＋減価償却費

EBITDA は年度ごとの売上から，それに要した原材料，人件費などの直接費用を引いた額である．これが法人税などの税金，借入資金に対する元利返済，株主への配当に分配される．

　EBIT は EBITDA から減価償却費を引いて課税対象となる額である．ただし，これは 100％株主資本の場合とみなした額であり，借入資金がある場合の実際の課税対象額は利息を減じる．しかし，EBIT は (earning before interest and tax) の名前のとおり利息を含めないところに意義がある．

　フリー・キャッシュ・フローは株主に分配可能な額であり，EBITDA から融資家の取り分（デット・サービス）と政府の取り分（税額）を引いた残りである．

　税額は課税対象額に税率をかけたものである．課税対象額は EBITDA から

控除可能な減価償却と利息を引いたものである．したがって，EBIT から利息を引いたものに等しい．

　第7章の税引後キャッシュ・フロー（cash flow after tax；CFAT）は税を支払った後のプロジェクトの株主と融資家への分配可能なキャッシュ・フローの現在価値を求めるためにある．これは第6章の借入限度額の決定に使うキャッシュ・フローも用いる．

　第8章のプロジェクト評価のコジェネレーションの例は，計算に必要なデータが本文中に存在する．したがって，第8章にあるキャッシュ・フロー表のすべてを読者自らが表計算ソフトウェア，たとえば Microsoft 社の Excel などを使って確認できる．興味のある方のために，著者のホームページ（http://www.k.hosei.ac.jp/~uratani/ProjectF/PF.html）からダウンロード可能にしてある．ベンチャー企業に興味のある読者諸氏は是非お手持ちのパソコンで試され，データを関心のある事業に変えて，そのプロジェクト成立条件を計算しながら考えていただきたい．表計算ソフトウェアはいわば現代のそろばんであることを実感されるだろう．

　プロジェクト・ファイナンスの発展は，資源開発と近年の独立電源生産（IPP）事業によって発展してきた．地域電力会社は送電線を中心とした送電ネットワーク機能が主たる業務となり，発電事業を自らのリスクで行わなくなった．その典型的例はフランスの EDF であり，電力供給ネットワーク企業と発電企業の分離は世界的傾向である．電力設備のリスクを地域電力会社が自ら抱えるより，プロジェクト・ファイナンス方式で，事業参加会社に分散すべきことが明らかになった．米国でこの潮流に乗って成功してきた企業の1つが Enron 社であった．しかし，Enron 社は不正会計処理で倒産に追いこまれた．第11章にある Pacific Gas & Energy 社も Enron 社より以前に同様の理由で倒産している．プロジェクト・ファイナンスに限らず企業の信用は財務データ以外に投資家には知りえない．ここに虚偽の数値が巧妙に組み込まれれば，短期的にはその企業業績が市場で評価され，株価が上昇する．株価の上昇は信用の格付アップにつながり，借入が容易になり資本の効率が上がる．しかも，経営者に与えられたストック・オプションは彼らに莫大な所得をもたらす．キャッシュ・フロー分析を自由に操れるようになり，ストック・オプションのにんじんを鼻先にぶら下げられた経営者がデータ改竄の誘惑に負けてしまう可能性は簡単に想像できる．これはまさしく情報化社会の罠であり，今後いろいろな

仕組で情報の正当性のチェックをするシステムが社会的に発展していくのが待たれる．

なお，電力やガス，水道などのいわゆる"utility"は，定常的なキャッシュ・フローがあり，返済が確実なので信用力が高い有利な事業であることが認識される．たとえば，東京電力の信用格付は，それを「行政指導」する日本政府より高いAAAになっていることは皮肉である．子供たちがむやみと使う携帯電話会社もそのキャッシュ・フローが大きく，高い信用格付が得られることがわかるである．景気や移りやすい消費者の好みに左右されない定常的なキャッシュ・フローはいかに経済的価値があるかを示している．

第12章のSalomon Brothers社のメキシコの有料道路のリファイナンス成功例は，わが国の高速道路公団に応用可能である．法政大学工学部経営工学科は2001年度卒業研究でこの簡単な応用をした結果，リファイナンスによる民営化は利益性がかなり高いという報告をしている．

第13章のユーロ・ディズニーランドは，当初の問題を乗り越えてEUの進展とともに発展している．日本の第2期のディズニーシーの財務および興行的成功はユーロにも好影響を与えるだろう．

第14章のユーロトンネルはいまだに債務問題を抱えてはいるものの，大きな事故なく英国と大陸の安定した交通を提供している．

企業の倒産数が増え，ベンチャーブームが去ってしまった現在，読者諸氏が発見されたビジネスのアイデアの具体的な実現可能性を手近にある簡単な表計算ソフトウェアを用いて確かめられ，起業に至ることを願っている．利益とそのリスクを客観的に評価せずにベンチャーを起こすことから生じる危険は，経済的問題をさらに社会問題に発展させるだけである．人々のアイデアとそれを実現する企業がつぎつぎ生まれてくることが，わが国の経済が元気を取り戻す大きな力になることは間違いないだろう．

索　引

欧　文

Accor 社　216
APB 18 (Accounting Principles Ortion No.18)　61
ARB 51 (Accounting Reserch Bulletin No.51)　61
Banque Indosuez 社　226
BBO モデル (buy-build-operate model)　156
Bechtel 社 (Bechtel Enterprises)　40, 165
Bechtel 電力 (Bechtel Power Corporation)　164
Bechtel 発電 (Bechtel Generating Company)　167
Bev-Pak 社　5
BNP (Banque Nationale de Paris)　226
BOT モデル (build-operate-transfer model)　156
BPA (Bonneville Power Administration)　40
BR (British Rail)　231
BTO モデル (build-transfer-operate model)　156
Canada Mobil Oil 社　153
CAPM (capital-asset-pricing model)　95
Caulkins Indiantown Citrus 社　163, 170
CD レート (CD rate)　131
Chase Manhattan Bank 社　40
Chevron Oil 社　153
Club Med (Club Mediteranée)　215
Columbia Gas System 社　153
COSO Funding 社　139
Costain Coal 社　172
Credit Lyonnais 社　226
CSX Transportation 社　172
CTG (Channel Tunnel Group)　226
Duff & Phelps 社　137

EGP&P (Enron Grobal Power & Pipelines L.L.C.)　128
EIB (European Investment Bank)　241
Enron 社　39, 128
ERDA (Energy Reseach and Development Association)　146
ESA (energy service agreement)　163
Eximbank　148
Fitch 社　257
FM (France Manche)　226
Foster Wheeler 社　165
FPL (Frolida Power & Light Company)　162
Frescobaldi 家　42, 49, 252
GE (General Electric)　165
GECC (General Electric Capital Corporation)　51, 62
Grupo Tribasa　184
Gulf Canada Resources 社　153
IBRD (International Bank for Reconstruction and Development)　146
IDB (Inter-American Development Bank)　147
IFC (International Finance Corporation)　146
Inmet 金鉱社 (Inmet Mining)　37
IRR (internal rate of return analysis)　100
IRR 法 (IRR method)　101
ITC (investment tax credit)　61
Lazard Frères 社　220
LDO モデル (lease-develop-operate model)　157
LIBOR (London Interbank Offer Rate)　37, 76, 131
MARAD (U.S. Maritime Administration)　145
Midland Bank 社　226
MIGA (Multilateral Investment Guarantee Agency)　146
MLP (master limited pertnership)　67, 255

Moody's (Moody's Investors Service) 162
NAIC (National Association of Insurance Commissioners) 137, 257
NatWest (National Westminster Bank) 226
NPV (net present value) 99
NPV プロファイル (NPV profile) 101
NPV 法 (NPV method) 101, 103
OECD (Organization for Economic Cooperation and Development countries) 143
OPIC 146, 148
Paciiffic 社 (Paciffic Gas & Electric) 162
Palm 社 167
Petro-Canada 社 153
PG&E 発電 (PG&E Generating Company) 167
PPR 1 257
PURPA (Public Utility Regulatory Policy Act) 5
QIB (qualified institutional buyer) 138
REA ケース (REA case) 195
S&P (Standards & Poor's) 137
S.G. Warburg 社 221
Scudder Latin America Power Fund 127
Scudder, Stevens & Clarks 社 127
SEC (Securities and Exchange Commision) 83, 137
SNCF (Société Nationale des Chemins de Fer Francais) 231
SPC (special purpose corporate) 65, 139
Stone & Webster 社 174
TAPS (Trans Alaska Pipeline System) 4, 48
TIFD 社 (TIFD III-Y) 166
Toyan 社 (Toyan Enterprises) 165, 167
US Operating 社 167, 172
US 発電 (U.S. Generating Company) 166, 172
WACC (weighted average cost of capital) 97
Walt Disney 社 202

ア 行

新しい適用 (potential future applications) 249
委託投資基金 (committed investment fund) 127
一括ワーク (lump-sum work) 229
一般株主配当 (return to limited partnership equity) 116
一般投資家 (passive investors) 44
インディアンタウン・コジェネレーション・プロジェクト (Indiantown cogeneration project) 162
インフラ・プロジェクト (infrastructure project) 1, 159, 184, 253
インフレーション (inflation) 142
運営業績 (operating results) 221
運転資本 (working capital facility) 182
永久委任モデル (perpetual franchise model) 156
英国鉄道 (British Rail) 231
エクイティ・キッカー (equity kicker) 76
エージェンシー費用 (agency cost) 17, 254
エスクロー勘定 (escrow account) 151
エスクロー基金 (escrow fund) 52
エドワード・ヒース (Edward Heath) 226
エネルギー購入契約 (energy service agreement) 163
エンジニアリング・コンサルタント (engineering consultant) 30
延滞追加金利 (late payment premium) 196
オフ-バランス-シート (off-balance-sheet) 48
オペレーション契約 (operating conract) 54
オペレータ企業の変更可能性 (ability to remove the operator) 198

カ 行

海外インフラ・プロジェクトのリスク (risk considerations in foreign infrastrucure projects) 185
外貨準備 (availability of hard currency) 151
回転資金 (revoling credit) 131
外部資金 (outside financing sources, amount of external funds) 12, 71
価格調整 (regulatoty-out) 170
格付機関 (rating agencies) 134
加重平均資本コスト (weighted average cost of capital) 92
過少投資問題 (underinvestment problem) 16
ガス供給契約 (gas supply agreement) 54
カバー比率テスト (annual coverage tests) 83, 113
株式 (equity) 126
株式会社 (corporation) 61
株式公開 (offering) 243
株式資金調達 (equty financing) 241
株式投資の構造化 (structuring the equity investments) 126
株式割当 (equity placement) 242
株主契約 (equity contribution agreement) 167
株主収益の予測 (projected returns to equity

索引

investors) 242
株主ローン契約(equity loan agreement) 167
借入(leverage) 208
借入限度額(borrowing capacity) 77, 113
借入限度額モデル(borrowing capacity model) 78, 81
カリフォルニア AB 680 民間有料道路(California AB 680 private toll road project) 258
カリフォルニア有料道路条例(California toll road agreement) 259
為替問題(currency considerations) 142
為替先物(futures) 38
環境法(environmental laws) 40
環境リスク(environmental risk) 41
完工保証(completion undertaking) 46
完工リスク(completion risk) 34, 35, 187
間接的信用供与(indirect credit support) 27
感度分析(sensitivity analysis) 122, 176, 191, 219, 244
官民インフラ協力(public-private infrastructure partnership) 154
官民協調に影響する政府規制(legislative provisions that can affect public-private partnership) 158
官民協調を促進する条件(provisions that encourge public-private partnership) 160
官民パートナーシップ事業(creation of pubric-private partnership) 258
官民ファイナンス構造(public-private financing structure) 155

企業評価(valuation) 214
技術(technology) 165
技術的フィージビリティ(technical feasibility) 6, 29
技術的リスク(technological risk) 35, 197
季節変動(sasonality) 218
規則 144 A の擬似公開証券市場(Rule 144 A quasi-public market) 138
期待キャッシュ・フロー(expected cash flow) 73
期待収益率(expected rate of return) 115
期待利益(expected profitability) 33
規模の経済(economic of scale) 24
規模の差(size difference) 102
キャッシュ・フロー(cash flow) 2, 18, 65
────の増分(incremental cash flow) 89
────のタイミングの差(cash flow timing difference) 103
────の見積り(cash flow projection) 110

────の予測(preparing cash flow projection) 105
キャッシュ・フロー分析(cash flow analysis) 91
キャップ契約(cap contract) 254
キャピタル・ゲイン(capital gain) 256
究極の安全装置(ultimate back stop) 51
共同経営方式(undivided joint interest) 56
銀行借入(bank loan facility) 74
銀行ローンの条件(terms of bank loans) 132
金融工学(financial engineering) 250
金利キャップ(interest rate cap) 37, 76
金利スワップ(interest rate swap) 37, 76, 148
金利変動のリスク(interest rate risk) 114

偶発事故(force majeure) 47
グリーン・シュー・オプション(green shoe option) 257
クローバック補填契約(clawback agreement) 52

経営管理企業(gérant) 204
経営管理サービス契約(management services agreement) 172
経営管理の方法(management and control procedures) 127
経営管理費(management fee) 77
経営者の自由裁量権(management's discretion) 253
経営能力(availability of capable management) 7
経済的成立条件(economic viability) 7, 31
経済的耐用年数(expeted useful economic life) 74
経済的レント(economic rent) 22
経済リスク(economic risk) 36
契約の必要性(need for contracts) 14
原価法(cost method) 62
現金保証契約(cash deficiency agreement) 52
原材料供給可能性(availability of raw materials) 7
建設(construction) 228
建設契約(construction contract) 171
建設資金調達(construction financing) 74
源泉課税(withholding tax) 77, 152
源泉非課税(free of withholding tax) 143
減速ケース(reduced economic activity case) 195
原料供給契約(raw material supply agreement) 51

公益事業規制法(Public Utility Regulatory Policy Act) 5
高速鉄道プロジェクトへの応用(application to a hypothetical high-speed rail project) 82
交通プロジェクト(transportation project) 154
公的年金基金(public pension fund) 140
購入契約(purchase contract) 48
国際資本市場(international capital market) 141
国際商業銀行(international commercial bank) 132
国際復興開発銀行(International Bank for Reconstruction and Development) 146
国際融資会社(international finance corporation) 146
コジェネレーション・プラント(cogeneration facility) 9, 164
コジェネレーション・プロジェクト(cogeneration project) 42, 53, 68
コスト・オーバーラン(cost overrun) 35
コスト-オブ-サービス契約(cost-of-service contract) 50, 255
コスト企業(cost companies) 64
固定価格対変動価格(constant dollars versus current dollars) 112
固定金利(fixed-rate) 38
固定金利借入市場(fixed-rate debt market) 134
固定費カバー比率(fixed charge coverage ratio) 83, 84
コーポレート・ガバナンス問題(corporate gavernance issue) 221
コミュニケーション問題(communicaion problem) 19
ゴールド・ローン(gold loan) 37
コール-プット契約(call-put arrangement) 127
コンセッション期間の修正(amendment to the term of the concession) 198
コンセンサス(Consensus) 143
コントロールの便益(benefits of corporate control) 14

サ 行

最終完工(fainal completion) 164, 259
最小支払義務(minimum payment obligation) 62
最大可能負債比率(maximum feasible debt/equity ratio) 72
最適な資金調達計画(optimal financing plan) 70
再投資金利(reinvestment rate) 102
債務コストの推定(estimating the cost of debt) 94
債務保証(credit support for project debt) 152
財務支援契約(financial support agreement) 52
財務諸表の予測(projected financial statements) 112
財務予想(financial projection) 214
財務リスク(financial risk) 37
────の調整(adjusting for financial risk) 96
先物(futures) 254
先渡し(forward) 36, 251, 254
サプライ-オア-ペイ契約(supply-or-pay contract) 51
サプライヤーズ・クレジット(supplier credit) 143
参加企業の利益(interests of the participants) 211
シェル企業(shell corporation) 255
資金源(sources of fund) 125
資金引出(drawdown) 73
資金返済計画の2重化(dual debt amortization schedule) 195
資源供給リスク(raw material supply risk) 36
資源の供与(adequacy of raw material supplies) 32
資材調達(procurement works) 229
資産再評価による民間利益の還元モデル(value capture) 158
資産代替問題(asset substitution problem) 21, 253
事前に必要な資金(precommitments of fund) 71
実質的な完工(substantial completion) 164
私募引受(private placement) 76
資本寄付契約(capital subscription agreement) 52
資本コスト(cost of capital formula) 94, 96
資本資産価格付モデル(capital-asset-pricing model) 95
資本支出(capital cost) 107
社会的費用(social cost) 149
社会的便益(social benefit) 149
修正条項第1504(a)(Section 1504(a)) 62
集積株式投資(pooled equity vehicle) 128
主幹事銀行(lead bank) 74

出資契約(ownership arrangement) 107
出資構造(ownership structure) 202
主要通貨(dominant currency) 134
純現在価値(net present value) 99
純残存価値(net salvage value) 91
純初期投資費用(net initial investment outlay) 89
蒸気購入契約(steam purchase agreement) 55, 170
蒸気発生設備と補助装置(steam generator and auxiliary equipment) 165
商業銀行(commercial bank) 125, 129
商業銀行ローン(commercial bank loan) 130
商業的完成(commercial completion) 46
詳細交通予測レポート(detailed traffic report) 197
乗数効果(multiplier impact) 149
商法上の組織(legal structure) 56
情報の非対称性(asymmetoric information) 19
初期株式公開(initial public offering) 208
初期建設資金調達(initial construction financing) 178
ジョルジュ・ポンピドー(Georges Pompidou) 226
新興発展国市場(emerging market) 154
シンジケーション・リスク(syndication risk) 74
信用格付(debt rating) 139
信用分析(credit analysis) 191
信用力(credit worthness) 32
　　──の影響(credit sensitivity) 141

ステップ-アップ条項(step-up provision) 51
ストレステスト(stress-test) 195
スピンオフ(spin off) 16, 253
スポンサー(sponsor) 1
　　──の借入能力の拡大(expansion of the sponsor's debt capacity) 9
　　──の収益(return to sponsor equity) 119
スループット協定(throughput agreement) 49
スワップ(swaps) 254, 256

生産支払ローン(production payment loan) 4, 130, 252
税収(tax revenue) 150
政治リスク(political risk) 39, 185
税制措置(tax arrangement) 152
税引後キャッシュ・フロー(after-tax cash flows, net operating cash flow) 87, 90
政府援助(gavernmental assistance) 143

生命保険会社(life insurance company) 34, 73, 76, 125, 129, 136
世界銀行ローン(World Bank loan) 146
石炭および灰燼の輸送契約(coal and ash waste transportation agreement) 172
石炭購入契約(coal purchase agreement) 172
1994年免税債の公開(public offering of the 1994 tax-exempt bonds) 181
先行的開発モデル(speculative development) 157
総合的貸出口座(comprehensive credit facility) 131
組織の変革(organizational reform) 250
租税条項第1501(Section 1501 of the Internal Revenue Code) 62
租税法761条(Section 761 of the Internal Revenue Code) 60
　　──の選択権(Section 761 election) 66
損益平衡価格(breakeven price) 32

タ 行

第1抵当権(first mortgage lien) 45
第1モーゲージ債(first mortgage bond) 180
第3次株式公開(equty offering III) 242
第三者の担保力(pledges by third party) 33
第三者ローン(third-party loan) 241
タイトルXIプログラム(Title XI program) 145
互いに排他的なプロジェクト(mutually exclusive projects) 102
ターゲット・ワーク(target work) 228
多国籍投資保証機関(multilateral investment guarantee agency) 146
タックス・ホリデー(tax holiday) 150
ダボール電力プロジェクト(Dabhol Power Project) 39
ターンキー(turnkey) 54, 75, 171
短期約束手形(shirt-term promissory note) 255

地域エネルギー会社(local utility) 11
地域の資本(local sources of capital) 147
注記公開(footnote disclosure) 9, 48, 62
仲裁(arbitration) 127
中東産油国(Middle East's oil-producing nations) 134
長期借入市場(long-term debt market) 129
長期ファイナンス(long-term financing) 75
直接金融(direct financing) 2, 22

追加的信用保証(supplemental credit support) 51
通貨構成(currency profile) 73
通貨先物(currency forward) 38
通貨スワップ(currency swap) 38
通貨リスク(currency risk) 38, 185
通常のプロジェクト(conventional project) 101
繋ぎ融資(bridge loan) 131
テイク-イフ-オファー契約(take-if-offered contract) 48, 252
テイク-オア-ペイ契約(take-or-pay contract) 47, 48, 254
ディズニー社への予想収益(projected returns to Disney) 211
手形信用保証枠(standby letter of credit) 131
適格機関投資家(qualified institutional buyer) 139, 257
デット・サービス(debt service) 47
デット・サービス・カバー比率(debt service coverage ratio) 84
デット・サービス・リザーブ基金(debt service reserve fund) 196
テナスカ電力プロジェクト(Tenaska Power Project) 40
デフォルト・カバー比率(default cover ratio) 240
デボン銀鉱山(Devon silver mines) 4
デラウェア州(Delaware) 67
電力購入契約(electric power purchase agreement) 55, 168

東京ディズニーランド(Tokyo Disneyland) 202
倒産するスポンサー(defaulting sponsor) 57
投資家の種類(types of investors) 142
投資減税額(investment tax credit) 61
投資適格(investment-grade rating) 139
投資のハードルとなる収益率(hurdle rate) 93
投資への優遇策(investment incentives) 150
特別目的融資会社(special purpose corporation) 65
独立企業の有利性(advantage of separate incorporation) 14
独立したプロジェクト(independent project) 101
トータル・コストの見積り(estimating the project's total cost) 106
トラストの構造(trust structure) 199

トリバサ有料道路コンセッション(Tribasa's toll road concessions) 184
トリバサ有料道路トラスト1の資金調達(Tribasa toll road trust 1 financing) 187
トリバサ有料道路プロジェクト(Tribasa toll road project) 183
トーリング協定(tolling agreement) 50
トロイラス金鉱プロジェクト(Troilus Gold Project) 37

ナ 行

内部収益率分析(internal rate of return analysis) 100
2重課税(double taxation) 63
ネット現在価値(net present value) 99
ネット残存価値(net salvage value) 91
ネット初期投資費用(net initial investment outlay) 89
年金基金(pension fund) 76, 129
ノンリコース(nonrecourse) 3, 252

ハ 行

バイ-セル契約(buy-sell arrangement) 127
配当支払(dividend payments) 77
配当制限(limitation on divided distributions) 196
配当予測(divided projections) 219
パイトン・エネルギー・プロジェクト(Paiton Energy Project) 152
売買一任勘定(discretionary basis) 257
バイヤーズ・クレジット(buyer credit) 144
バッファー子会社(buffer subsidiary) 64
パートナーシップ(partnership) 63
  ――の経営(management of the partnertship) 167
  ――の損益の分配(allocation of profits and losses and distribution) 168
パートナーシップ課税(partnership taxation) 255
パートナーシップ法(Uniform Partnership Act) 64
パフォーマンス・ボンド(performance bond) 10, 229
万難排除契約(hell-or-high-water contract) 45, 50, 255
販売契約(sale contract) 48

索　引　　　279

非営業キャッシュ・フロー(nonoperating cash flow)　91
比較優位(competitive advantage)　252
引受(underwriting)　75, 242
引受契約調印前の条件(conditions precedent to signing the under writing agreement)　238
ヒベルニア油田プロジェクト(Hibernia oil field project)　5, 153

不可抗力(force mejeure)　44, 170
不可抗力リスク(force mejeure risk)　41
不測の費用超過(contingency for cost overruns)　107
不動産価格予測(real estate projection)　219
不動産所有権と開発(real estate ownership and development)　218
負の質権(negative pledge)　61
フランス国営鉄道(Société Nationale des Chemins de Fer Francais)　231
フリー・キャッシュ・フロー(free cash flow)　18, 25
プロジェクト(project)　2, 29
　——の経済条件(project economics)　109
　——の借入限度額の見積り(evaluating a project's debt capacity)　113
　——の主契約(principal project contracts)　168
　——の成立条件(analysis of project viability)　29
プロジェクト・オペレーション(project operation)　167
プロジェクト開発(project development)　166
プロジェクト・キャッシュ・フロー(project cash flow)　190
プロジェクト参加(project participation)　151
プロジェクト・ファイナンス(project financing)　1, 2, 207, 230
　——の妥当性(appropriateness of project financing)　8
　——の評価(recognizing when project financing can be beneficial)　249
　——の便益(benefits of project financing)　247
プロジェクト・ベース(project basis)　1
フロリダ州公共サービス委員会(Frolida Public Service Commision)　163

米国海事局(U.S. Maritime Administration)　145
米国プライムレート(U.S. prime rate)　131
米国保険生保協会(National Association of Insurance Commissioners)　137
米国輸出入銀行(Eximbank)　144
米州開発銀行(Inter-American Development Bank)　147
ベース・ロード発電容量(base load generating capability)　252
ヘッジ(hedging)　36
変動金利(floating-rate)　38, 76

包括的追加モデル(wraparoud addition)　157
法的貸出限界(legal lending limit)　132
保険(insurance)　53, 199
ホスト政府(host government)　149
北極海ガス・パイプライン(Canadian Arctic Gas Pipeline)　47

マ　行

マーケティング調査(marketing study)　31
マスター契約(master agreement)　205
マスター有限パートナーシップ(master limited partnership)　67
マーチン郡工業開発局(Martin Country Industrial Development Authority)　162
満期の選択(maturity choice)　142

民間年金基金(private pension funds)　140

メカニカル完工(mechanical completion)　164
メキシコ政府の有料道路プログラム(Mexican government's toll road project program)　183

目的別口座(dedicated accounts)　190

ヤ　行

優遇措置(development incentive)　152
有限会社(limited liability company)　67
輸出金融(export financing)　74, 143
ユーロ市場(Euromarkets)　141148
ユーロ・ディズニーランド・プロジェクト(Euro Disneyland Project)　200
ユーロドル市場(Eurodollar market)　141
ユーロトンネル・システム(Eurotunnel System)　227
ユーロトンネル・プロジェクト(Eurotunnel Project)　225

予測価格(forecasted prises)　217
予測来場者数(estimated attendance)　217

ヨーロッパの投資銀行(European investment bank) 241

ラ 行

利益(earnings) 87
利子カバー比率(interest coverage) 83
リスク最小化の手法(risk minimization features) 195
リスク・シェアリング(risk sharing) 8, 24
リスク評価(assessing project risks) 34
利息支払(interest payments) 77
リバージョン(reversion) 256
リファイナンス(refinancing) 125, 179, 184
リミティド・リコース(limited recourse) 3, 252
利用弁済モデル(use-reimbursement model) 158
臨時民営化モデル(temporary privatization) 157

ルドン郡(Loudon) 155

劣後ローン(subordinated loan) 77
レバレッジ(leverage) 9
連結会計(consolidation) 62
連合体(association) 60
連邦政府のローンと保証(direct Federal Agency loan and insurance) 145
連邦電力委員会(Federal Power Commission) 47

ローン返済のパラメータ(loan repayment parameter) 78
ローン保証(loan insurance) 145

ワ 行

割引キャッシュ・フロー分析(discounted cash flow analysis) 86, 105
割引率(discount rate) 215

訳者略歴

浦谷　規（うら　たに　ただし）

1949 年　兵庫県に生まれる
1979 年　東京工業大学大学院理工学研究科博士課程単位取得中退
現　在　法政大学工学部経営工学科教授（工学博士）

プロジェクト・ファイナンス
── ベンチャーのための金融工学 ──

定価はカバーに表示

2002 年 10 月 10 日　初版第 1 刷
2007 年 4 月 10 日　　　第 3 刷

訳者　浦　谷　　　規
発行者　朝　倉　邦　造
発行所　株式会社　朝　倉　書　店
東京都新宿区新小川町 6-29
郵便番号　　162-8707
電　話　03（3260）0141
ＦＡＸ　03（3260）0180
http://www.asakura.co.jp

〈検印省略〉

© 2002〈無断複写・転載を禁ず〉

中央印刷・渡辺製本

ISBN 978-4-254-29003-5　C 3050

Printed in Japan

◆ シリーズ〈金融工学の基礎〉◆

「高所へジャンプ，技術的困難を一挙に解決する」 基礎理論を詳述

名市大 宮原孝夫著
シリーズ〈金融工学の基礎〉1
株価モデルとレヴィ過程
29551-1 C3350　　　Ａ5判 128頁 本体2400円

非完備市場の典型的モデルとしての幾何レヴィ過程とオプション価格モデルの解説および活用法を詳述。〔内容〕基礎理論／レヴィ過程／レヴィ過程に基づいたモデル／株価過程の推定／オプション価格理論／GLP＆MEMMオプション価格モデル

阪大 田畑吉雄著
シリーズ〈金融工学の基礎〉2
リスク測度とポートフォリオ管理
29552-8 C3350　　　Ａ5判 216頁 本体3800円

金融資産の投資に伴う数々のリスクを詳述〔内容〕金融リスクとリスク管理／不確実性での意思決定／様々なリスクと金融投資／VaRとリスク測度／デリバティブとリスク管理／デリバティブの価格評価／信用リスク／不完備市場とリスクヘッジ

南山大 伏見正則著
シリーズ〈金融工学の基礎〉3
確率と確率過程
29553-5 C3350　　　Ａ5判 152頁 本体3000円

身近な例題を多用しながら，確率論を用いて統計現象を解明することを目的とし，厳密性より直観的理解を求める理工系学生向け教科書〔内容〕確率空間／確率変数／確率変数の特性値／母関数と特性関数／ポアソン過程／再生過程／マルコフ連鎖

慶大 小暮厚之・東北大 照井伸彦著
ファイナンス・ライブラリー 4
計量ファイナンス分析の基礎
29534-4 C3350　　　Ａ5判 264頁 本体3800円

ファイナンスで用いられる確率・統計について，その数理的理解に配慮して解説。〔内容〕金融資産の価値と収益率／リスク／統計的推測／ポートフォリオ分析／資産価格評価モデル／派生資産の評価／回帰分析／時系列分析／データ／微分・積分

神戸大 加藤英明著
ファイナンス・ライブラリー 5
行動ファイナンス
―理論と実証―
29535-1 C3350　　　Ａ5判 208頁 本体3400円

2002年ノーベル経済学賞のカーネマン教授の業績をはじめ最新の知見を盛込んで解説された行動ファイナンスの入門書。〔内容〕市場の効率性／アノマリー／心理学からのアプローチ／ファイナンスへの適用／日本市場の実証分析／人工市場／他

G.S.マタラ・C.R.ラオ編
慶大 小暮厚之・早大 森平爽一郎監訳
ファイナンス統計学ハンドブック
29002-8 C3050　　　Ａ5判 740頁 本体26000円

ファイナンスに用いられる統計的・確率的手法を国際的に著名な研究者らが解説した，研究者・実務者にとって最高のリファレンスブック。〔内容〕アセットプライシング／金利の期間構造／ボラティリティ／予測／選択可能な確率モデル／特別な統計手法の応用（ブートストラップ，主成分と因子分析，変量誤差問題，人工ニューラルネットワーク，制限従属変数モデル）／種々の他の問題（オプション価格モデルの検定，ペソ問題，市場マイクロストラクチャー，ポートフォリオ収益率）

中大 今野　浩・明大 刈屋武昭・首都大 木島正明編
金融工学事典
29005-9 C3550　　　Ａ5判 848頁 本体22000円

中項目主義の事典として，金融工学を一つの体系の下に纏めることを目的とし，金融工学および必要となる数学，統計学，OR，金融・財務などの各分野の重要な述語に明確な定義を与えるとともに，概念を平易に解説し，指針書も目指したもの〔主な収載項目〕伊藤積分／ALM／確率微分方程式／GARCH／為替／金利モデル／最適制御理論／CAPM／スワップ／倒産確率／年金／判別分析／不動産金融工学／保険／マーケット構造モデル／マルチンゲール／乱数／リアルオプション他

上記価格（税別）は2007年3月現在